Martina Andras

SELTEN KLAPPT'S BEIM MERSTEN MANN

Martina Andras

SELTEN KLAPPT'S BEIM ERSTEN MANN

Den richtigen Partner finden,
Beziehungsfallen erkennen
und vermeiden

Unter Mitarbeit von
Brigitte Lämmle

SÜDWEST

INHALT

Genießen Sie Zweisamkeit ohne Zwänge

Etwas Skepsis hilft beim nächsten Ma[nn]

Ein Flirt im Urlaub hebt das Selbstbewußtsein

Finden Sie her-aus, wel-cher Typ zu Ihnen paßt

Zuhören ist der er-ste Schritt zu echter Partner-schaft

Lachen ist gesund und macht attraktiv

VORWORT

Selten klappt es beim ersten Mal: Heutzutage finden Frauen den richtigen Partner meist erst beim zweiten, dritten, vierten Anlauf. Doch das ist kein Grund, den Mut zu verlieren. Es gibt Möglichkeiten, die Suche nach dem Mann fürs Leben abzukürzen – sprich: effizienter zu gestalten. Dieses Buch will Ihnen dabei helfen.

WAR DAS ZUSAMMENLEBEN FRÜHER WIRKLICH BESSER?

Es ist kein Geheimnis: Die Schwierigkeiten zwischen den Geschlechtern haben zugenommen – besonders dort, wo Mann und Frau einander sehr nahe kommen, nämlich in Ehen und Beziehungen. Angesichts steigender Scheidungsraten scheint es immer schwieriger zu werden, den richtigen Partner zu finden.

Emotional haben wir eine Anspruchshaltung entwickelt, die unrealistisch ist. Kein noch so netter Mann, keine noch so tolle Frau ist in der Lage, alle Wünsche und Sehnsüchte ihres Partners zu erfüllen, jedes Bedürfnis zu stillen.

Wir können mangels Vergleich leicht darüber jammern, daß »Männer so wahnsinnig kompliziert geworden sind« bzw. daß »heutzutage nichts mehr selbstverständlich ist«. Wir können uns auch klammheimlich oder sogar öffentlich nach den sogenannten guten alten Zeiten zurücksehnen, wo eine Ehe nach ökonomischen und rationalen, aber in der Regel nicht nach gefühlsmäßigen Gesichtspunkten geschlossen wurde. War das denn nicht eine einfache, pragmatische Lösung, die den Paaren viele nervenaufreibende Diskussionen und überflüssige Konflikte ersparte?
Sicher ist eines richtig: Wo keine Erwartungshaltungen genährt werden, kann niemand enttäuscht werden. Eine Eheschließung barg damals kein Glücksversprechen seelischer Art, sondern höchstens die Aussicht auf mehr Wohlstand (wenn Braut oder Bräutigam in eine reichere Familie einheiratete) und natürlich auf viele Kinder, die sich ihrerseits später hoffentlich um die Familie verdient machen würden. Da konnte sich keiner das Recht herausnehmen, über emotionale Defizite zu klagen.

Emotionale, erotische und geistige Harmonie

Trotzdem ist es kaum vorstellbar, daß noch jemand die kühl kalkulierten Zweckgemeinschaften der vergangenen Jahrhunderte herbeisehnt. Vielmehr können und sollten wir sehr froh darüber sein, daß sich die Verhältnisse radikal geändert haben. Die Ehe als reine Versorgungsinstitution hat ausgedient, besonders für die Frauen, die sich selbst ernähren können. Der

Zwang, um jeden Preis einen Mann zu finden, ist damit der Freiheit gewichen, sich einen passenden Partner wählen zu können, was wiederum zur Folge hat, daß die Mindestanforderungen an eine Partnerschaft nicht mehr die gleichen wie vor hundert Jahren sind. Frauen wollen nicht mehr – nach dem Motto »Hauptsache finanziell abgesichert« – irgendeine Beziehung mit einem halbwegs akzeptablen Mann. Sie wünschen sich einen Partner, mit dem sie lange harmonieren können – auf der emotionalen, erotischen und geistigen Ebene. Ist das zuviel verlangt? Keineswegs!

Keine Beziehung war Zeitverschwendung

Auch wenn die Suche nach Mr. Right selten ohne schmerzhafte Irrtümer abgeht – die Mühe lohnt sich. Viele Frauen finden den Mann, mit dem sie langfristig zusammenleben wollen, erst beim zweiten, dritten oder vierten Anlauf. Das ist kein Grund, so frustriert zu sein wie die Heldin aus dem Bestseller »Beim nächsten Mann wird alles anders«, von dessen Titel ich mich habe anregen lassen. Betrachten Sie es einmal so: Der Weg ist das Ziel. Das bedeutet, daß keine Beziehung, selbst wenn sie noch so übel endet, Zeitverschwendung war. Immer besteht die Chance für Sie, etwas dazuzulernen.

Selten ist die erste Liebe gleich der Mann fürs Leben. Doch so schmerzhaft gescheiterte Beziehungen sind, sie tragen auch dazu bei, mehr über sich selbst zu erfahren. Sie registrieren, in welchen Bereichen Sie kompromißbereit sind und wo Sie Abstriche auf keinen Fall hinnehmen können, weil der Preis erwiesenermaßen zu hoch ist.

So finden Sie den richtigen Mann

Dieses Buch wird Ihnen dabei eine Hilfestellung geben. Ich möchte nämlich nicht nur, daß Sie den richtigen Mann finden – Sie sollen ihn auch behalten. Deshalb können Sie hier Ihre Beziehungsfähigkeit testen. Damit Sie besser verstehen, was in Ihren früheren Beziehungen schiefgelaufen ist, schildere ich anhand mehrerer typischer Fälle den Prozeß jener zerstörerischen Dynamik, die aus lösbaren Problemen gigantische Konflikte entstehen läßt. In einem umfassenden Persönlichkeitstest erfahren Sie, welcher Typ Mann am besten zu Ihnen paßt.

Und Sie bekommen Informationen darüber, wo Sie ihn finden, wie Sie ihn für sich einnehmen, welche Hürden Sie überwinden müssen, um sein Herz zu gewinnen. Zum Schluß warne ich – Vorsicht: Falle! – vor typisch weiblichen Verhaltensweisen in Beziehungen, die selbst die verständnisvollsten Männer in die Flucht schlagen.

Jede neue Liebe profitiert von Ihren Erfahrungen mit Ihren bisherigen Partnern; lernen Sie aus der Vergangenheit für die Zukunft.

SIND SIE BEZ

Nur wer wirklich frei
ist, kann sich ernst-
haft verlieben.
Testen Sie, ob Sie innerlich
schon bereit für eine neue Partnerschaft sind – und welche
seelischen Hürden Sie auf dem
Weg zu dem Mann, mit dem Sie
tatsächlich glücklich werden,
noch überwinden müssen.

EHUNGSFÄHIG?

Bevor Sie weiterlesen, halten Sie einen Moment inne, und vergegenwärtigen Sie sich Ihre momentane Situation.

- Wo stehen Sie jetzt?
- Was wollen Sie erreichen?

Vielleicht hat Ihnen dieses Buch eine Freundin geschenkt als ermutigendes Signal, weil Sie sich gerade von einem Mann getrennt haben, der Ihnen gar nicht gutgetan hat. Vielleicht sind Sie schon seit längerer Zeit Single und leiden so sehr darunter, daß Sie manchmal versucht sind, den erstbesten zu nehmen. Vielleicht sind Sie aufgrund einiger herber Enttäuschungen von Männern enttäuscht. Vielleicht leben Sie in einer Beziehung, die Sie nicht hundertprozentig zufriedenstellt und an deren Tragfähigkeit Sie zur Zeit zweifeln. Sie möchten etwas unternehmen, wissen aber nicht genau, was. Sie sind auf der Suche nach einem Mann, der Ihre Sehnsüchte stillt, aber noch ist dieser Mann ein Phantom. Um ihn Realität werden zu lassen, müssen Sie als allererstes Ballast abwerfen: Ängste, Hoffnungen oder unrealistische Erwartungen trüben oft das emotionale Urteilsvermögen.

Beziehungsfähig werden heißt, frei zu sein, frei für neue menschliche Erfahrungen. Zahlreiche vielversprechende Beziehungen scheitern schon am Anfang, weil mindestens einer der Partner nicht wirklich frei ist.

WAS BEDEUTET »LIEBE« FÜR SIE?

Bevor Sie richtig in das Thema einsteigen, sollten Sie sich in Ruhe darüber Gedanken machen, was Sie selbst vom Leben und der Liebe wollen und was Sie sich von einer Beziehung erwarten. Nur Sie können diese Fragen beantworten:

- Was ist Ihnen in einer Partnerschaft wichtig?
- Worauf können Sie notfalls verzichten?

Vielleicht haben Sie keine Lust, sich theoretisch mit dem Thema »Liebe und Partnerschaft« zu befassen. Sie denken: Das ergibt sich dann ganz spontan von selbst. Irrtum. Wenn Sie nicht wissen, was Sie wollen und brauchen, wer sollte es dann wissen? Sie können nicht davon ausgehen, daß Ihr künftiger Partner Ihre Bedürfnisse sensibel erahnt. Sie sind diejenige, die unmißverständliche Signale senden muß – schon damit sich die richtigen Männer für Sie interessieren.

Sie meinen, Liebe komme aus heiterem Himmel und jede Form der Planung verscheuche die Spontaneität? Sicher kann man den Idealmann nicht herbeiplanen, aber schmerzhafte Irrtümer können Sie durchaus vermeiden.

Es gibt heutzutage keine allgemeingültigen Beziehungsnormen mehr. Sie können also einen Männerharem aufmachen oder nach moslemischen Prinzipien zusammenleben, strikte Monogamie oder totale sexuelle Freizügigkeit auf Ihr Banner schreiben. Es ist alles erlaubt – sofern es Ihnen gefällt. Was genau Ihnen gefällt, Sie stärkt, Ihnen guttut, müssen Sie allerdings selbst herausfinden. Dabei kann Ihnen niemand helfen. Das ist eine Belastung, sicherlich, aber auch eine Chance, die unsere Großmütter und Großväter niemals hatten. Nutzen Sie sie also.

Genießen Sie die unbeschwerte erste Zeit mit dem neuen Freund, und überlegen Sie, ob er der Richtige für Sie ist.

Ein Beispiel aus dem Alltag

Angenommen, Sie wünschen sich Kinder, sind sich aber sicher, daß Sie auch als Mutter berufstätig bleiben möchten – dann müssen Sie sich zumindest darüber klarwerden, daß das nicht mit jedem Partner funktionieren kann. Nicht nur, weil es immer noch erstaunlich viele Männer gibt, die berufstätige Mütter ablehnen, sondern auch, weil bestimmte Männerberufe – z. B. Managerposten in der Industrie – täglich 16 Stunden Einsatz erfordern. Für engagierte Väter, die ihre Kinder nicht nur am Wochenende erleben wollen, hat man in diesen Branchen kein Verständnis. Als berufstätige Mutter brauchen Sie aber einen Mann, der sich auch für die täglich anfallenden Probleme verantwortlich fühlt. Das Beispiel illustriert, wie wichtig es ist, über die eigenen Bedürfnisse Bescheid zu wissen.

CHECKLISTE ZUM THEMA »LIEBE«

Es folgt ein kleiner Fragenkatalog zum Thema »Liebe«. Beantworten Sie die Fragen nicht nur mit Ja und Nein, sondern begründen Sie Ihre Antworten. Schreiben Sie sich die Fragen auf, und hängen Sie die Fragen mit Ihren Antworten an eine Wand. So verlieren Sie Ihre Ziele nicht aus den Augen. Das macht Sie sicherer – und vor allem weniger manipulierbar.

1. Möchten Sie gerne Kinder? Mehrere?

2. Wie wichtig ist Ihnen gegenseitige körperliche Treue? Könnten Sie mit einem Mann leben, der Sie aufrichtig liebt, aber nebenbei Affären hat?

3. Wie wichtig ist Ihnen guter Sex? Lieben Sie eher leidenschaftlich oder eher zärtlich? Könnten Sie ganz darauf verzichten, ohne viel zu vermissen?

4. Wie wichtig ist Ihnen der Erfolg des Partners? Muß er gut situiert sein? Könnten Sie auch mit einem Hausmann glücklich werden? Wenn nein, warum nicht?

5. Brauchen Sie viele Kontakte außerhalb der Partnerschaft, oder können Sie mit dem Mann, den Sie lieben, auch auf einer einsamen Insel glücklich werden?

6. Muß Ihr Partner in jedem Fall Ihren Eltern gefallen? Ihren Freunden?

Werden Sie sich anhand der Fragen darüber klar, worauf es Ihnen ankommt. Denken Sie sich ruhig selbst noch zusätzliche Fragen aus, die noch spezieller auf Ihre eigene Situation zugeschnitten sind.

CHECKLISTE ZUM THEMA »LIEBE«

7. Ordnen Sie bitte auf einer Skala von eins (ausschlaggebend) bis zehn (nebensächlich) die wichtigsten Merkmale und Eigenschaften Ihres potentiellen Partners ein. Arbeiten Sie nicht mit Schlagworten. »Zuverlässigkeit« oder »Attraktivität« sind bei genauer Betrachtung inhaltslose Begriffe – jeder versteht etwas anderes darunter. Denken Sie sich vielmehr aus, was Sie von einem Mann erwarten, damit Sie selbst eine genauere Vorstellung davon bekommen. Z. B.:

- Ich will nie wieder eine Stunde lang fertig angezogen in meiner Wohnung sitzen, bloß weil er unfähig ist, mich pünktlich abzuholen.
- Wenn ich seinen Körper anfasse, will ich etwas in der Hand haben, was sich anders anfühlt als Haut und Knochen.
- Ich mag Männer, die mich zum Lachen bringen.
- Auf keinen Fall will ich einen Mann, der mich mit Ratschlägen erstickt, bloß weil es mir nicht gutgeht. Ich will einen Mann, der mich in solchen Situationen in den Arm nimmt und mir sagt, daß er mich liebt.
- Es gefällt mir, wenn ein Mann in seinem Beruf gut ist und Erfolg hat. Ich nehme dann gern in Kauf, daß wir uns seltener sehen können.
- Nie wieder will ich mit einem Mann zusammensein, der mich grundsätzlich nur beim Sex anfaßt.
- Mit einem Mann, der raucht, kann ich nicht zusammensein; der Gestank bringt mich um.
- Ich will nie wieder einen Mann, dem ich die Anzüge aussuchen muß, weil er absolut keinen Geschmack hat!
- Ein Mann, der mich als seine »Lebensabschnittsgefährtin« bezeichnet, hat bei mir von vornherein ausgespielt!
- Mit einem Mann, der mich täglich fünfmal im Büro anruft und sich beschwert, daß ich keine Zeit habe, um mit ihm zu plaudern, kann ich nichts anfangen. Ich finde es entsetzlich, kontrolliert zu werden.
- Ich mag Männer, die viel reden.
- Ich wünsche mir einen Mann, der stolz auf mich ist, der es gut findet, mit einer erfolgreichen Frau zu leben.

Erkennen Sie – wenigstens in Grundzügen –, was Sie erwarten, wo Sie Abstriche machen können und wo nicht. Wenn Sie sich in Zukunft daran halten, können Sie in punkto Liebe und Partnerschaft kaum noch enttäuscht werden.

8. Möchten Sie in Ihrem Leben noch viel herumreisen, vielleicht auch einmal im Ausland leben?

9. Könnten Sie sich vorstellen, in einer anderen Stadt zu wohnen als Ihr Partner?

HÜRDE NR.1: ANGST

Stellen Sie sich einem kurzen Test. Treffen mehrere der folgenden Aussagen auf Sie zu, dann verhindern Ihre Ängste immer wieder, daß Sie den Richtigen finden.

TEST: HABEN SIE ÄNGSTE?

1. *Wenn ich an meinen letzten Partner denke, werde ich entweder zornig, deprimiert oder tieftraurig.*

2. *Zu keinem meiner früheren Partner habe ich noch freundschaftlichen Kontakt.*

3. *Die Männer, denen ich begegne, sind entweder Machos oder Schlaffis.*

4. *Meine Eltern (Verwandte, Freunde) drängen mich zu heiraten. Unter diesem Erwartungsdruck leide ich, auch wenn ich das ungern zugebe.*

5. *Als Single fühle ich mich, ehrlich gesagt, nur wie ein halber Mensch. Hoffentlich ist dieser Zustand bald überstanden!*

6. *Ich habe große Probleme mit dem Alleinsein. Ein Wochenende ohne Verabredung stürzt mich in Panik.*

Erklärung

Zu 1.: Wenn schon der Gedanke an Ihre letzte Partnerschaft negative Gefühle auslöst, haben Sie mit diesem Mann noch längst nicht abgeschlossen. Sein Bild überschattet jede neue Beziehung. Sie fürchten ständig, aufs neue verraten zu werden. Sie verhalten sich wie ein gebranntes Kind und ziehen auf diese Weise das Unglück förmlich an.

Checken Sie Ihr bisheriges Leben ab. Haben Sie Ängste? Sind Sie ungern allein?

Zu 2.: Sie haben keine Kontakte zu früheren Partnern, selbst wenn Sie länger mit ihnen zusammen waren? Das deutet auf ein Ende mit Schrecken hin, auf traumatische Erlebnisse oder tiefe Enttäuschungen, mit denen Sie sich spätestens jetzt auseinandersetzen müssen, wenn Ihnen das gleiche nicht noch einmal passieren soll!

Zu 3.: Wenn Sie so denken, neigen Sie dazu, Menschen – nicht nur Männer – in Schubladen zu stecken, anstatt sich wirklich mit ihnen auseinanderzusetzen. Das tun Sie, weil Sie sich vor Fehlschlägen wappnen wollen. Die Folge: Es genügt eine unbedachte Bemerkung, und schon glauben Sie, Bescheid zu wissen. Das ist falsch. Tatsächlich haben Sie nur Ihre Vorurteile bestätigt.

Welche Frau hätte ihn nicht gern, den Traummann. Immer attraktiv, immer charmant und stets ein Lächeln auf den Lippen. Gibt es ihn überhaupt?

Zu 4.: Kein Mensch ist vor der Gefahr gefeit, fremde Erwartungen zu den eigenen zu machen. Wichtig ist, daß Sie herausfiltern, was Sie selbst wollen und wovon Sie nur glauben, daß Sie es wollen, weil Sie bestimmten Anforderungen genügen möchten. Es ist keine Schande, einen Mann für die Ehe zu suchen – aber bitte nicht mit Gewalt!

Zu 5.: Solange Sie sich als halber Mensch fühlen und Angst haben, sitzenzubleiben anstatt Ihr Leben als Single mit all der damit verbundenen Freiheit aus vollem Herzen zu genießen, wird kein Mann Lust verspüren, mit Ihnen zusammen zu leben.

Zu 6.: Sie sollen auch nicht das ganze Wochenende allein sein! Offenbar haben Sie viel zuwenig Freunde, die für Sie da sind. Auch das ist eine schlechte Ausgangsbasis, weil es Sie bedürftig macht.

HÜRDE NR. 2: PROJEKTIONEN

Jede Frau hat ihren ganz individuellen Traumpartner. Er setzt sich z. B. aus dem Bild ihres Vaters, ihrer ersten großen Liebe, vielleicht sogar einem Filmstar, für den sie als Jugendliche geschwärmt hat, zusammen. Konsequenz: Jeder Mann, dem eine Frau begegnet, wird von ihr getestet – auf bestimmte Merkmale, die bei ihr all jene Gefühle und Phantasien auslösen, die sie unbewußt mit Liebe in Verbindung bringt. Das kann ein besonders herzliches Lachen sein, eine spezielle Art, sich auszudrücken, die Körperhaltung, der Mund – meistens handelt es sich um Äußerlichkeiten. So ist zu erklären, daß manche Frauen ihr Leben lang den gleichen Typ Mann begehren, selbst wenn er ihnen nicht guttut und sie das sogar wissen. Könnte das Ihr Problem sein? Wenn die folgenden Aussagen auf Sie zutreffen, dann ist das wahrscheinlich!

In vielen Fällen wird der Partner zur Projektionsfläche aller Sehnsüchte, und darin liegt die Gefahr: Wo Projektionen überhandnehmen, hat die Realität – sprich: der Alltag einer Beziehung – keine Chance mehr.

TEST: PRESSEN SIE MÄNNER UNBEWUSST IN IHR »TRAUM-MANN-SCHEMA«?

1. *Ich verliebe mich wahnsinnig schnell – oft schon nach einem intensiven Gespräch.*

2. *Ich neige dazu, Situationen gedanklich vorwegzunehmen, mir z. B. eine intensive Beziehung mit einem bestimmten Mann vorzustellen, bevor wir uns etwas näher gekommen sind.*

3. *Mir ist das Aussehen eines Mannes sehr wichtig. Bestimmte optische Kriterien müssen bei mir erfüllt werden, sonst bin ich nicht interessiert.*

4. *Ich kenne die Erfahrung sehr gut, plötzlich aus meinen Träumen unsanft auf den Boden der Tatsachen gestoßen zu werden. Umgekehrt erkalten meine Gefühle für einen Mann manchmal so schnell, daß mir gar nichts anderes übrigbleibt, als ihn vor den Kopf zu stoßen: Er geht mir von einer Sekunde auf die andere auf die Nerven.*

Erklärung

Zu 1.: Die Tatsache, daß ein Gespräch oder ein langer Blickkontakt schon ausreicht, Ihre Gefühle zu entfachen, zeigt: Sie reagieren ausschließlich auf bestimmte Signale. Den Menschen, der diese Signale aussendet, sehen Sie hingegen nur verschwommen. Das macht Sie extrem anfällig für Irrtümer in der Liebe.

Zu 2.: Ihre Phantasien zeigen Ihren dringenden Wunsch nach einer Beziehung, wie Sie sie sich erträumen – es ist Ihnen fast egal, mit wem. Hauptsache, der Mann läßt sich auf Ihre Vorstellungen ein. Die Folge: Jeder halbwegs sensible Interessent spürt, daß Sie gar nicht ihn meinen, und Sie haben keine Chance.

Zu 3.: Bestimmte Vorlieben sind für jeden Menschen ganz normal. Bei Ihnen werden sie jedoch leicht zum Fetisch. Und die Gefahr besteht, daß Sie einen schlechten Charakter in Kauf nehmen, solange die Optik für Sie stimmt.

Zu 4.: Als notorische Romantikerin haben Sie die rosarote Brille immer dabei, um sie im Bedarfsfall – Achtung: Attraktiver Mann in Sicht! – aufsetzen zu können. Nicht die anderen sind schuld, daß Sie so häufig verletzt werden. Sie weigern sich beharrlich, der Realität eine wirkliche Chance zu geben!

HÜRDE NR.3: UNREALISTISCHE ERWARTUNGEN

Bleiben Sie realistisch in Ihren Ansprüchen. Kein Mensch ist in jeder Situation und in jeder Hinsicht immer perfekt. Männer sind auch nur Menschen! Sie haben ja schließlich auch Ihre Fehler.

Der »starke Mann«, den sich angeblich »starke Frauen« wünschen, soll zwar die berühmte Schulter zum Anlehnen bieten, gleichzeitig aber ihre Souveränität würdigen. Er soll ihr jede Freiheit lassen, aber stets verfügbar sein, wenn sie ihn braucht. Im Bett soll er leidenschaftlich und dominant, zugleich zärtlich und lieb sein – und natürlich immer bereit sein, wenn sie Lust hat.

Sind das auch Ihre Vorstellungen? Fühlen Sie sich ertappt? Kein Wunder, wenn Männer vor diesen oder ähnlich widersprüchlichen Erwartungen kapitulieren und sogar die Flucht ergreifen. Nobody is perfect – weder Mann noch Frau!

So werden Sie beziehungsfähig

Es gibt Möglichkeiten, alle drei Hürden, die einer Beziehung im Weg stehen, zu überspringen, um sich für einen neuen Partner zu öffnen. Wichtig ist, daß Sie Ihre persönlichen Hürden kennen, die Sie sich immer wieder selbst in den Weg legen. Sie können es auch mit Humor versuchen.

Jammern Sie nicht, daß Sie so sind, wie Sie sind. Betrachten Sie ab jetzt Ihr Verhalten distanziert.

Wer über sich selbst und seine Irrtümer lachen kann, erstickt falsche Hoffnungen im Keim. Und das ist gut so. Falsche Hoffnungen rauben Ihnen Energie, die Sie dringend brauchen.

REAGIEREN SIE GELASSEN!

Leben Sie ab jetzt bewußt in der Gegenwart. Genießen Sie jeden Moment. Sorgen Sie dafür, daß Sie Spaß haben. Fröhlichkeit macht angstfrei. Das heißt auch, daß Sie alles vermeiden sollten, was Sie aus Ihrem inneren Gleichgewicht bringt. Das können Affären sein, auf die garantiert ein nächster Morgen mit Katzenjammer folgt; aber auch Psychostreß in Ihrer Familie, mit Ihren Freunden. Gelassenheit macht stark.

Analysieren Sie Ihre Situation!

Nehmen Sie sich außerdem an einem oder mehreren ruhigen Abenden die Zeit, Ihre Vergangenheit gründlich zu durchleuchten – allerdings erst, wenn Sie ein wenig Abstand gewonnen haben, vorher sind Sie dazu nicht in der Lage. Die Rückschau bringt Ihnen viel: Sie werden danach wissen, welche Fehler sich wie rote Fäden durch Ihre Beziehungen ziehen. Sie müssen nicht allein grübeln. Eine Freundin, die Sie sehr gut kennt, kann Ihnen dabei helfen klarzusehen. Die wichtigsten Fragen, die Sie sich beantworten sollten, finden Sie auf Seite 20.

Sinn dieser Fragen ist, daß Sie Ihr persönliches Beziehungsmuster kennenlernen. Dabei werden Sie feststellen, daß manche Ihrer Beziehungen von Anfang an problematisch waren: Sie konnten gar nicht gutgehen, obwohl die Liebe vielleicht sehr stark war. Solche Partnerschaften sind zwar oft erstaunlich langlebig, können Monate, sogar Jahre halten, doch irgendwann zerbrechen sie – und das nicht sehr selten an ungünstigen äußeren Umständen. Sehr oft sind die unterschiedlichen Charaktere und Lebensziele trotz aller Zuneigung schuld.

Anhand der Beispiele in diesem Buch können Sie sich in der ein oder anderen Frau wiedererkennen. Und dabei lernen Sie, was Sie beim nächsten Mann besser machen können.

WAS GING EIGENTLICH IMMER WIEDER SCHIEF?

Waren Ihre Partner immer ähnliche Typen? Gab es immer wieder vergleichbare Probleme? Denken Sie nach.

1. *Kann es z.B. sein, daß Sie sich allzuleicht ausnützen lassen und grundlos Ihre Position gegenüber dem anderen schwächen?*

2. *Ist es möglich, daß Sie sich immer wieder in die emotionale Rolle des Gebers drängen lassen – und dann enttäuscht sind, wenn Sie nicht genug zurückbekommen?*

3. *Was hatten die meisten Männer, mit denen Sie zusammen waren, gemeinsam?*

4. *Mit welchen Problemen hatten Sie in den meisten Beziehungen oder Affären zu kämpfen?*

5. *Woran sind Ihre Beziehungen meistens gescheitert?*

BEISPIELE HELFEN FEHLER ERKENNEN

Vielleicht waren Sie schon mit einem oder mehreren Männern befreundet, mit denen eine Beziehung hätte klappen können. Warum ist sie trotzdem gescheitert?

In diesem Buch lernen Sie Partnerschaften kennen, die sich durch zwei Merkmale auszeichnen:

1. Die Paare sind sehr typisch – etwa im Sinn: Gegensätze ziehen sich an.

2. Alle Partnerschaften waren im Ansatz vielversprechend und scheiterten trotzdem, weil beide Parteien vermeidbare Fehler gemacht haben, die an sich lösbare Probleme eskalieren ließen.

Sprechen Sie sich bei einer guten Freundin aus, wenn Sie Probleme in Ihrer Beziehung haben. Sie hilft Ihnen!

WELCHER MAN

Im folgenden Test erfahren Sie, was für ein Partnerschaftstyp Sie sind, wo Ihre Stärken und Bedürfnisse liegen, aber auch welche Schwierigkeiten und Konflikte in Ihren Beziehungen immer wieder auftauchen. Sie werden sehen, auf welche Männer Sie attraktiv wirken – und umgekehrt. Der Test zeigt Ihnen, was Sie an Männern schätzen. Und er macht Ihnen deutlich, vor wem Sie sich in acht nehmen sollten.

N PASST ZU IHNEN?

Keine Angst vor dem Ergebnis des folgenden intensiven Persönlichkeits- und Beziehungstests: Er ist völlig wertfrei. Es soll ausschließlich festgestellt werden, welche Beziehung zu welchem Typ Mann für Sie die vielversprechendste ist und welche Ihrer typischen Verhaltensweisen Ihnen in Beziehungen Probleme bereiten könnten.

WARUM EIN TEST?

Sinn dieses Test ist es, Ihre Suche nach dem Mann fürs Leben zu erleichtern. Darüber hinaus wissen Sie anschließend wahrscheinlich besser, wo Ihre spezifischen Stärken liegen und welche charakterlichen Schwächen Sie auf dem Weg ins Glück zu zweit ausräumen sollten.

Daß sich solche Maximen in der Theorie nett anhören, aber schwer in die Praxis umzusetzen sind, ist bekannt. Sie sollen jetzt auch nicht jede Menge guter Vorsätze fassen, die Sie bei nächster Gelegenheit doch wieder verwerfen. Aber: Seien Sie sich in Zukunft Ihres Verhaltens bewußter. Fangen Sie an, aus Ihren Fehlern zu lernen.

Erkennen Sie Ihr eigenes Verhalten!

Setzen Sie sich zu diesem Zweck in einen ruhigen Raum, lassen Sie sich nicht ablenken. Nehmen Sie jede Frage ernst, und denken Sie darüber nach. Füllen Sie den Test nicht nebenbei aus – sonst kommen Sie nicht zu einem ehrlichen Ergebnis. Es werden Situationen geschildert, die in jeder Beziehung auftreten. Sie sollen sich überlegen, wie Sie mit diesen Situationen umgehen.

Es kann sein, daß Ihnen bestimmte Reaktionen auf Beziehungsprobleme heute souverän und zweckmäßig erscheinen – was aber keineswegs bedeutet, daß Sie mit der entsprechenden Situation tatsächlich so umgehen würden bzw. früher so umgegangen sind. Das bedeutet auch, daß dieser Test teilweise eine Reise in die Vergangenheit ist. Bitte versuchen Sie sich an bestimmte Vorfälle zu erinnern: Wie haben Sie damals reagiert? Der Test ist relativ umfangreich. Sie sollten sich also genügend Zeit nehmen.

Der Test ist in zwei Teile gegliedert, die zusammengehören. Der erste Teil umfaßt Ihr Persönlichkeitsprofil, Ihre Wirkung auf andere, speziell natürlich auf Männer. Im zweiten Teil geht es darum, typische persönlichkeitsgebundene Verhaltensweisen in Beziehungen zu erkennen.

SO WIRKEN SIE AUF ANDERE

Bitte kreuzen Sie nur die Aussagen an, die auf Sie zutreffen oder mit denen Sie sich identifizieren können. Tragen Sie dann den oder die Buchstaben der Typen in die Kästchen ein. Andere Fragen übergehen Sie.

1. Bei beruflichem oder privatem Streß bin ich in meinem Element. Krisenmanagement macht mir Spaß, ich bin auch sehr gut darin. **Typ E, Typ A**

2. Ich bin ein ziemlich ungeduldiger Mensch. Besonders gegenüber Begriffsstutzigen merkt man mir das an. Ich will, daß die Dinge vorangetrieben werden. **Typ E, Typ A, Typ I**

3. Ich habe Schwierigkeiten in Situationen, in denen sehr schnell pro oder kontra entschieden werden muß. Ich bin dann wie gelähmt von den vielen verschiedenen Möglichkeiten. **Typ S**

4. Wenn ich mit einem Problem überhaupt nicht weiterkomme, vertraue ich prinzipiell eher meiner Intuition als meinem Verstand. Diese Strategie hat sich stets als sehr gut erwiesen. **Typ I, Typ S**

5. Es ist mir schon oft aufgefallen, daß ich Menschen viel Vertrauen einflöße. Selbst wenn sie mich nicht besonders gut kennen, kommen sie zu mir, wenn sie Probleme haben. Ich helfe dann meistens, wo ich kann. **Typ M**

6. Während meiner Schulzeit war ich meistens mit Kindern befreundet, die etwas Besonderes an sich hatten, klassische Schmuddelkinder z. B. Mit normalen Schulkameraden konnte ich nichts anfangen. **Typ I**

7. Ich bin ein Mensch, der immer ein Stück in der Zukunft lebt. Ich plane und organisiere leidenschaftlich gern künftige Ereignisse, wie z. B. Feste, Treffen oder Urlaubsreisen. **Typ M, Typ A**

SO WIRKEN SIE AUF ANDERE

8. Ich verreise oft und gern, besonders ins Ausland, und habe schon viel von der Welt gesehen. Strandurlaube finde ich langweilig. **Typ A, Typ I**

9. Man hat mich immer jünger geschätzt, als ich zum jeweiligen Zeitpunkt war. **Typ S**

10. Es fällt mir häufig schwer, mir in einer großen Gruppe Gehör zu verschaffen. Ich gebe sehr schnell auf, wenn keiner auf meine Worte reagiert. **Typ S**

11. Ich finde sehr leicht Kontakt zu Kindern. Ich liebe es, mir die verrücktesten Spiele mit ihnen auszudenken. Wenig Geduld habe ich allerdings, wenn sie quengeln und nerven. **Typ I, Typ T**

12. Der Vorwurf »Jetzt halt doch endlich einmal den Mund und laß die anderen auch zu Wort kommen!« ist mir seit meiner frühesten Kindheit vertraut. **Typ A, Typ T**

13. Ideen, z. B. für berufliche Projekte, kommen mir oft zu den unmöglichsten Zeiten. Dann muß ich mich ihnen sofort widmen, selbst wenn die Situation überhaupt nicht danach ist. **Typ T, Typ I**

14. Ich bin sehr kontaktfreudig und wirke auf die meisten Menschen auf Anhieb sympathisch. **Typ A, Typ M**

15. Horrormeldungen über Naturkatastrophen, drohende Arbeitslosigkeit oder Umweltverschmutzung können mir den ganzen Tag verderben. Deshalb lese ich ungern Zeitung. **Typ M, Typ S**

16. Meine spontane Art, Gefühle zu äußern, hat mich oft schon in Schwierigkeiten gebracht. **Typ T, Typ I**

SO WIRKEN SIE AUF ANDERE

17. Über Ungerechtigkeit oder Selbstherrlichkeit – beispielsweise von Vorgesetzten – kann ich mich sehr aufregen. Ich hasse Intoleranz und Voreingenommenheit. **Typ E, Typ I**

18. Es gibt eine ganze Reihe von Menschen, die halten mich für launisch und exzentrisch. Ich muß zugeben, daß sie nicht ganz unrecht haben. **Typ T, Typ I**

19. Manchmal rückt mir die Welt so bedrohlich nahe, daß ich gern wieder ein kleines Kind wäre. Oder ich wünsche mir einen starken Mann, der mir die Verantwortung für die Gestaltung meines Lebens abnimmt. **Typ S**

20. Wenn ich einem Mann gefalle, erfahre ich das meistens entweder von ihm oder von einer Freundin (»Merkst du nicht, wie der dich anstarrt?!«). Ich selbst registriere meistens gar nicht, wenn sich jemand für mich interessiert. **Typ A**

21. Es gibt Personen, die finden meine Herzlichkeit bedrängend. Ich bin mir dessen nicht bewußt; solche Äußerungen kränken mich sehr. **Typ M**

22. Ich habe die Begabung, auch aus miserabelsten Lebenslagen das Beste zu machen. Ich bin sehr selten wirklich verzweifelt oder unglücklich, sondern ein sehr zufriedener Mensch. **Typ A**

23. Einer meiner größten Fehler ist sicherlich, daß ich mit Kritik ausgesprochen schlecht umgehen kann. Ich bin sehr schnell beleidigt und versuche dann meinerseits, den Kritiker zu verletzen. **Typ E, TypT**

24. Mein ganzes Leben in derselben Umgebung zu verbringen – etwas Langweiligeres könnte ich mir gar nicht vorstellen. Ich brauche die Abwechslung. **Typ A, Typ I**

25. Regeln, die ich unnötig finde, ignoriere ich. Nichts finde ich schlimmer als diesen schafsmäßigen Gehorsam der Masse. **Typ E, Typ I**

SO WIRKEN SIE AUF ANDERE

26. Ich bin sehr hilfsbereit. Manchmal habe ich den Eindruck, ausgenützt zu werden. Oder ich bin enttäuscht von sogenannten guten Freunden, die mich in einer Krise hängenlassen – genau zu einem Zeitpunkt, wo ich sie gebraucht hätte.
Typ S, Typ M

27. Ich denke nicht besonders viel über mein Leben nach, sondern lebe sehr stark im Moment. Was mich heute freut oder ärgert, kann ich morgen schon vergessen haben. **Typ T**

28. Wenn ein Mann romantisch wird, bringt mich das oft zum Lachen. Ich habe mir mit dieser Reaktion schon vielversprechende Flirts verdorben. Aber ich kann einfach nicht glauben, daß er dieses sentimentale Gerede ernst meint! **Typ A**

29. Mir haben Männer schon vorgeworfen, daß ich immer nur an mich denke, anstatt gemeinsame Pläne zu schmieden, etwa: »Ich komme in deinem tollen Lebensplan wohl nicht vor!« **Typ I**

30. Wenn ich mitten in einer spannenden Diskussion bin, vergesse ich alles andere. Im Eifer des Gefechts habe ich schon Gläser umgeworfen oder meinen Kontrahenten aus Versehen ans Schienbein getreten. **Typ T**

31. Mir werfen Menschen vor, daß ich für mein Alter zu unselbständig bin. Gleichzeitig wird mir immer sehr viel Unangenehmes abgenommen, oft schon bevor ich darum bitte. **Typ S**

32. Ich empfinde die Welt manchmal als ungerecht. So als ob ich nicht das bekäme, was ich verdiene. Das klingt unbescheiden, aber gegen dieses Gefühl kann ich nichts machen.
Typ M, Typ E

33. Was immer ich in die Hand nehme, es klappt. Ich kann gar nicht verstehen, daß sich manche Leute so schwer tun, etwas auf die Beine zu stellen. **Typ E, Typ A, Typ M**

SO WIRKEN SIE AUF ANDERE

34. Wenn es etwas gibt, was ich nicht ausstehen kann, ist es Rücksichtslosigkeit. Mit Diplomatie erreicht man viel mehr. **Typ S**

35. Der Spruch »In jedem Mann steckt ein Kind« birgt meiner Ansicht nach viel Wahres. Oft rührt, manchmal ärgert mich diese jungenhafte Komponente an Männern, diese Hilflosigkeit in ganz alltäglichen Dingen. **Typ M**

36. Ich mag es gern, wenn man mich bemerkt, etwa durch ausgefallene Klamotten oder lockere Sprüche. Man sagt mir nach, daß ich im Handumdrehen zum Mittelpunkt jeder Party werden kann – wenn ich will! **Typ T**

37. Bei zwischenmenschlichen Problemen und Beziehungskonflikten leide ich geradezu Qualen. Ich spüre immer, wenn irgend etwas nicht stimmt. **Typ S**

38. Ich finde, daß sich die Menschen heutzutage zuwenig umeinander kümmern. Ich jedenfalls kann nicht dabei zusehen, wie jemand sein Leben verdirbt, ich muß mich einmischen. »Kümmere dich um deine eigenen Sachen!« – diese Reaktion habe ich schon erlebt, und sie hat mich sehr gekränkt. **Typ M**

39. Der Filmtitel »Eine heiß-kalte Frau« paßt genau auf mich. Meine Stimmung kann von Minute zu Minute wechseln – von überschwenglich begeistert bis völlig verärgert, von glücklich bis tieftraurig. **Typ T**

40. Ich bin sehr gastfreundlich, aus ganz egoistischen Gründen: Ich liebe es, meine Freunde und Bekannten um mich zu haben; sie sind für mich wie eine zweite Familie. **Typ M**

41. Wenn ich mit einem Mann schlafe, habe ich in den besten Momenten das Gefühl, in seine Seele einzudringen. **Typ S**

42. Oft passiert es mir, daß sich die falschen Männer in mich verlieben: mausgraue, sterbenslangweilige Typen, die mir aus der Hand fressen. **Typ T**

SO WIRKEN SIE AUF ANDERE

43. Ich bewundere und beneide einerseits starke Menschen. Ich hasse und fürchte andererseits ungehobelte und grobe Menschen. **Typ S** ☐

44. Manchmal ertappe ich mich bei einem finsteren Gefühl der Befriedigung, wenn ich eine Enttäuschung erlebe – nach dem Motto »Ich hab' es gleich gewußt, die Sache geht schief. Aber auf mich hört ja keiner!«. **Typ E** ☐

45. Auf manche Leute wirkt meine selbstsichere Art einschüchternd. Das macht mich nicht selten aggressiv. Ich tue doch keinem etwas! **Typ E** ☐

46. Ich wirke auf die meisten Menschen stabil, fröhlich, liebevoll und dem Leben zugewandt. Meine Probleme behalte ich für mich. Ich will niemanden damit belasten. **Typ M** ☐

47. Ich reagiere extrem empfindlich auf jede Form von Ungerechtigkeit. **Typ E** ☐

IHR VERHALTEN IN BEZIEHUNGEN

Bitte kreuzen Sie jeweils die Aussage an, die am ehesten auf Sie zutrifft. Mehrfachnennungen sind nicht möglich. Die Testauflösung erfahren Sie auf Seite 43.

1. *Ihr Partner, mit dem Sie noch nicht lange zusammen sind, kommt abends eine Stunde später als üblich nach Hause, ohne Ihnen vorher Bescheid gesagt zu haben. Was tun und empfinden Sie in dieser einen Stunde?*

Ich mache mir natürlich Sorgen. Hoffentlich ist nichts passiert! Ich rufe im Büro an und bin dann sehr erleichtert, seine Stimme zu hören und zu wissen, daß alles in Ordnung ist. Erreiche ich ihn dagegen nicht, bin ich sehr beunruhigt und leide unter der Ungewißheit. **Typ M** ☐

IHR VERHALTEN IN BEZIEHUNGEN

Nach etwa einer halben Stunde mache ich mir zwar noch lange keine Sorgen, werde aber kribbelig und will schnellstens wissen, wo er steckt. Ich rufe in seinem Büro an, um mich nach dem Grund seiner Verspätung zu erkundigen. Erreiche ich ihn nicht, fällt es mir schwer, untätig zu bleiben. Am liebsten würde ich ihm entgegenfahren. **Typ A**

Ich sitze wie auf Kohlen, unternehme aber, wenn ich es schaffe, nichts. Manchmal habe ich den Telefonhörer schon in der Hand, lege aber wieder auf. Der Grund: Ich will ihn auf keinen Fall unter Druck setzen. Bin ich allerdings gerade in schlechter Verfassung, reicht schon eine Stunde, um mir auszumalen, daß er mit einer hübschen Kollegin ausgeht … **Typ S**

Sorgen würde ich mir nicht machen; was kann schon groß auf der Heimfahrt vom Büro passieren! Aber ich würde mich ärgern. Ich finde es nämlich grundsätzlich unfair, jemanden ohne zwingenden Grund warten zu lassen. Hätte er mir Bescheid gesagt, hätte ich mir etwas anderes vornehmen können, anstatt herumzusitzen und auf ihn zu warten. Und genau das kriegt er von mir auch zu hören! **Typ T**

Sein Zuspätkommen macht mir überhaupt nichts aus. Im Gegenteil: Ich genieße diese Stunde zusätzlichen Alleinseins in vollen Zügen, setze mich vor den Fernseher oder mit einem Buch aufs Sofa. Wenn dann der Schlüssel im Schloß klickt, kann es passieren, daß ich fast bedaure, Gesellschaft zu bekommen. **Typ I**

Ich ärgere mich über diese typisch männliche Rücksichtslosigkeit. Es ist doch nicht zuviel verlangt, kurz anzurufen und Bescheid zu sagen, wenn man sich verspätet. Einen wichtigen Geschäftspartner würde er bestimmt nicht kommentarlos warten lassen! **Typ E**

2. *Sie haben Geburtstag, Ihr Partner meint es zwar offensichtlich gut mit Ihnen, schenkt Ihnen aber etwas ziemlich Phantasieloses oder etwas, womit Sie gar nichts anfangen können. Sind Sie gekränkt? Wie reagieren Sie?*

Ich versuche, mich zusammenzureißen. Aber irgendwann an diesem Tag wird meine Enttäuschung durchbrechen. Ich würde etwa

IHR VERHALTEN IN BEZIEHUNGEN

sagen: »Verdammt noch mal, jetzt laß dir doch mal was Besseres einfallen!« Er wäre wahrscheinlich ziemlich sauer. Aber er muß doch begreifen, daß ich keine Frau bin, die man mit einem 08/15-Präsent abspeisen kann. Ich versuche doch auch, mit Phantasie zu schenken. **Typ T**

Ich tue so, als hätte er mir eine Freude gemacht, obwohl ich ziemlich enttäuscht bin. Männer können so unsensibel sein! Aber ich mag ihn nicht mit einer heftigen Reaktion beleidigen. Deswegen wird er nicht kreativer. Ich nehme mir aber vor, mich nächstes Jahr rechtzeitig nach einem geeigneten Geschenk für mich umzuschauen und es mir von ihm zu wünschen. **Typ S**

Ich bin nicht besonders überrascht. Viele Männer bringen zwar in der Eroberungsphase viel Phantasie auf – ist die Freundin aber dann in ihren festen Händen, erlahmt der Eifer recht schnell. Sie hören auf, sich in die Frauen, die sie zu lieben glauben, hineinzudenken. Natürlich enttäuscht mich diese Haltung jedesmal wieder, und ich versuche, meine Gefühle zu erklären. Meist hat das aber wenig Erfolg. **Typ E**

Ich gebe ihm einen Kuß und bedanke mich. Deswegen werde ich keinen Streit anfangen, und vielleicht kann ich es umtauschen. Wenn nicht: In den nächsten Wochen werden wir einige Boutiquenbummel unternehmen, und er wird langsam, aber sicher registrieren, auf was ich stehe! **Typ A**

Mich amüsiert diese Ungeschicklichkeit, sie rührt mich sogar. Typisch Mann! Unselbständig wie ein kleines Kind. Deshalb kann ich ihm gar nicht böse sein – mich freut, daß er es nett gemeint hat. Denn darauf kommt es schließlich an. **Typ M**

Ich bin nicht gekränkt, überhaupt nicht, er hat es ja lieb gemeint. Das ändert aber nichts an der Tatsache, daß er sich in meinem Geschmack geirrt hat. Ich kann mit phantasielosen Präsenten absolut nichts anfangen, und das sage ich ihm ganz ehrlich. Ich heuchle nicht. Wenn ihm nichts Besseres einfällt, soll er mich zum Essen einladen. Davon haben wir beide mehr. **Typ I**

IHR VERHALTEN IN BEZIEHUNGEN

3. *Ihr Partner will sich mit einer sehr attraktiven Frau treffen, von der Sie wissen, daß er sie schon lange kennt.*

Ich bin im Zwiespalt: Einerseits weiß ich, daß ich die Sache leicht-nehmen sollte. Es ist sein gutes Recht, sich mit anderen Frauen zu treffen. Außerdem würde ein eifersüchtiger Ausbruch überhaupt nicht zu meinem Selbstbild passen; ich halte mich im allgemeinen für eine relativ souveräne Frau. Andererseits spielen meine Gefühle nicht ganz mit: Ich bin doch manchmal recht eifersüchtig. **Typ E**

Es kann mir durchaus passieren, daß ich diese Frau in seiner Gegenwart schlechtmache, auf gewisse charakterliche Mängel hinweise, die ihr Aussehen nicht wettmacht. Meistens habe ich allerdings auch recht mit meinen Urteilen. Ich bin eine gute Menschenkennerin. **Typ M**

Ich verhalte mich völlig normal, weil ich sein Verhalten als völlig normal empfinde. Ich habe auch gutaussehende, interessante Freunde, mit denen ich gern und oft zusammen bin, und ich erwar-te, daß er das seinerseits ebenfalls akzeptiert. **Typ I**

Ich bin sehr eifersüchtig und sehe das Ganze überhaupt nicht ein. Wieso kann ich bei diesem Treffen nicht dabeisein? Was hat er denn so Geheimnisvolles mit dieser Frau zu bereden, was ich nicht hören soll? Ich gebe zu: Vielleicht kommt es zum Streit. Es kann auch sein, daß ich im Lauf des Abends im Lokal auftauche, wo die beiden verabredet sind. Nur um zu sehen, was sie tun. **Typ T**

Ich bin nicht begeistert, aber es bringt nichts, ihm eine Szene zu machen. Ich verabrede mich am besagten Abend mit Freunden. Allein zu Hause sitzen – das würde mir schwerfallen! **Typ A**

Ich werde ihn natürlich nicht daran hindern, das würde die Sache unangemessen reizvoll für ihn machen. Es ist allerdings gut mög-lich, daß ich mich an diesem Abend nicht ganz wohl fühle und ihm zu verstehen gebe, daß ich es zu schätzen weiß, wenn er nicht gar so spät heimkommt. **Typ S**

IHR VERHALTEN IN BEZIEHUNGEN

4. *Ihr Partner ist krank, bettlägerig und ziemlich schlecht gelaunt oder einfach bekümmert. Was fühlen Sie, was tun Sie?*

Ich lasse mir etwas einfallen und versuche ihn aufzuheitern, ihn abzulenken. Wenn nötig, spiele ich den ganzen Tag den Clown. Was ich bestimmt nicht zulasse, ist, daß er Trübsal bläst und sich selbst bemitleidet. **Typ T** ☐

Ich versorge ihn natürlich mit allem, was er braucht. Notfalls nehme ich mir frei, um den ganzen Tag für ihn dazusein. Ich merke dabei, daß mir diese Rolle Spaß macht. **Typ M** ☐

Ich kann in einer derartigen Situation sehr wenig mit ihm anfangen. Natürlich lasse ich ihn nicht allein. Er bekommt alles, was er braucht. Aber zur Krankenschwester eigne ich mich nicht. Irgendwann muß ich raus aus dem Krankenzimmer. **Typ I** ☐

Ich fühle mich ziemlich unsicher, möchte alles richtig machen, damit es ihm möglichst bald bessergeht – und dann verhalte ich mich doch ziemlich ungeschickt, es unterläuft mir garantiert ein Mißgeschick. Ich fürchte mich vor Krankheiten – vielleicht liegt es daran. **Typ S** ☐

Kein Problem, ich kenne einen guten Arzt, der Hausbesuche macht. Wenn ich selbst keine Zeit haben sollte, wird ein Freund oder eine Freundin gebeten, nach ihm zu sehen. Mein Liebster ist garantiert den ganzen Tag rund um die Uhr versorgt. Aber dann sollte es ihm auch bald bessergehen! Hypochondrische Anwandlungen kann ich nicht ausstehen. **Typ A** ☐

Kranke Männer können ganz schön anspruchsvoll sein, habe ich festgestellt. Oft verhalten sie sich wie Paschas, die sich

Reden Sie bei Eifersucht offen miteinander.

33

IHR VERHALTEN IN BEZIEHUNGEN

selbst dann beschweren, wenn ich wirklich alles tue, um ihnen
ihren Zustand zu erleichtern. Kein Wunder, daß die Krankheit oft
damit endet, daß ich mich mit meinem Partner streite. **Typ E**

5. *Ihr Partner hat ernsthafte Probleme im Job und vertraut sich
Ihnen an. Wie reagieren Sie?*

Ich höre ihm zu und denke mir erst einmal meinen Teil. Einen
wohlfeilen Rat darf er aber nicht von mir erwarten. In meiner
Situation, als Außenstehende, kann ich nicht wirklich beurteilen,
wo die Schwierigkeiten liegen. Kenne ich meinen Partner schon
länger, versuche ich herauszufinden, welche Fehler er gemacht
haben könnte. Das bringt ihm mehr, als gemeinsam über den
bösen Chef zu jammern. **Typ I, Typ E**

Diese Situation beunruhigt mich sehr, denn ich kann ihm seine
Versagensängste gut nachfühlen. Ich zeige ihm mein Verständnis
und versuche ihm auf diese Weise zu helfen. Natürlich versichere
ich ihm, daß er immer auf mich zählen kann. Hoffentlich kommt
alles wieder in Ordnung! **Typ S**

Ich mache mir große Sorgen um ihn und versuche ihm etwas
Gutes zu tun. Ich mache ihm eine Freude, schenke ihm etwas, was
er sich schon immer gewünscht hat, oder koche besonders gut. Er
soll wissen, daß ich für ihn da bin. Notfalls reicht mein Gehalt für
zwei. **Typ M**

Ich nehme das alles nicht so ernst. Probleme im Büro hat jeder
einmal. Es ist wichtig, sich durchzusetzen, seine Position selbstbewußt zu vertreten. Das versuche ich auch meinem Partner zu
vermitteln. Und im Zweifelsfall – gemeinsam sind wir stark!
Typ A

Ich ärgere mich sehr über seinen Chef oder seine Kollegen und bin
schnell bereit, ohne Wenn und Aber die Partei meines Partners zu
ergreifen, selbst wenn ich die Fakten gar nicht genau kenne. Würde
ich ihm nicht glauben, daß die anderen schuld an seiner Misere sind,
wäre ich wohl gar nicht mehr mit ihm zusammen. Dann müßte ich
mir ja eingestehen, daß ich mich in einen Versager verliebt habe.
Typ T

IHR VERHALTEN IN BEZIEHUNGEN

6. *Sie haben ein liebevolles Verhältnis zu Ihren Eltern. Leider schätzen diese jedoch Ihren Partner nicht besonders und geben Ihnen das deutlich zu verstehen. Was tun Sie?*

Furchtbarer Gedanke! Ich kann mir noch so oft vorbeten, daß es mein Leben ist und es meine Eltern – besonders meinen Vater! – nichts angeht, mit wem ich zusammen bin. Es nützt nichts. Ich hasse meine Eltern für ihre Intoleranz. Ich ärgere mich über meinen Partner, weil er ihren Erwartungen nicht entspricht. Ich bin in permanentem Psychostreß. **Typ T**

Da ich kein besonders enges Verhältnis zu meinen Eltern habe, entfällt dieses Problem für mich. Meine Eltern haben sowieso einen völlig anderen Männergeschmack als ich und nicht die geringste Ahnung von meinen Bedürfnissen.
Typ E

Ich sage zu meinen Eltern: »Verschafft mir einen tollen Mann nach eurem Geschmack, dann laß ich meinen jetzigen Partner sausen.« Ansonsten nehme ich das nicht so ernst. Irgendwann werden sich meine Eltern schon an ihn gewöhnen. Und wenn nicht – na und? Liebe läßt sich nicht erzwingen. Dann besuche ich sie eben ohne ihn. **Typ I**

Ich gerate in einen starken Loyalitätskonflikt. Ich versuche, diplomatisch geschickt zwischen den Parteien zu vermitteln, indem ich z. B. meinem Partner nicht erzähle, daß meine Eltern ihn nicht mögen. Meinen Eltern wiederum schwärme ich von Qualitäten vor, die sie an einem Mann schätzen, über die mein Partner aber nicht verfügt. **Typ S**

Haben Sie Verständnis für Ihren Partner, wenn er überarbeitet ist.

35

IHR VERHALTEN IN BEZIEHUNGEN

Mit einem kategorischen Nein habe ich mich noch nie zufrieden-
gegeben. Vorurteile müssen angegangen werden. Wenn ich meine
Eltern besuche, kommt mein Partner mit – darauf bestehe ich.
Irgendwann werden sie ihn nicht nur kennen, sondern auch lieben,
dafür sorge ich! **Typ A**

Ich bin sehr bekümmert und versuche immer wieder, beide Parteien
gütlich zusammenzubringen. Ich habe Verständnis für meine Eltern
und kümmere mich noch mehr um sie, als ich es früher ohnehin
schon getan habe. Ich versuche auch, meinen Partner zu Wohlverhal-
ten anzuhalten. Vielleicht höhlt steter Tropfen den Stein. **Typ M**

7. *Ihr Partner hat mehrere Freunde, mit denen Sie nichts anfangen*
können, obwohl Sie sich redlich bemüht haben. Die Antipathie
scheint auf Gegenseitigkeit zu beruhen. Wie reagieren Sie?

Ich habe keine Vorurteile, aber ich mag nicht jeden. Und ich kann
mich vor allem nicht zwingen, mit Menschen, die mich nicht interessieren, meine kostbare Freizeit zu verbringen. Es macht mir aber
überhaupt nichts aus, wenn mein Partner sich mit seinen Freunden
trifft – wir müssen ja nicht ständig zusammenhocken. Ich unternehme
dann etwas anderes oder bleibe allein in meiner Wohnung. **Typ I**

Ich mache mir sehr viele Gedanken. Vor allem möchte ich wissen,
was mein Partner an diesen unsympathischen Leuten findet. Paßt
er unter diesen Umständen überhaupt zu mir? Was bekommt er
von ihnen, was ich ihm nicht geben kann? Wenn er sehr an ihnen
hängt, gebe ich mir natürlich große Mühe, nett zu sein. Vielleicht
spüren seine Freunde aber, daß meine Freundlichkeit nicht ganz
ehrlich gemeint ist. Andere Möglichkeit: Ich beginne, sie zu mögen.
Das ist mir schon passiert. **Typ S**

Ich kann mir diese Situation schlecht vorstellen, denn ich bin ein
geselliger Typ, der mit den meisten Leuten gut auskommt. Dafür
tue ich übrigens auch einiges! Es geschieht äußerst selten, daß ich
jemanden nicht ausstehen kann. Fast jeder Mensch hat wenigstens
einen liebenswerten Zug an sich. Etwas anderes ist es, wenn mein

IHR VERHALTEN IN BEZIEHUNGEN

Partner sich mit Personen abgibt, die ihm offensichtlich schaden. Dann würde ich meine Sorge nicht für mich behalten. **Typ M**

Die Situation belastet mich. Ich finde, viele gemeinsame Freunde sind die Basis jeder guten Beziehung. Gut, daß ich selbst sehr viele nette Leute kenne. Ich tue alles, damit mein Partner sie ebenfalls kennenlernt und sich in ihrer Gegenwart wohl fühlt. Ich lasse mich nicht entmutigen, wenn er sich zunächst sträubt. Auf diese Weise erledigt sich das Problem hoffentlich von ganz allein. **Typ A**

Das kommt ganz auf das Verhalten meines Partners an. Wenn ich Menschen nicht mag, dann hat das seine Gründe, und ich erwarte, daß mein Partner diese Gründe akzeptiert und sich mit ihnen auseinandersetzt. Kontakte abzubrechen ist nicht nötig, sie zu hinterfragen ist aber wichtig. Schließlich sollte ich ihm im Zweifelsfall wichtiger sein. **Typ E**

Am Anfang bin ich sehr erpicht darauf, daß mich seine Freunde mögen. Wenn sie mich nicht leiden können, zweifelt mein Partner vielleicht daran, daß ich die Richtige für ihn bin. Also gehe ich erst einmal mit Elan auf seine Freunde zu. Wer allerdings darauf nicht entsprechend reagiert, nämlich mit Freundlichkeit und Zuneigung, ist für mich ziemlich schnell uninteressant! Und ich werde dann auch wütend, wenn sich mein Partner trotzdem weiter mit ihm oder ihr trifft. Ich empfinde das als unsolidarisch. In Härtefällen erwarte ich sogar eine Entscheidung: die anderen oder ich. **Typ T**

8. *Ihr Partner gibt Ihnen zu verstehen, daß er Sie sehr liebt, aber sich im Bett mit Ihnen langweilt. Macht Ihnen das sehr viel aus? Unternehmen Sie etwas dagegen?*

Das klingt zwar eingebildet, aber: Entweder hat sich mit mir noch nie jemand im Bett gelangweilt, oder er hat sich sehr geschickt verstellt. Mir macht es großen Spaß, mit einem Mann zu schlafen, ich bin meist sehr leidenschaftlich. Normalerweise kann ich jeden mit meiner Begeisterung mitreißen. Genau das würde ich natürlich verstärkt versuchen, sollte mein Partner tatsächlich das Interesse an

IHR VERHALTEN IN BEZIEHUNGEN

meinem Körper verlieren. Denn eine Beziehung ohne Sex ist für mich nicht denkbar. **Typ T**

Ich bin geschockt über diese Äußerung, reagiere aber dann doch relativ gelassen. Erotik kann man nicht erzwingen, und das, was uns beide verbindet, geht unter Umständen sehr viel tiefer, ist dauerhafter. Ich käme mir lächerlich vor, würde ich jetzt zu billigen Tricks, sprich Reizwäsche, greifen. Ich bin nun einmal alles andere als eine Femme fatale. Dafür habe ich andere Qualitäten. **Typ M**

So etwas braucht mir mein Partner nicht extra mitzuteilen, das hätte ich schon vorher gemerkt. Wahrscheinlich hätte zur gleichen Zeit auch mein Interesse an seinem Körper nachgelassen – meistens haben solche Phänomene einen Rückkopplungseffekt. Im übrigen sehe ich das sehr fatalistisch. Es ist nicht zu ändern. Ich werde mich sicher nicht extra um ihn bemühen, nur damit er mich wieder sexy findet. Vielleicht kommen wir automatisch wieder zusammen, vielleicht leben wir die nächsten 30 Jahre wie Bruder und Schwester, vielleicht verliebe ich mich in einen anderen Mann. Nichts ist sicher, alles ist offen. **Typ I**

Wenn der Ort der Liebe und Erholung zum Streitplatz wird, sollten Sie über Ihre Beziehung ernsthaft nachdenken.

Bei mir kommt es darauf an, wie wichtig meinem Partner die Harmonie im Bett ist. Ich kann auf regelmäßigen Sex verzichten. Mir ist Zärtlichkeit viel wichtiger. Andererseits: Wenn mir mein Partner sagt, daß ihn mein Körper nicht mehr anregt,

38

IHR VERHALTEN IN BEZIEHUNGEN

könnte das bedeuten, daß er auf dem Absprung ist. Diese Vorstellung macht mir große Angst. Deshalb kann es sein, daß ich mir sehr viel Mühe gebe, um das Interesse meines Partners am Sex – und damit an mir! – wieder zu wecken. **Typ S**

Ich finde mich mit dieser Situation keineswegs ab. Wenn mein Partner mir so etwas mitteilt, dann erwarte ich von ihm, daß er gemeinsam mit mir etwas gegen unsere Schwierigkeiten unternimmt. Da ich ziemlich ungehemmt und experimentierfreudig bin, bin ich auch gern bereit, auf seine Wünsche einzugehen. Bringt das alles nichts, hilft vielleicht eine Partnerschaftstherapie. Nur passives Abwarten hilft uns nicht weiter. **Typ A**

Ich reagiere ziemlich mißtrauisch. Meiner Erfahrung nach sind derartige Erklärungen nichts als Ausreden. Entweder hat er bereits eine andere Frau, oder er will sich den Weg zum Seitensprung ebnen. In der Folge bin ich schuld an seinem Fremdgehen, weil ich angeblich so eine langweilige Geliebte bin … **Typ E**

9. *Sie sind fest liiert, treffen aber einen Mann, der Sie erotisch sehr reizt. Eine diskrete Affäre wäre möglich. Ergreifen Sie die Gelegenheit?*

Ich hasse solche Versuchungen. Nicht aus moralischen Gründen, sondern weil sie mich immer in die Zwickmühle bringen. Ich habe große Lust, etwas zu erleben, aber gleichzeitig eine Höllenangst davor. Was passiert, wenn ich meinen Partner betrüge, und er erfährt es und verläßt mich wegen dieser Lappalie? Was passiert, wenn der andere Mann mich danach nicht in Ruhe läßt, vielleicht gar eine Entscheidung erwartet? Das Risiko ist mir wahrscheinlich zu groß, ich lasse die Finger davon. **Typ S**

Wenn ich den anderen wirklich begehre, lasse ich mich auf eine Affäre ein. Ich habe kein schlechtes Gewissen dabei, denn dieser physische Reiz, dem ich ausnahmsweise einmal nachgebe, hat überhaupt nichts mit meiner Beziehung zu tun. Ich kann Sex und Liebe problemlos voneinander trennen. Mein Partner würde mir garantiert nichts anmerken. Und selbst wenn es doch herauskäme –

IHR VERHALTEN IN BEZIEHUNGEN

solche Zwischenfälle sind eine gute Belastungsprobe für die Stabilität einer Beziehung. **Typ I**

Ich bin kein Typ für schnellen Sex und käme wahrscheinlich schon deshalb nicht in Versuchung. Meine Beziehung – gesetzt den Fall, sie ist wirklich intensiv und schön – ist mir viel wichtiger als eine flüchtige körperliche Sensation. Keine Affäre ist so aufregend, daß sie Verständnis und Vertrauen ersetzen könnte. Genau darauf kommt es mir aber an. **Typ M**

Ich war schon öfter in solchen Situationen, und jedesmal lief es nach dem gleichen Schema ab: Ich hatte mir fest vorgenommen, mich zu beherrschen, weil ich genau weiß, daß mich eine Affäre immer in Schwierigkeiten bringt. Doch dann war der Nebenbuhler dermaßen hartnäckig und charmant, daß ich leider umgefallen bin. Ich ärgere mich danach sehr über mich selbst, denn ich empfinde mein Verhalten als extrem inkonsequent. Schließlich bin ich selbst sehr eifersüchtig und könnte es meinem Partner nur schwer verzeihen, wenn er mich betrügt. **Typ T**

Ein neuer Mann ist aufgetaucht. Der Flirt hat schon begonnen. Überlegen Sie genau – noch können Sie sich zurückziehen.

IHR VERHALTEN IN BEZIEHUNGEN

Ich komme selten in die Lage, mich dafür oder dagegen entscheiden zu müssen. Das liegt sicher an meiner relativ geradlinigen Art: Ich bin keine Weltmeisterin im Flirten. Zweideutigkeiten können also gar nicht erst entstehen. Außerdem: Wenn ich mit meinem Partner wirklich glücklich bin, kann mir selbst der attraktivste Ladykiller nicht gefährlich werden. **Typ A**

Warum sollte ich nicht der Versuchung nachgeben? Männer sind schließlich auch nur in den seltensten Fällen treu. Also besteht für mich kein Grund, mich zu kasteien. **Typ E**

10. *Sie haben eine ernste Meinungsverschiedenheit, die – so empfinden Sie es beide – unbedingt geklärt werden muß. Was empfinden Sie, und wie verhalten Sie sich während des Streits?*

Ich bin zwar voller Eifer bei der Sache und verfechte mit Leidenschaft meine Position, doch versuche ich immer, sachlich und beim Thema zu bleiben. Genau das haben Männer mir übrigens schon vorgeworfen: Daß ich nie tobe, nie losheule, nie in die kleine, schwache Weibchenrolle verfalle. Ich verstehe diesen Vorwurf nicht. Sie können doch froh sein, daß ich nicht mit unfairen Methoden kämpfe! **Typ A**

Ich selbst werde selten laut, bringe aber meistens sehr viel (zuviel?) Verständnis für meinen Partner auf, wenn er seinerseits losbrüllt. Wenn ich mit einem Mann befreundet bin, kenne ich meist schon nach kurzer Zeit seine Schwächen. Ich weiß also, was passiert ist, wenn er sich unangemessen aufregt. Daraus folgt: Ich bin ihm zwar selten böse, kann ihn aber auch oft nicht ganz ernst nehmen. Und deshalb gibt es bei unseren Diskussionen häufig kein klares Ergebnis. Es gab Männer, die mir vorwarfen, ich sei zu harmoniesüchtig. **Typ M**

Ich gerate schnell in Wut und werde dann auch ziemlich laut. Eine sachbezogene Diskussion zu führen fällt mir schwer, weil meine Gefühle sich nicht immer zügeln und bremsen lassen. Manche mir unangenehmen Wahrheiten will ich auch nicht hören. Anderer-

41

IHR VERHALTEN IN BEZIEHUNGEN

seits tut es mir sehr schnell leid, wenn ich wütend geworden bin. Ich entschuldige mich dann immer leidenschaftlich – bin aber auch meinerseits nicht lange böse, wenn mein Partner aus der Rolle gefallen ist. Männer sagen, mein Temperament würde sie erdrücken. Mich macht es fertig, wenn ein Mann mich toben läßt, ohne zu reagieren! **Typ T**

In solchen Situationen spüre ich oft eine kalte Wut in mir aufsteigen. Ich versuche mich zu beherrschen, bringe meine besten Argumente. In der Regel nützt das nichts, weil es Männern nicht um Verständigung geht, sondern ums Gewinnen. Diesen Gefallen – ihnen kampflos das Feld zu überlassen – kann ich ihnen leider nicht tun. Deshalb schwelten in meinen Beziehungen Streitigkeiten manchmal tagelang. Männer werfen mir vor, daß ich um jeden Preis recht haben will. Ich hingegen möchte einmal einen Mann kennenlernen, der zugeben kann, sich geirrt zu haben. **Typ E**

Ich streite mich relativ selten. Das liegt sicher daran, daß ich meinem Partner alle Freiheiten lasse und selbst in der Regel genau das tue, wozu ich Lust habe. Worüber sollten wir beiden also diskutieren? Daran liegt mir nichts. Und meinen Partnern habe ich derartig rechthaberische Gelüste immer ziemlich schnell ausgetrieben. Männer beklagen sich über meine Kühle. Man käme überhaupt nicht an mich heran. Ich kann das nicht ändern. Ich bin, wie ich bin, und finde mich okay. **Typ I**

Ich muß zugeben, daß ich Meinungsverschiedenheiten lieber ausweiche. Ich habe nämlich sehr selten erlebt, daß die Kontrahenten zu einem für beide Seiten befriedigenden Kompromiß gelangen. Ein Streit ist ein Machtkampf, bei dem es einen Sieger und einen Verlierer gibt. Argumente haben in diesem Kampf nichts zu suchen. Es kommt doch bloß darauf an, wer am lautesten schreit und wer sich am wenigsten einschüchtern läßt. Ja, ich fange oft während eines Streits an zu heulen. Manchmal um den anderen zu manipulieren. Meistens weil ich nicht mehr weiterweiß und dieses sinnlose Geschrei beenden will. Männer werfen mir diese »Weibchentour« vor. Sollen sie sich erst einmal zivilisiert verhalten, dann lasse ich mich auch auf eine Diskussion ein. **Typ S**

TESTAUFLÖSUNG

Bitte zählen Sie die neben den Antworten verzeichneten Typen, die Sie ange- kreuzt haben. Bei Antworten, die mit mehreren Typen bezeichnet sind, berücksichtigen Sie bitte alle genannten Typen. Der Typ, den Sie am häufig- sten gewählt haben, entspricht am ehesten der Wirkung, die Sie auf andere haben, und der Art und Weise, wie Sie Ihr Leben gestalten, auf konflikt- trächtige Situationen reagieren und mit ihnen umgehen. Da es den reinen Charaktertyp sehr selten gibt, ist Ihr zweithäufigster ebenfalls wichtig: Er zeigt Veranlagungen, die Sie zwar nicht so offen ausleben, die aber dennoch in Ihrem Leben respektive Ihren Partnerschaften entscheidend sind.

TYP A: DIE AKTIVE

Sie haben viele Bewunderer und sicher auch zahlreiche Neider. Denn schon Ihr Auftreten – sicher, dynamisch, optimistisch – ist das einer Siegerin. Schwierigkeiten sind für Sie dazu da, geklärt zu werden. Sie sehen nach vorn und nicht zurück. Wo andere noch grübeln, fassen Sie bereits zu, denn Sie konzentrieren sich äußerst effektiv auf das sofort Machbare. Auf andere Menschen wirken Sie dynamisch, stabil und verläßlich, manchmal allerdings auch ein wenig eindimensional. Besonders phantasievoll sind Sie nicht – aber mit diesem Manko können Sie als Pragmatikerin gut leben.

Sie sind im besten Sinn eine Kämpferin, ehrgei- zig und erfolgsorientiert, aber Sie gehen niemals über Leichen, dafür sind Sie viel zu positiv und menschenfreundlich.

Etwas ungeschickt in emotionalen Dingen
Was Ihnen allerdings manchmal fehlt, ist eine Portion Sensibilität. Das ist aus Ihrer Situation heraus verständlich: Da Sie selbst relativ unempfindlich gegen Kritik und schlechte Stimmung sind, setzen Sie gleiches auch bei Ihren Freunden, Ihren Partnern voraus und sind damit bereits das eine oder andere Mal menschlich enttäuscht worden. Man hat Sie vielleicht sogar als gefühllos bezeichnet. Doch das sind Sie nicht, eher ungeschickt. Manchmal trampeln Sie auf den Gefühlen ande- rer herum – in bester Absicht: weil Sie es gut meinen, aber die Situation falsch deuten.

43

Ohne Umwege zum Ziel

Bei Männern gehen Sie, sobald Ihnen jemand gefällt, ohne Umwege auf Ihr Ziel los. Flirten, das kokette Spiel mit Wirklichkeit und Möglichkeit, liegt Ihnen nicht besonders, und Sie wären die letzte, die das nicht zugeben würde. Sie sagen oder zeigen gern, was Sie denken und wollen, ohne sich zu zieren. Nicht bei allen Männern kommt Ihre Direktheit gut an. Einige, leider oft gerade die, die Ihnen besonders gefallen, kritisieren Ihre Art. Sie neigen nämlich dazu, alles in Ihre bewährten Hände zu nehmen, anstatt zu warten, was von Ihrem Gegenüber kommt: Sie agieren, anstatt auch einmal zu reagieren. Andererseits schätzen Männer Sie häufig auf eine ganz besondere Art. In Ihrer Gegenwart fühlen sie sich nämlich äußerst wohl. Sie sind die klassische Kameradin, die auch einen saftigen Witz oder einen kräftigen Anschnauzer verträgt, ohne gleich beleidigt und in ihrer Würde verletzt zusammenzubrechen.

Sie sind unternehmungslustig, spontan, verabreden sich gern und gehen häufig aus?

Die Männer der Aktiven

Wie ein Magnet wirken Sie auf sensible, etwas labile Männer, die Ihre Lebenstüchtigkeit in ganz alltäglichen Dingen bewundern – und sich ihr willig überlassen. Nicht selten finden Sie sich dann in der Rolle des Managers eines fremden Lebens wieder. Aber es ist Ihnen wahrscheinlich auch schon passiert, daß Sie nach Strich und Faden von einem Versager ausgenutzt wurden, der die Mühe nicht wert war und Ihnen nur Ihre Energie raubte. Ärgern Sie sich nicht. Sicher haben Sie an diesem Mann Eigenschaften und Verhaltensweisen gereizt, die Sie sich selbst nicht

Sie sind die klassische Partnerin eines Künstlers, der im Alltag zwei linke Hände hat.

erlauben: Schwäche, Abhängigkeit, Trägheit. Diese Faszination sollte Ihnen zu denken geben.

Zu Ihnen passen eher gelassene, gutmütige Männer, die Sie in aller Ruhe handeln lassen, bei denen Sie sich aber auch von Ihrem Tatendrang erholen können. Der Nachteil: Es kann passieren, daß Sie sich in einer derartigen Beziehung irgendwann langweilen, weil die Rollen sehr bald klar verteilt sind. Sie sind die Unternehmungslustige, er der Bremser. Sie organisieren Feste, Reisen, die erste gemeinsame Wohnung, er wartet ab, was sich ergibt, und sagt dann zu oder ab. Sie sind frustriert, weil von ihm wenig kommt, er fühlt sich von Ihrem Aktionsdrang überrumpelt und schließlich überfordert. Gegenseitiges Verständnis ist gefragt!

Eine Beziehung zu einem gutmütigen Partner kann auf der Ergänzungsebene gut funktionieren, aber nur, wenn Sie beide tolerant genug sind, den anderen gewähren zu lassen.

Ideal – ein Macher von ähnlichem Kaliber

Am glücklichsten werden Sie wahrscheinlich mit einem Mann, der nicht lange wartet, sondern zugreift – ein Mann, der sich von Ihrer Aktivität nicht bedroht fühlt, sondern sie zu schätzen weiß, weil sie seinem eigenen Wesen entspricht. Zusammen können Sie die Welt bewegen. Da gibt es nur ein Problem: Häufig funkt es zwischen Ihnen – wenn überhaupt – mit verzögerter Geschwindigkeit. Sie sind beide eingefleischte Pragmatiker – wie also soll die romantische Initialzündung stattfinden? Hier ist Geduld gefragt.

EINFACH MAL NICHTS TUN

Sie sollten lernen, sich mehr als erotisches Wesen zu begreifen. Daß Erotik mehr ist als guter Sex, gilt zwar als Binsenweisheit, doch gerade Sie sollten das beherzigen. Fangen Sie also damit an, lustvoll passiv zu sein. Nicht nur im Bett, auch im täglichen Leben. Seien Sie ausnahmsweise richtig faul – und das mit Genuß. Denken Sie nicht ständig in Kosten-Nutzen-Kategorien. Lassen Sie sich treiben.

Gehen Sie z. B. in Ihr Lieblingscafé, und beginnen Sie dort ein völlig zweckfreies Gespräch mit einem Unbekannten. Was dabei herauskommen soll? Nichts! Es geht ausschließlich um Ihr Wohlbefinden. Sie werden bei dieser Gelegenheit merken, daß Sie nicht immer viel tun müssen, um jemandem zu gefallen.

Typ E: Die Ehrgeizige

Sie gehören zu den Frauen, bei denen keiner versteht, weshalb gerade sie ohne Mann leben. Auf den ersten Blick erfüllen Sie sowohl optisch als auch charakterlich sämtliche Anforderungen, die nach heutzutage herrschender Meinung an eine attraktive Frau gestellt werden. Sie sind gutaussehend, ehrgeizig, beruflich top, selbstbewußt und haben eine sympathische Ausstrahlung.

Da Sie sehr intelligent sind, ist Ihnen klar, daß all diese positiven Eigenschaften auch eine dunkle Seite haben. Manchmal fühlen Sie sich allein gelassen, denn bei vielen wecken Sie eher Furcht als Zuneigung. Sie leben nach dem Leistungs-, selten nach dem Lustprinzip. Selbst Ihre Entspannungsmomente haben Sie perfekt durchorganisiert. Sie sind kein Typ, der sonntags bis Mittag durchschläft und den Rest des Tages im Bett liegt. Statt dessen findet man Sie in Ihrer Freizeit im Aerobicstudio oder bei der Ayurveda-Therapeutin: Sie tun etwas für sich – aber immer nach System.

Bei Menschen, die Sie weniger gut kennen, gelten Sie als eine Frau, die sich nicht die Butter vom Brot nehmen läßt. Entsprechend leicht können Sie schon durch eine ungeduldige Miene Kollegen und Mitarbeiter dermaßen einschüchtern, daß es bislang kaum einer gewagt hat, ausgerechnet Ihnen in den Weg zu treten. Dazu kommt, daß Sie einen untrüglichen Blick für Fehler, Schwächen und Versäumnisse anderer haben. Ihnen kann wirklich niemand etwas vormachen.

Der Beruf ist das Leben, Karriere heißt das Ziel. Ehrgeizige Frauen lassen sich von ihren Vorstellungen nicht abbringen und erreichen, was sie sich vorgenommen haben.

46

Kampf um Zuneigung

Vielleicht waren schon Ihre Eltern sehr leistungsbewußt und haben dies auf Sie übertragen. Denkbar ist auch, daß Sie sich gegen eine beliebtere Schwester oder einen Bruder, der alle Aufmerksamkeit auf sich zog, durchzusetzen hatten. Sicher ist, daß Ihnen Zuneigung nie zugefallen ist. Sie mußten immer darum kämpfen. Darüber hinaus hat Ihr Verhalten vielleicht etwas mit ausgleichender Gerechtigkeit zu tun: Als Kind mußten Sie um die Liebe Ihrer Eltern kämpfen, heute müssen Freunde um Ihre Zuneigung werben. Und nur der Beste erhält die ersehnte Trophäe…

Der weiche Kern

Das prägt Ihre harte Schale. Den sehr viel weicheren Kern bekommen nur Ihre engsten Freunde zu sehen. Wenn Sie jemanden wirklich mögen, sind Sie plötzlich wie umgewandelt: großzügig, fröhlich, liebevoll. In guten Momenten können Sie einen kindlichen Charme entwickeln, der Ihre Umgebung bezaubert. Sie vergessen immer wieder, daß Menschen unterschiedlich, Stärken und Schwächen nicht gleich verteilt sind. Ein notorisch unpünktlicher Freund kann trotzdem warmherzig und fürsorglich sein. Sie schließen viel zu sehr von sich auf andere. Nur weil Unpünktlichkeit in Ihren Augen der Gipfel der Unhöflichkeit ist, müssen andere das keinesfalls genauso sehen. Jeder setzt unterschiedliche Schwerpunkte im zwischenmenschlichen Umgang. Akzeptieren Sie das, dann fällt Ihnen einiges leichter, und Sie brauchen sich nicht permanent zu ärgern.

In der Liebe sind Sie ungehemmt und leidenschaftlich, sobald Sie einmal Vertrauen gefaßt haben. Sie geben alles, aber Sie fordern auch sehr viel, manchmal zuviel. Das hat in der Vergangenheit wahrscheinlich schon öfter dazu geführt, daß Sie enttäuscht wurden, weil Ihr Partner sich Ihrem höchstpersönlichen, manchmal recht rigiden Verhaltenskodex nicht unterwerfen wollte.

IHR PROBLEM

Sie neigen selbst im privatesten Bereich dazu, Leistungen gegeneinander aufzurechnen: Ich habe jede Menge für ihn getan, während er es nicht für nötig hielt… Das Merkwürdigste dabei ist Ihre finstere Befriedigung, wenn Sie jemanden bei einem Fehler ertappen, selbst wenn er mit einer Verletzung Ihrer Gefühle verbunden ist. Vielleicht brauchen Sie im tiefsten Inneren immer wieder die Bestätigung, daß Sie selbst moralisch besser als Ihre Mitmenschen sind.

Die Männer der Ehrgeizigen

Sie werden es schwer haben, den Richtigen zu finden, wenn Sie Ihre überzogenen Ansprüche nicht aufgeben. Der Mann, den Sie sich in Ihrem
tiefsten Inneren vorstellen, existiert nicht. Dominant und zärtlich, durchsetzungsstark und hochsensibel für Ihre Bedürfnisse, äußerst sexy und
Ihnen absolut treu – lauter Gegensatzpaare, die einander ausschließen.
Kein Wunder, daß Sie permanent enttäuscht sind. Sie gehören zu den
Frauen, die sehr stark zu Verallgemeinerungen neigen. Sie stecken Menschen gern in Schubladen. Mit Pauschalurteilen negativer Art über den
Mann als solchen sind Sie schnell. Und dabei merken Sie gar nicht, in
welche emotionale und intellektuelle Falle Sie laufen. Sie können sich
den Idealmann nicht basteln.

● Zuerst müssen Sie sich entscheiden, mit welchen »Fehlern«
  Sie leben können.
● Als zweites sollten Sie aufhören, sich immer wieder in Machtkämpfe verstricken zu lassen. Das gilt für jeden Bereich, vor
  allem für die Liebe.

Sie sind nämlich ein hochempfindlicher Mensch. Sie registrieren sofort –
oder meinen zu registrieren –, wenn Sie in irgendeiner Weise mißachtet
werden. Ist Ihnen klar, daß Sie sich manchmal über Dinge aufregen, die
andere gar nicht beeindrucken? Und damit verschrecken Sie jeden Mann,
der Sie mag. Sie wissen natürlich, daß auch Sie nicht perfekt sind. In
dunklen Momenten neigen Sie sogar dazu, ins andere Extrem zu verfallen
und sich wesentlich schlechter zu machen, als Sie tatsächlich sind. Das ist
albern! Sie sind eine phantastische Frau. Aber Sie könnten sich das Leben und die Liebe um einiges leichter machen.

Herrschsüchtige Karrieremänner meiden!

Nach der Devise, daß sich gleich und gleich gern gesellt, imponieren
Ihnen leider gutaussehende, kreative Erfolgsmenschen mit explizitem
Führungsanspruch. Es ist also wahrscheinlich, daß Sie
schon eine oder mehrere Affären mit diesem Typ hatten.
Viel konnte sich wohl nicht daraus entwickeln. Erstens bevorzugen dominante Männer auf lange Sicht meist den
pflegeleichteren und somit bequemeren Frauentyp. Zweitens haben dominante Männer die verhängnisvolle Tendenz, nicht nur in der Firma, sondern auch im trauten Heim

**Dominante Männer sind
an Gleichberechtigung
nicht interessiert.
Sie wollen herrschen –
immer und in jeder
Situation.**

als Alleinherrscher aufzutrumpfen. Das wiederum paßt Ihnen natürlich nicht, Sie wollen eine »Beziehung auf gleicher Ebene zwischen zwei gleichberechtigten Partnern, die sich beide für das Gelingen der Beziehung verantwortlich fühlen«.

Ideal: Ein ausgleichender, stabiler Partner

Das heißt nicht, daß für Sie nur langweilige Versager in Frage kommen. Sie brauchen einen Mann, der sich auf keine Machtspiele einläßt, weil er das nicht nötig hat; solche Männer sind selten, aber es gibt sie! Dieser Mann kann Ökobauer oder Werbetexter, Betriebswirt oder Schauspieler sein, Hauptsache, er dringt auf irgendeine Weise zu Ihrem weichen Kern vor und läßt sich nicht verjagen, wenn Sie Ihre existentielle Krise haben und alles in Frage stellen. Um diesen Mann zu finden, müssen Sie wahrscheinlich gar nichts Großartiges in Bewegung setzen. Halten Sie Ihre Augen offen, seien Sie empfänglich für jede Begegnung. Und trauen Sie sich auch, die Seiten an sich zu zeigen, die schüchtern, schwach und verletzlich sind. Daß Sie sich wehren können, haben Sie zur Genüge bewiesen. Es gibt auch Situationen, in denen Ihnen niemand etwas tun will. Ganz im Gegenteil.

TYP I: DIE INDIVIDUALISTIN

Eines sind Sie ganz bestimmt nicht: bequem. Weder als Freundin noch als Kollegin, noch als Geliebte. Sie haben Ihren eigenen Kopf und denken gar nicht daran, so zu funktionieren, wie andere Sie gern hätten. Häufig sind Sie in einem kreativen Beruf tätig, vielleicht sehen Sie sich sogar als Künstlerin. Sie gehen radikal Ihren ganz persönlichen, von Ihnen selbst gewählten Weg. Einer Ihrer auffälligsten Charakterzüge ist Ihre Offenheit. Wer Sie etwas fragt, bekommt von Ihnen eine garantiert ehrliche Antwort, die auch kränkend ausfallen kann. Moralische Gründe spielen dabei keine Rolle. Sie sehen nur keine Notwendigkeit zu lügen, weil Sie selbst die Wahrheit ertragen können.

Sie lassen sich von niemandem eine Richtung vorgeben, Sie passen sich keinen Erwartungen an. Dabei wirken Sie ganz unterschiedlich auf Menschen: verträumt, abgehoben, trotzig, stur, witzig oder auch verrückt.

Sie sind oder geben sich sehr unabhängig. Sie denken nicht darüber nach, ob Sie jemand mag oder nicht. Paradoxerweise suchen dennoch – oder vielmehr gerade deshalb – zahlreiche Bewunderer Ihre Gesellschaft. Dazu kommt, daß es in Ihrer Gegenwart niemals langweilig wird. Schnell stellt man fest, daß Sie keine Vorurteile kennen. Geistig sind Sie eine Revolutionärin, voller Ideenreichtum, total unbelastet von vorgegebenen Denkschemata und intellektuellen Traditionen.

Auf faszinierende Weise unnahbar

Das alles macht Sie zu einer faszinierenden, allerdings auch schwierigen Persönlichkeit. Sie sind nämlich extrem egozentrisch. Selbst in zärtlichsten Momenten geben Sie Männern das Gefühl, unnahbar zu sein – was Sie natürlich noch interessanter macht. Andererseits brauchen Sie manchmal so viel Freiraum, daß eine Beziehung fast unmöglich wird. Es fällt Ihnen sehr schwer, sich auf ein anderes Leben wirklich einzulassen. Schnell ziehen Sie sich in Ihr Schneckenhaus – wahlweise kann das auch ein Elfenbeinturm sein – zurück, wenn man Sie mit Forderungen nach mehr Zuwendung bedrängt. Das aber führt zu frustrierenden Erlebnissen. Oft verstehen Sie nicht, was man eigentlich von Ihnen will, warum man Sie nicht in Ruhe Ihren Gedanken nachhängen läßt. Wollen Sie wirklich in Ruhe gelassen werden?

Individualistinnen haben ihren eigenen Stil, tanzen gern aus der Reihe. Ihre Unabhängigkeit macht ihren Partnern oft zu schaffen.

Die Männer der Individualistin

Wenige Männer kommen in Frage, denn Ihre Anforderungen sind hoch. Von einem Partner verlangen Sie geistige Regsamkeit, unkonventionelles Verhalten – Sätze wie »Das tut man nicht« regen Sie auf –, endlose Toleranz gegenüber Ihren Eskapaden und Extravaganzen, die Sie allerdings umgekehrt auch gewähren.

Merkwürdigerweise geraten ausgerechnet Sie manchmal an extrem dominante Männer, deren Machtanspruch Sie sich tatsächlich fügen – für eine gewisse Zeit –, weil Sie genau wissen wollen, wie dieser Mensch funktioniert und was er in Ihnen auslöst. Irgendwann haben Sie dieses Geheimnis aber schließlich gelüftet. Dann knallt es, und Sie sind fort.

Für Beziehungen oft zu egozentrisch

Häufig haben Sie Partner, die zwar sehr phantasievoll und kreativ, im Grunde aber schwächer sind als Sie, denn Sie lassen sich gern bewundern. Außerdem gehören Sie erfreulicherweise nicht zu den Frauen, die einen Mann zum Angeben brauchen. Deshalb sind Sie imstande, immer noch als unmännlich geltende Charaktereigenschaften wie Wärme und Sensibilität als Qualitäten zu schätzen. Leider sind Sie zu stark auf sich selbst fixiert, als daß Sie die Gefühle Ihres Partners in gleichem Maß zurückgeben könnten. Oft wirken Ihre Versponnenheit und Ihre scheinbare Unerreichbarkeit wie eine gnadenlose Abfuhr. Gerade sensible Männer können mit Ihren wechselnden Stimmungen schwer umgehen. Es liegt an Ihnen, sich mehr Mühe zu geben. Unter Umständen verfügen Sie zwar über einen absurden oder satirischen Witz, aber Sie können schlecht über sich selbst lachen. Tatsache ist, daß Sie nicht das Zentrum der Welt sind und daß Regeln im zwischenmenschlichen Verhalten auch für Sie gelten.

Unbedingt meiden sollten Sie Männer, die so sind wie Sie, nur noch extremer: Männer, die Ihnen gefährlich werden, weil Sie sich mit ihnen messen wollen. Diesen Kampf verlieren Sie entweder – und bezahlen mit Ihrer Energie und Ihrer Kreativität, die er sich in Windeseile einverleibt –, oder er führt zu einem ewigen Streit um Positionsbestimmungen. Merke: Kein Egozentriker kann mit einem anderen Egozentriker glücklich werden, es sei denn, er siegt.

Sie nehmen sich zu wichtig, und das kann auch in Beziehungen zum Problem werden. Sie stoßen selbst Männer, die Sie lieben, nicht selten vor den Kopf. Sie sind manchmal zu radikal auf sich konzentriert und vergessen dabei Ihren Partner, dessen Toleranz Sie nicht überstrapazieren sollten.

IHR IDEALMANN

Auf Dauer paßt wahrscheinlich ein stabiler Mann besser zu Ihnen; ein Mann, der sich von Ihnen nichts gefallen läßt, aber auch nicht versucht, Ihren starken Willen zu brechen; ein Mann, der Ihren originellen Charakter als Bereicherung und nicht als Bedrohung empfindet. Ganz wichtig ist, daß er nicht jede Flause ernst nimmt, also viel Humor besitzt: eine Gottesgabe, die Ihnen selbst völlig fehlt.

TYP M: MUTTER COURAGE

Kann es sein, daß Sie ein oder mehrere jüngere Geschwister haben, auf die Sie als große Schwester immer aufpaßten? Sicher ist: Sie sind ein Mensch, der sich verantwortlich fühlt – für die Menschen, die Sie lieben, aber auch für die Welt, in der Sie leben. Oft engagieren Sie sich für ökologische oder soziale Belange, selbstverständlich ehrenamtlich. Vielleicht üben Sie auch einen entsprechenden Beruf aus.

In aller Regel haben Sie einen großen Bekannten- und Freundeskreis aus den unterschiedlichsten Menschen, die eines gemeinsam haben: Sie

schätzen und mögen Ihr fröhliches Naturell und Ihre unendliche Großzügigkeit. Ihre Parties sind entsprechend beliebt und regelrechte Kontaktbörsen. Hier findet jeder, was er sucht. Sie verwöhnen Menschen gern, und daß Sie eine gute Köchin sind, versteht sich fast von selbst.

Für alle ein offenes Ohr

Besonders anziehend wirken Sie auf alle, die mit sich selbst nicht klarkommen. Das liegt zum einen an Ihrer Fels-in-der-Brandung-Ausstrahlung, zum anderen an Ihrer unendlichen Geduld. Manchmal sitzen Sie bis nachts um drei bei einer Freundin und lassen sich dieselbe Leidensgeschichte noch ein drittes Mal erzählen. Sie werden auch dann

Sie verwöhnen gerne Ihre Mitmenschen, spenden Trost und sind da, wenn man Sie braucht. Doch Vorsicht! Nicht zuviel des Guten! Auch Ihre Hilfsbereitschaft muß Grenzen haben!

nicht wütend, wenn dieselbe Pechmarie Sie morgens um sechs erneut aus dem Bett klingelt. Sie haben immer Verständnis.

Achten Sie auf Ihre eigenen Bedürfnisse!

Es ist offensichtlich, und Ihnen ist das auch bewußt, daß Ihre Gutmütigkeit nicht selten ausgenützt wird. In unregelmäßigen Abständen wird Ihnen diese Tatsache immer wieder deutlich: Sie geben und geben – und bekommen Ihren Einsatz sehr häufig nicht genauso zurück. Sie müssen die Perspektive wechseln und sich fragen: Was will ich eigentlich? Was genau fehlt mir? Das sind existentielle Fragen, die Sie sich zu selten stellen. Auf Ihre eigenen Bedürfnisse nehmen Sie wenig Rücksicht. Oft kennen Sie sie gar nicht genau. Kein Wunder, daß Sie oft das Gefühl haben, voll von vagen Sehnsüchten zu sein, die niemals erfüllt werden können.

Alles, was Sie haben, schenken Sie gleich im Doppelpack – und manchmal ist das zuviel für einen einzigen Mann. Ein wenig mehr Egoismus, eine Prise Geiz in Gefühlsdingen täten Ihnen gut.

Männer verlieben sich schnell vor allem in Ihr großes Herz. Und sie ergreifen nicht selten plötzlich die Flucht. Sie sind schon einige Male tief enttäuscht worden und wissen wahrscheinlich inzwischen selbst, woran es liegt: Es fällt Ihnen ungeheuer schwer, eine geliebte Person auch einmal sich selbst zu überlassen. Sie neigen zu überströmenden Zuneigungsbekundungen und verfrühten sowie übertriebenen fürsorglichen Anwandlungen. Sie mahnen und warnen, mischen sich oft wider besseres Wissen ein und riskieren harsche Abfuhren, weil Männer nicht gern zum Kleinkind degradiert werden. Warum also tun Sie das? Vielleicht weil Sie Angst haben – vor dem erwachsenen Mann, dem Sie nicht gewachsen sein könnten. Vielleicht aber auch, weil Sie glauben, für die Liebe eines Menschen etwas leisten zu müssen.

Die Männer der Mutter Courage

Da Sie nicht glauben können, daß Liebe oft ein unverdientes Geschenk ist, haben Sie eine geradezu verhängnisvolle Vorliebe für Ihren Gegentyp, der Ihnen viel Energie abverlangt: kühle und wenig emotionale Männer, in sich gekehrte Grübler, die Sie leiden lassen. Zugunsten solcher Männer rackern Sie sich geradezu leidenschaftlich ab. »Wenn ich ganz lieb bin und alles für ihn tue, dann wird er endlich wissen, was er an mir hat« – so lautet Ihre stumme Gleichung, die niemals aufgeht.

Das Gegenteil passiert: Je mehr Sie sich anstrengen, desto uninteressanter, geradezu lästig werden Sie in den Augen dieser Männer. Sein Gedankengang verläuft nämlich nach der Devise: »Wenn sie sich dermaßen abstrampelt, wird sie es wohl nötig haben.« Die Konsequenz: Er gibt noch weniger als vorher.

Hüten Sie sich auch vor Problemfällen. Begreifen Sie, daß Sie keinem einzigen Alkoholiker das Trinken abgewöhnen können, auch nicht mit viel Liebe und Zuwendung! Sie sind nicht dafür verantwortlich, wenn jemand von existentiellen Depressionen gequält wird, und Sie sind meist nicht in der Lage zu helfen.

SEIEN SIE EGOISTISCH!

Denken Sie zur Abwechslung einmal an sich. Werden Sie eine Egoistin im allerbesten Sinn des Wortes. Erwarten Sie nicht, daß jemand anders das für Sie tut, was Sie selbst erledigen müssen: sich zu mögen. Sie müssen gar nichts leisten, um geliebt zu werden. Ihre Persönlichkeit ist als solche liebenswert genug.

Ein Mann, der Sie liebt, aber nicht braucht

Suchen Sie sich einen Mann, der Ihre Art phantastisch findet, aber von dem Sie – ganz wichtig! – nicht den Eindruck haben, daß er Sie braucht. Dieser Mann sollte sehr ehrlich und verläßlich sein.

Vielleicht finden Sie ihn anfangs sogar ein bißchen langweilig, besser gesagt: berechenbar, denn Sie sind leider ganz andere gewöhnt. Seine Unabhängigkeit, die sich langsam herauskristallisiert, wird Sie ebenfalls verunsichern, etwa: »Wenn er mich nicht braucht, kann er mich dann lieben?« Sie werden sich mit ihm streiten. Er wird auf Distanz pochen, während Sie Nähe wollen.

Ganz allgemein kommen Sie gut mit Männern klar, die sich gern verwöhnen lassen, Ihre Großzügigkeit aber nicht als Selbstverständlichkeit hinnehmen. Vielleicht haben Sie diese Männer bis jetzt übersehen.

Dieser Mann will von Ihnen keine Opfer, statt dessen interessiert es ihn, wie es Ihnen geht und was Sie sich wünschen. Dieser Mann wird dasein, wenn Sie ihn brauchen. Geben Sie ihm also eine Chance.

Bitte lesen Sie zu diesem Thema auch »Konflikt Nr. 1: Der Mutterkomplex« (Seite 179ff.).

TYP S: DIE SENSIBLE

Sie gehören zu den Frauen, denen man noch im hohen Alter ihre mädchenhafte Ausstrahlung bescheinigen wird: Sie wirken immer jünger, als Sie sind. Sie haben etwas Kindliches, Zerbrechliches an sich, das Beschützergefühle auslöst. Zu Recht, denn Sie sind relativ empfindsam, nicht übermäßig belastbar.

Längst ist sie erwachsen und eine schöne junge Frau, doch die Sensible wirkt weiterhin wie ein Kind. Nicht selten rufen gerade diese Frauen Beschützerinstinkte im Mann wach.

IHRE QUALITÄTEN

Sie verfügen über einen untrüglichen Sensor für Stimmungen und Störungen in einer Beziehung. Sie spüren durch alle aufgesetzten Masken hindurch, wie es jemandem wirklich geht – oft bevor derjenige es selbst weiß. Das prädestiniert Sie für Berufe im psychologischen oder sozialen, auch im künstlerischen Bereich: Ihre Phantasie, gepaart mit Ihrer Beobachtungsgabe, macht Sie zu einer Dichterin.

Privat kann sich jeder glücklich schätzen, Sie als beste Freundin zu haben. Sie haben für Probleme immer ein offenes Ohr, Sie sind aufgrund Ihrer intuitiven Begabungen eine erstklassige Ratgeberin in Gefühlsdingen. Ihre Selbstschutzmechanismen sind sehr gut entwickelt. Das wirkt nicht überall gleich gut. Den Vorwurf robusterer Naturen, eine selbstmitleidige Simulantin zu sein, kennen Sie gut. Er macht Sie hilflos, denn wie sollen Sie jemals das Gegenteil beweisen? Sehr oft steckt Neid dahinter, denn Sie gehören zu den Frauen, die nie viel tun müssen, um gemocht oder geliebt zu werden. Selbst wenn Sie keine Schönheit sind – Ihre zarte Erscheinung, gepaart mit einem kindlichen, in besten Momenten koboldhaften Charme, hat Ihnen schon viele Türen geöffnet. Das gilt auch für Männer.

Sie haben die Gabe, sich bis zur Selbstaufgabe in andere hineinzuversetzen. Dabei gehen Sie aber nie über die Grenzen des Machbaren hinaus. Sie wissen, auch aus leidvoller Erfahrung, was Sie sich zumuten können und was über Ihre Kräfte geht.

Bei Männern ausgesprochen beliebt

Männer mögen Sie. Sie haben immer einen Schwarm von Verehrern um sich, die Ihnen die Wünsche von den Augen ablesen. Leider können Sie diesen Zustand nicht genießen. Das liegt daran, daß Sie durch Ihre unbestimmte Art immer wieder Hoffnungen wecken, die Sie, wenn es ernst wird und Sie nicht wollen, mühsam und unter Zuhilfenahme zahlreicher Ausreden – die klassische: »Bitte laß mir Zeit!« – zerschlagen müssen.

In Konfliktsituationen passiv und hilflos

Sie gehen nie den geraden Weg, sondern wählen Umwege, um Ihre Interessen durchzusetzen. Ihr diplomatisches Geschick ist Ihnen dabei eine große Hilfe. Sie fangen beispielsweise schnell an zu weinen, wenn die Situation festgefahren scheint, was Ihre Gegner entwaffnet. Oder Sie verstummen mit deprimierter Miene, bis Ihr Partner sich wieder um Sie bemüht. Dieses Verhalten führt früher oder später immer wieder zu Spannungen, weil man in Ihrer Gegenwart leicht unter chronisch schlechtem Gewissen leidet. Und das macht aggressiv. Auf diese Weise können Konflikte auch nicht angegangen werden, sondern brodeln weiter unter der Oberfläche. Sie wissen zwar, daß mit Weinen und Schmollen keine Probleme aus der Welt geschafft werden können, aber Sie ändern nichts.

IHR SCHWACHPUNKT

Sie können nicht nein sagen, denn die Vorstellung, daß jemand enttäuscht von Ihnen ist und Sie nicht mehr mag, bereitet Ihnen Alpträume. Sie sind ausgesprochen konfliktscheu, besonders in Beziehungen. Machtkämpfen weichen Sie grundsätzlich aus. Dafür haben Sie sich im Laufe der Zeit gute Gründe zurechtgelegt: Streit bringt nichts und verhärtet nur die Fronten. In Wirklichkeit haben Sie Angst, Ihre Interessen selbstbewußt zu vertreten und verlassen zu werden. Das ist eine schlechte Ausgangsbasis für jede Beziehung, auch freundschaftliche.

Die Männer der Sensiblen

Ihre bisherigen Beziehungen entstanden in der Regel, weil Ihr späterer Partner um Sie warb – und dies lang und ausgiebig. Bei Ihnen gewinnt entweder der Stärkere oder der Zähere.

Die Frage ist, ob diese Partner wirklich die Richtigen für Sie sind. Nach dem Prinzip »Gegensätze ziehen sich an« wirken Sie ausgesprochen attraktiv auf selbstbewußte Pragmatiker oder sogar Machos. Sie bewundern diese Männer –

Eines vorab: Die folgende Passage nützt Ihnen nur dann, wenn Sie etwas mehr Eigeninitiative zeigen. In dieser Beziehung sind Sie nämlich reichlich altmodisch.

für Eigenschaften, die Ihnen fehlen: Vitalität und Optimismus beispielsweise. Leider werden Sie mit beiden Typen in den seltensten Fällen glücklich. In der Regel fühlen Sie sich ständig mißverstanden, unterdrückt, überfordert, während er das Gefühl nicht los wird, nie wirklich an Sie heranzukommen, es Ihnen nie recht machen zu können. Im Bett funktioniert es aus naheliegenden Gründen mit keinem von beiden sonderlich gut. Guter Sex ist für Sie ein metaphysisches Erlebnis, keine rein körperliche Sensation.

- Der Macho legt Ihre Empfindsamkeit als Schwäche aus – und prompt wird sie auch zur Schwäche.
- Der Pragmatiker gibt sich oft redliche Mühe und weiß trotzdem auch nach zehn Jahren noch nicht, was Sie eigentlich denken und fühlen.

WERDEN SIE AKTIV

Es ist wichtig, daß Sie sich selbst auf die Suche machen, anstatt sich immer nur auswählen zu lassen. Der Mann, der zu Ihnen paßt, ist zugegebenermaßen nicht leicht zu finden.

- Zuallererst muß sein Empfindungsreichtum dem Ihren ähnlich sein. Das ist die Garantie für wunderbare Gespräche und jenes tiefe, gegenseitige Verständnis auf spiritueller Ebene, das Sie sich schon immer gewünscht haben.

- Ihr Idealpartner darf schwächer sein als Sie – allerdings kein Problemfall! –, denn dann fühlen Sie sich um so stärker. Sie können keinen Mann brauchen, der Ihnen wieder alle Entscheidungen abnimmt – und sich dann über Ihre mangelnde Einsatzfreude beklagt.

- Aber auch eine gleichwertige Kombination von Stärken ist denkbar. Vielleicht hat er intellektuelle Fähigkeiten, die Sie mit Ihren intuitiven Qualitäten ergänzen. Mit einem solchen Mann können Sie auch streiten und vielleicht Sex und Sinnlichkeit ganz neu entdecken, auch wenn Ihnen ersteres gar nicht so wichtig ist.

TYP T: DIE TEMPERAMENTVOLLE

Sie zeigen offen, was Sie freut, stört, belastet und belustigt. Dabei verfügen Sie über eine Lässigkeit, die Sie ungeheuer anziehend macht. Lädt man Sie ein, weiß jeder, daß die Party ein Erfolg wird.

Wenn Sie einen Raum betreten, drehen sich die Leute nach Ihnen um. Das liegt keineswegs nur an Ihrer ausgefallenen Kleidung; Sie lieben ein auffälliges Outfit, starke Farben, sexy Schnitte. Es liegt auch an Ihrer vitalen Ausstrahlung. Wenn Sie gut gelaunt sind, wirken Sie wie die Lebenslust in Person. Im Handumdrehen können Sie eine trockene Diskussionsrunde in einen albern kichernden Blödelhaufen verwandeln, in dessen Mittelpunkt selbstverständlich Sie agieren.

Natürlich haben Sie auch viele Neider. Das liegt nicht nur daran, daß Sie Männer anziehen, sondern auch an Ihrem ausgeprägten Machtinstinkt: Sie wissen, was Sie wert sind, und wehe, jemand kommt Ihnen in die Quere! Dann wehren Sie sich sofort, und die Angreiferin – meistens ist es eine Frau – hat kaum noch Chancen. Die Kehrseite dieser Charaktereigenschaft könnte sein, daß Sie sich zu viele Feinde machen und deshalb manchmal einsam sind. Auch Ihr überschießendes Temperament bereitet Ihnen Schwierigkeiten. Sie reagieren heftig auf Gemütsbewegungen, sind zwar selbst – Ihre beste Eigenschaft! – nicht nachtragend, Ihre Gegner, denen Sie schon schwere Beleidigungen an den Kopf geworfen haben, dagegen manchmal schon. Solche Rückschläge irritieren Sie allerdings nur kurze Zeit. Denn bisher konnten Sie sich auf Ihren Charme immer verlassen. Wozu schüchternere Zeitgenossen Jahre brauchen, das schaffen Sie in ein paar Wochen: sich einen kompletten Freundeskreis aufzubauen.

Sie sind die geborene Kämpferin und dabei auch noch ein Naturtalent in strategischer Kriegsführung auf gesellschaftlichem Parkett. Taktische Finessen muß Ihnen niemand beibringen.

Ständig auf der Suche nach Neuem

Ihr Problem mag sein, daß Ihnen alles zufällt. Daraus folgt, daß Sie in extremem Maß die Qual der Wahl haben – und große Schwierigkeiten, sich für eine der vielen Möglichkeiten zu entscheiden. Ohnehin sind Sie eine ziemlich sprunghafte Person. Themen, die Sie gestern noch »wahnsinnig interessant« und »äußerst wichtig« gefunden haben, interessieren Sie morgen unter Umständen überhaupt nicht mehr. Sie verfolgen keine klare Linie. Menschen, die Sie näher kennenlernen, zeigen sich häufig irritiert von Ihrer Unberechenbarkeit, die manchmal fast etwas Brutales an sich hat. Sie selbst leiden allerdings auch darunter, selbst wenn Sie es nicht zugeben. Ihnen wird bewußt, wie gefährlich Sie leben, weil Sie alles austesten müssen. Wie oft balancieren Sie auf einem sehr dünnen Seil – natürlich ohne Netz! Auf die meisten Männer wirken Sie gerade deshalb außergewöhnlich attraktiv – als klassische Femme fatale bedienen Sie einen uralten Männertraum.

In der Liebe kochend oder auch nur lauwarm

Ihre Beziehungen gestalten sich jedoch alles andere als einfach. Da Sie eine sehr leidenschaftliche Frau sind, gibt es für Sie nur zwei Möglichkeiten: Entweder Sie lieben hundertprozentig, dann endet die Liaison oft

Offenheit und Lebenslust charakterisieren die temperamentvolle Frau. Ihre Lässigkeit und Attraktivität faszinieren die Männer.

mit Schrecken, denn Sie sind sehr besitzergreifend und eifersüchtig. Oder Sie empfinden bestenfalls laue Zuneigung. Männer, die in Ihren Augen zur zweiten Kategorie gehören, umschwirren Sie und werden von Ihnen nach Kräften ausgenützt. Das wissen oder ahnen sie in der Regel und finden es im Prinzip in Ordnung. Der Grund: Allein der Neid der Konkurrenten, wenn sie mit einer Frau wie Ihnen am Arm im Luxusrestaurant oder der neuesten Disco auftauchen, entschädigt für nie gewährte Liebesfreuden.

Die Männer der Temperamentvollen

Da die Bewerber Schlange stehen, ist bei Ihnen vieles möglich, sofern Sie

60

nicht auf die ganz große Liebe warten. Denn sie endet bei Ihnen leider in der Regel negativ – vor allem wenn Sie die Herausforderung annehmen und sich in einen Mann Ihres Typs verlieben. Diese Konstellation birgt reichlich Zündstoff. Fallen Sie nicht auf die Illusion herein, daß Sie füreinander bestimmt sind. Das Gegenteil ist der Fall: Sie tun einander mehr weh als wohl. Ein extrem eifersüchtiger Partner ist schon ein Problem. Treffen zwei aufeinander, die zudem rachsüchtig veranlagt sind und wissen, wo sie den anderen am wirkungsvollsten treffen, kann sich jeder vorstellen, was geschieht. Eine Beziehung mit Suchtcharakter entsteht, in der beide einander zerfleischen und doch nicht voneinander loskommen. Da in Ihnen die Lust auf das Drama lauert, schlagen Sie Warnungen bestimmt aus. Aber vielleicht haben Sie ja schon einschlägige Erlebnisse hinter sich und sind fürs erste kuriert.

Durchschnittstypen, und seien sie noch so nett, haben bei Ihnen keine Chance. Wer Sie deshalb als oberflächlich abqualifiziert, hat nichts verstanden.

Ein erfolgreicher Mann mit Niveau und Herz

Der Mann, der zu Ihnen paßt, muß etwas darstellen. Entweder sieht er sehr gut aus, oder er hat viel Geld, oder er ist ein anerkanntes Genie. Sie sind eine phantastische Frau und brauchen einen adäquaten Mann, mit dem Sie genauso angeben können wie er mit Ihnen.

Was die inneren Werte betrifft: Er muß sich von Ihrer Lebenslust mitreißen lassen und Ihre Entertainerqualitäten schätzen. Mit einem introvertierten Grübler können Sie wenig anfangen – obwohl gerade dieser Typ besonders auf Sie steht, verkörpern Sie doch alles, was er nicht hat –, selbst wenn Sie die Gewundenheit seiner Gedankengänge noch so sehr fasziniert. Natürlich darf sich Ihr künftiger Partner von Ihnen nicht einschüchtern lassen, sonst ist er schnell auf der Verliererseite.

DER RICHTIGE MANN

Ihr Idealpartner ist ein Siegertyp mit Bodenhaftung, der Sie in die Realität zurückholt, wenn Ihr Temperament mit Ihnen durchgeht: ein starker Mann, der die allzu Widerspenstige zähmt, sprich: Ihnen auch einmal die Wahrheit sagt, aber Sie nicht kleinmacht. Das allerdings gelingt ohnehin fast niemandem.

WEGE AUS D

Kennen Sie diese Situation: Sie befinden sich auf einem Fest, dem ersten seit längerer Zeit. Sie haben sich sehr auf diesen Abend gefreut und sich in Ihr heißestes Kleid geworfen. Leider müssen Sie vor Ort feststellen, daß Sie komplett overdressed sind – Sie befinden sich in einer nicht als solcher deklarierten Versammlung eines trauten Kleinfamilienvereins, wo sich Mamis und Papis in praktischen Latzhosen um den quengelnden Nachwuchs bemühen. Statt Drinks wird Karottensaft gereicht. Der einzige alleinstehende Mann ist homosexuell und gefällt sich überdies in der Onkelrolle.

M SINGLE-DASEIN

Eine andere Situation: Sie sind zu einem Abendessen eingeladen, wo sich nur Paare oder alleinstehende Frauen tummeln. Enttäuscht mustern Sie die attraktiven Frauen ohne Anhang, die gleichfalls nicht gerade Sie zu treffen gehofft hatten. Der einzige alleinstehende Mann wird gegen elf von seiner strahlenden Freundin abgeholt.

NUR KEINE PANIK!

Wer die Zweisamkeit sucht, muß mit sich allein klarkommen können. Sonst bekommt die Suche nach dem Mann fürs Leben panikartige Züge – was selbst ernsthafte Interessenten verschreckt. Sie sehen hier, wie man als Single lernt, sein Dasein nicht nur widerwillig zu akzeptieren, sondern auch richtig zu genießen, welche Fehler Sie vermeiden sollten und wie Sie die berühmte positive Ausstrahlung bekommen, ohne die gar nichts passiert.

Single-Frust: Manchmal ist es hart, ohne festen Partner zu sein. Manchmal fühlt man sich wie das berühmte fünfte Rad am Wagen inmitten einer Welt, die auf Doppelexistenz zugeschnitten ist. Manchmal kann man sich keine größere Katastrophe ausmalen, als daß dieser Zustand andauert – vielleicht bis in alle Ewigkeit. Diese Panikstimmung wird Ihnen nicht erspart bleiben, also stellen Sie sich lieber gleich darauf ein. Sie wissen natürlich rein theoretisch, daß alles eine Frage der Ausstrahlung ist. Eine Binsenweisheit, trotzdem: Wirken Sie positiv, zugänglich, freundlich, sicher, dynamisch, optimistisch, dann können Sie sich vor Verehrern nicht retten.

Versuchen Sie nicht zu erzwingen, was sich nicht von selbst entwickeln will. Beachten Sie die folgenden Verhaltensregeln, und denken Sie immer daran: Lieber keinen Partner als einen, mit dem Sie todunglücklich sind!

Die Zukunft selbst in die Hand nehmen

Wer von einer Trennung frustriert oder von Männern enttäuscht ist, kann nicht freudestrahlend so tun, als sei alles in Ordnung. Besonders kurz nach einer Trennung werden Sie immer wieder psychische Problemsituationen erleben. Sie werden grübeln und sich schlecht fühlen und sich fragen, ob Sie jemals wieder glücklich sein werden. Und das ist ganz normal.

Wichtig ist nur, daß Sie in diesen Stimmungstiefs nicht verharren – bzw. nicht öfter in sie hineinstolpern, als Sie unbedingt müssen. Sie haben jetzt die Chance, die Gestaltung Ihrer Zukunft in die eigene Hand zu nehmen. Sie können Ihre Situation verbessern, Schritt für Schritt, aus eigener Kraft. Dabei genügt es für den Anfang, wenn Sie bestimmte Fehler vermeiden. Das sind Fehler ohne Erkenntnisgewinn, die Sie emotional zurückwerfen und Sie unnötig Energie kosten.

FEHLER NR. 1: SELBSTMITLEID

Tatsache ist, daß nur Sie etwas ändern können. Niemand sonst. Ihr Schicksal liegt in Ihrer Hand.

Natürlich dürfen Sie sich Phasen erlauben, in denen Sie die ganze Welt für Ihr Unglück verantwortlich machen: Ihren miesen Expartner, die Männer im allgemeinen und im besonderen, Ihre lieblosen oder zu beschützenden Eltern, das Leben, das es überhaupt nicht gut mit Ihnen meint. Es ist okay, einmal schwach und ungerecht zu sein. Außerdem hat Weinen eine entgiftende und reinigende Funktion – tatsächlich haben Untersuchungen bestätigt, daß Menschen, die weinen können, im allgemeinen gesünder sind. Nur an der Klagemauer stehen bleiben dürfen Sie nicht, sonst wird sie zur geistigen Falle. Je länger Sie dazu neigen, den Umständen die Schuld an Ihrer Situation zuzuschieben, desto aussichtsloser wird Ihnen Ihre Lage erscheinen. Mit Ihren Zweifeln berauben Sie sich ganz allmählich, aber unmerklich der Möglichkeit, selbst Einfluß zu nehmen.

Das Selbstmitleid besiegen

Es gibt einen relativ einfachen psychologischen Trick, die Depression zu durchschreiten, anstatt der Versuchung nachzugeben, es sich in ihr bequem zu machen: nicht dagegen ankämpfen. Den seelischen Zustand akzeptieren, wie er ist, aber ohne sich daran festzuklammern. Dazu bedarf es tatsächlich nur eines simplen Entschlusses, den Sie im Geist oder laut in Worte fassen.

● Heben Sie den Kopf aus der gesenkten Grübelposition, und sagen Sie z. B. ein paar Mal leise vor sich hin: »Ich lasse alles so sein, wie es ist. Ich kämpfe nicht. Ich lasse los.«

● Spüren Sie, wie es sich anfühlt, alles loszulassen – Ihren Ärger, Kummer und Trotz – und sich zu entspannen.

Diese meditationsähnliche Übung erfordert eine gewisse Konzentration, die Sie aber trainieren können. Sie werden zu Ihrer Überraschung feststellen: Innerhalb weniger Minuten hat sich Ihr Befinden positiv stabilisiert.

FEHLER NR. 2: ISOLATION

Sicher haben Sie schon einmal gelesen, daß man vor der drohenden Einsamkeit nach einer Trennung nicht davonlaufen darf, daß man sich dem Alleinsein zu stellen habe, und andere schlaue Psychosätze mehr. Sie sollen nicht zwanghaft jede freie Minute mit Terminen und Verabredungen ausfüllen. Aber in die Versuchung werden Sie auch kaum kommen, es sei denn, Sie haben einen riesigen Freundeskreis. Dann gehören Sie zu einer Minderheit, die sich glücklich schätzen kann, und dürfen diesen Absatz überspringen. Für den Rest gilt: Im Moment müssen Sie auf niemanden mehr Rücksicht nehmen. Sie können tun und lassen, was Sie wollen – ohne befürchten zu müssen, daß Sie Ihren Partner damit ärgern oder verletzen. Machen Sie das Beste aus dieser Lebensphase! So frei werden Sie sich vielleicht nie wieder fühlen! Handeln Sie entsprechend!

Wer allein zu Hause grübelt und sich vergräbt, bleibt allein und findet keine neuen Freunde.

Lernen Sie neue Leute kennen!

Das gilt auch, wenn Sie schon länger Single und enttäuscht über diesen Zustand sind. Hören Sie auf, sich über die Tatsache zu grämen, daß Sie solo leben. Nutzen Sie statt dessen spätestens ab jetzt die Zeit, neue Leute kennenzulernen. Je mehr, desto besser. Denn das Gefühl, gemocht zu werden, macht Sie stark. Jede Gelegenheit ist dafür geeignet: Job, Kneipen, Parties … Und gerade anfangs sollten Sie nicht zu heikel sein. Selbst wenn Sie sich bisher von der Kollegenrunde ferngehalten haben, die sich abends oft noch auf ein Glas Wein trifft – lehnen Sie das freundlich gemeinte Angebot, sich ihnen anzuschließen, nicht mehr ab. Gerade wenig tiefsinnige Abende sind dazu angetan, Ihre Laune zu heben. Je mehr Bestätigung Sie von außen erhalten, desto schneller verschwindet Ihre Angst vor dem Alleinsein. Und die müssen Sie ohnehin vor Ihrer nächsten Partnerschaft überwunden haben.

FEHLER NR. 3: FLÜCHTIGE AFFÄREN

Selbstverständlich ist Flirten erlaubt, und manchmal endet ein netter Abend auch im Bett, ohne daß morgendlicher Katzenjammer die zwangsläufige Folge ist. Voraussetzung hierfür, auch wenn es paradox klingt, ist: Sie stellen sich mit diesem Mann unter keinen Umständen eine Beziehung vor. Dann – und nur dann – ist der Akt als solcher nicht nur ein Vergnügen, sondern möglicherweise auch dazu angetan, das eigene Selbstbewußtsein zu heben.

Riskieren Sie es nicht, einen Mann zu verletzen, der sich vielleicht mehr erwartet hat als eine schöne Nacht. Sagen Sie ihm vorher, daß Sie mit ihm nur gerne ein paar schöne Stunden verbringen wollen.

Lassen Sie sich Zeit!

Bei einem Mann, den Sie wirklich mögen, müssen Sie sich schon aus egoistischen Gründen Zeit lassen. Denn in diesem Fall sind Sie emotional relativ labil. Und abgesehen davon: Ein wenig unverbindlicher Sex und danach ein vages Versprechen, Sie anzurufen, ist doch das letzte, was Sie sich von einem Mann wünschen, der Sie ernsthaft interessiert – oder? Wenn Sie der Versuchung nachgeben, riskieren Sie, verletzt zu werden.

Ein paar Enttäuschungen mit flüchtigen Affären reichen aus, Sie auf lange Sicht kopfscheu und mißtrauisch zu machen. Ein Teufelskreis beginnt, denn je weniger offen und vertrauensvoll Sie auf Menschen zugehen, desto negativer wird Ihre Ausstrahlung, und desto höher werden die Hürden auf dem Weg in die glückliche Zweisamkeit.

FEHLER NR. 4: UNGEDULD

Schon ein ganzes Jahr Single, und noch immer hat sich nichts Wesentliches getan? Das verführt viele Frauen, sich eine rosa Brille aufzusetzen und sich laufend in Abenteuer mit absehbar negativen Konsequenzen zu stürzen. Die Symptome der Verblendung aus Unrast sind für alle, außer für die Betroffenen, klar ersichtlich. Sie sind gefährdet:

Verlieren Sie nicht den Blick für die wahren Charaktereigenschaften Ihres männlichen Gegenübers. Bleiben Sie kritisch!

● Wenn Sie sich jeden neuen Mann a priori schönreden – und das bereits nachdem Sie ihn eine Woche kennen. Verräterisch sind in diesem Zusammenhang Sätze wie »Noch nie war es so toll im Bett wie mit ihm« und »Endlich ein Mann, mit dem ich über die neuesten Filme reden kann«. Ob der Neue wirklich so einmalig ist, wird erst die Zeit erweisen.

● Wenn Sie sich dabei ertappen, Ihrem neuen Verehrer die zu Ihnen passenden Eigenschaften zuzuschreiben, obwohl Sie das nach Ihrem derzeitigen Kenntnisstand seiner Person gar nicht beurteilen können. Warten Sie erst einmal ab, was sich entwickelt. Vielleicht wird es nur eine gute Freundschaft. Das sollte Ihnen fürs erste reichen.

● Wenn Sie in letzter Zeit verstärkt unrealistischen Tagträumen nachhängen. Dazu gehört, sich in der Phantasie Dinge auszumalen, die ansatzweise noch nicht abzusehen sind, oder Verliebtheitssymptome zu diagnostizieren, wo vielleicht nur freundliche Zuneigung besteht.

● Wenn große Hoffungen immer wieder von starken Enttäuschungen abgelöst werden und Stimmungsschwankungen von himmelhoch jauchzend bis zu Tode betrübt bei Ihnen zur Regel geworden sind. Dann stimmt etwas nicht mit Ihrem Gefühlshaushalt. In diesem Fall verordnen Sie sich eine gute Portion Realität. Lenken Sie sich bewußt ab. Denken Sie nicht an Liebe und Leidenschaft, sondern konzentrieren Sie sich beispielsweise auf Ihre Karriere. Im Moment sind Sie nicht in der Lage, Mr. Right zu erkennen, selbst wenn Sie mit der Nase auf diesen Mann gestoßen werden. Statt dessen sind Sie höchst anfällig für ärgerliche, zeitraubende und überflüssige Irrtümer.

FEHLER NR. 5: FALSCHE FREUNDE

Stabile Freundschaften können zwar keine Partnerschaft ersetzen – aber umgekehrt gilt das gleiche! Gerade in der heutigen Zeit braucht jeder, ob solo oder nicht, ein möglichst engmaschiges soziales Netz.

Andererseits besteht zwischen guten Freunden und solchen, die sich lediglich dafür halten, ein großer Unterschied. Zwar müssen – um gleich einem weitverbreiteten Mißverständnis entgegenzuwirken – gute Freunde keineswegs immer eine seriöse Mischung aus Prediger und Beichtvater abgeben; es gibt Freunde, mit denen Sie gut Probleme wälzen können, deren Ratschläge immer hilfreich sind, und andere, mit denen Sie sich besser amüsieren können. Beides ist jetzt wichtig für Sie. Und häufig ist die Devise »Mehr Spaß am Leben« die aussichtsreichste Therapie gegen Depressionen und Einsamkeitsgefühle.

Meiden Sie Menschen, die Ihnen nicht guttun, vielleicht sogar schaden. Das klingt zwar lapidar; Tatsache ist aber, daß Sie falsche Freunde häufig zu spät erkennen: dann, wenn es schwierig bis nahezu unmöglich wird, die Freundschaft auf höfliche Art entweder oberflächlicher zu gestalten oder ganz zu beenden.

Falsche Freunde sind

● *Kritiker, die alles besser wissen*

Egal, wie die Situation ist, diese Sorte Mensch findet überall das Haar in der Suppe. Meistens handelt es sich um abgewiesene Liebhaber oder Freundinnen, die weniger attraktiv sind als Sie. Ihr Handeln wird von einer guten Portion Neid oder Eifersucht diktiert. Vielleicht sind sie auch bloß unverbesserliche Pessimisten.

Der Kritiker murmelt beispielsweise schon etwas von übersteigertem Leistungsdruck aufgrund kindlicher Zärtlichkeitsdefizite, bloß weil Sie erzählen, daß Sie befördert wurden. Wenn Sie ihm einen Freund vorstellen, kann er Ihnen schon nach dem ersten Abend zu dritt mindestens zehn Schwachpunkte Ihres Bekannten aufzählen, die Ihnen gar nicht aufgefallen wären. Überhaupt krittelt er – oder sie! – gern, auch an Ihnen. Immer wieder müssen Sie sich Ermahnungen bezüglich Ihrer äußeren Erscheinung oder Ihres Wesens gefallen lassen. Daraus folgt, daß ein Treffen mit ihm oder ihr nie besonders entspannend ist, weil Sie automatisch schon darauf warten, daß ihm oder ihr wieder einmal irgend etwas nicht gefällt.

Sie fragen sich, warum er/sie sich mit Ihnen trifft, obwohl an Ihnen doch so vieles auszusetzen ist? Ganz einfach: Weil alle anderen ihm/ihr bereits den Laufpaß gegeben haben – Zeit für Sie, das gleiche zu tun. Und das ist leider gar nicht so einfach. Oft schwenken Kritiker und Besserwisser im Augenblick der Gefahr blitzschnell um und setzen aufgrund ihrer Unbeliebtheit mit Erfolg auf Mitleid. »Du willst mich jetzt auch noch verlassen? Wie gemein!« – Botschaften wie diese, die auch unausgesprochen ankommen, erreichen meistens ihren Zweck: Ihr schlechtes Gewissen wird mobilisiert, damit Sie bleiben. Manchmal hilft tatsächlich nur die ungeschminkte Ehrlichkeit, um sich aus einer derartigen Beziehung zu lösen.

● *Unbelehrbare Männerhasserinnen*

Mit emanzipierten Frauen darf man sie auf keinen Fall verwechseln. Im Gegenteil, die Männerhasserinnen lamentieren pausenlos über ihre Rolle als Opferlamm männlicher Triebe, ohne jemals ihren eigenen Schuldanteil zu sehen. Warum sie allerdings den ekelhaften Macho oder unverbesserlichen Faulpelz nach Kenntnisnahme seines abstoßenden Charakters zwei Jahre lang durchgefüttert hat, bleibt ihr Geheimnis. Und daß der miese Kerl sie schließlich sitzenließ, wundert niemanden – außer sie selbst.

Eine Männerhasserin brauchen Sie nur anzusprechen – schon listet sie Ihnen unaufgefordert sämtliche beziehungstechnischen Pleiten ihres Lebens auf, an denen sie selbstverständlich völlig unbeteiligt war.

Frauen wie sie sind gefährlich, denn sie sind von Grund auf negativ. Von der Weisheit, daß jeder seines Glückes Schmied ist, haben sie noch nie etwas gehört. Sie vermitteln vielmehr das Gefühl, Unglück schuldlos anzuziehen. Das Gegenteil ist der Fall: Sie machen sich selbst das Leben zur Hölle und laden dem Rest der Welt die Verantwortung für ihr Wohlbefinden auf. Das könnte unter Umständen Sie treffen. Machen Sie sich frei davon. Seien Sie egoistisch genug, sich auf dieses Spiel nicht einzulassen, sonst verlieren Sie Ihren ganzen Optimismus.

● Menschen, die Sie klein machen

Ein Beispiel, um dies zu verdeutlichen: Anke und Judith sind schon seit Jahren beste Freundinnen. In regelmäßigen Abständen besuchen sie zusammen eine Salsa-Kneipe, in der viel getanzt wird und meistens eine phantastische Stimmung herrscht. Judith liebt diese Abende, sie amüsiert sich jedes Mal großartig. Anke nicht. Sie ist zwar keineswegs häßlich, aber ein unauffälligerer Typ als die blonde Judith. Die Folge: Meist kann sich Judith vor Männern gar nicht retten, die sie zum Tanzen auffordern, während Anke das frustrierende Gefühl hat, immer nur zweite Wahl zu sein. Judith reagiert sehr beleidigt und verständnislos, als Anke ihr eines Tages mitteilt, daß sie in Zukunft nicht mehr mitkommen mag. Anke will nicht mehr in die Rolle des Mauerblümchens gedrängt werden.

Wenn Sie sich in Gegenwart Ihrer Freundin wie das sprichwörtliche häßliche Entlein neben dem schönen Schwan vorkommen, sollte das zunächst ein Ansporn sein, sich attraktiver herzurichten. Hilft das nicht, müssen Sie nicht ausgerechnet mit dieser Frau ausgehen. Warum sich selbst quälen? Wie gesagt: Es zählt hier ausschließlich Ihr Gefühl.

Anke hat richtig gehandelt. Zum Plausch kann sie sich mit Judith woanders treffen – sie muß sich dafür nicht immer wieder in Situationen begeben, wo sie dazu verdammt ist, die zweite Geige zu spielen. Tatsache ist: Anke fühlt sich in Gegenwart von Männern Judith unterlegen, die sie für die Hübschere hält. Vielleicht hat sie unrecht damit, aber das ist nicht wichtig. Das negative Gefühl zählt, woraus folgt, daß Ankes Chancen, einen Mann kennenzulernen, auf Null sinken, wenn Judith in der Nähe ist. Und das kann nicht der Sinn ihres Ausgehens sein. Wirklich gute Freundschaften funktionieren nach dem Gleichheitsprinzip: Ich habe diese Stärken und du jene, woraus folgt, daß wir beide uns gut ergänzen. Bei Anke und Judith hängt die Waagschale schief – jedenfalls dann, wenn sie zusammen Salsa tanzen gehen.

Es gibt immer wieder Menschen, die Sie verunsichern und Ihr Selbstbewußtsein schmälern – es sei denn, Sie sind wirklich durch nichts zu erschüttern. Ob das absichtlich oder unbewußt geschieht – meist ist letzteres der Fall –, ist völlig irrelevant. Und nicht immer ist der Prozeß so offensichtlich wie bei Anke und Judith.

Manchmal können Sie sich Ihr Unbehagen während der Anwesenheit einer bestimmten Person auch nach langem Grübeln nicht erklären. Sie sollen vor diesen Leuten nicht davonlaufen. Aber niemand kann Sie zwingen, sich dauernd mit ihnen auseinanderzusetzen. Sie brauchen jetzt etwas anderes. Keine naiven Bewunderer oder kritiklosen Ja-Sager, sondern Menschen, die Sie ermutigen und nicht frustrieren, die Sie in Ihrer Persönlichkeit bestärken, anstatt Ihr Selbstbewußtsein zu verletzen oder Sie herabzusetzen.

Ihre hübsche Freundin amüsiert sich köstlich, und Sie sitzen da wie ein Mauerblümchen? Suchen Sie sich eine andere Begleiterin!

TRAINIEREN SIE

Kennen Sie diese Situation: Eine Frau betritt einen Raum voller Menschen. Sie ist vielleicht streng genommen gar nicht besonders hübsch. Trotzdem verstummen ihretwegen Gespräche. Jeder, der sie sieht, schaut hinter ihr her. Ein Mann sagt: »Donnerwetter, hat die einen tollen Gang!« Eine Frau sagt: »Was für ein phantastisches Kleid.« Ein Kind lächelt spontan, als es die Fremde sieht. Diese Frau hat die Aufmerksamkeit der Anwesenden bereits erregt, bevor sie den Mund aufgemacht hat.

NE POSITIVE AUSSTRAHLUNG

Jeder hat so eine Szene schon einmal erlebt. Vielleicht mit mehr als einer Spur von Neid: Warum ziehe ich keine Blicke auf mich? Warum muß ausgerechnet ich mich immer so anstrengen, bis mich jemand aufregend findet oder sexy oder wenigstens wahnsinnig sympathisch?

Positiv wirken

Eine positive Ausstrahlung können Sie nicht erzwingen, auch nicht fleißig erarbeiten, nur allmählich entwickeln. Manchmal fällt sie Ihnen in den Schoß, als völlig unverdientes Geschenk. Wenn einige positive Faktoren zusammenkommen – ein interessanter Mann hat Sie auf der Straße angelächelt, Sie haben ein berufliches Projekt zur allgemeinen Zufriedenheit realisiert, die Sonne scheint, das Wochenende steht vor der Tür, eine vielversprechende

Ausstrahlung erfordert ein solides Fundament, genannt Eigenliebe. Wenn Sie sich in Ihrer Haut wohl fühlen, wirken Sie sympathisch und charmant.

Verabredung hebt Ihre Laune –, fühlen Sie sich, als könnten Sie die Welt umarmen. Und genauso kommen Sie bei Ihren Mitmenschen an: als Frau, der es richtig gut geht und an deren Glück man teilhaben will.

SELBSTBEWUSSTSEIN SCHAFFT POSITIVE AUSSTRAHLUNG

Es ist keine Kunst, positiv zu wirken, wenn sämtliche äußeren Umstände Sie unterstützen. Wichtiger als Ihre derzeitige Stimmung, die naturgemäß Schwankungen unterworfen ist, ist deshalb Ihre Grundeinstellung: zu Ihnen selbst, zu Ihrem Leben, Ihren Lieben. Wenn Sie mit sich im reinen sind, können Ihnen auch Tiefschläge nicht so viel anhaben.

Lieben Sie sich selbst!

Natürlich ist es eine schwierige Übung, sich zu mögen, wenn man gerade abgelehnt worden ist, mit dem Chef wegen eines Fehlers auf Kriegsfuß steht oder in die Lieblingshose nicht mehr paßt, weil man drei Kilogramm zugenommen hat. Trotzdem ist es möglich. Warum haben so viele Menschen Probleme, sich selbst zu akzeptieren? Psychologen wissen, daß die meisten viel zu hohe Meßlatten anlegen, sich Ziele setzen, die sie nie erreichen können. Das gilt paradoxerweise sowohl für jene starken, von allen bewunderten Erfolgsmenschen, die nichts so sehr fürchten, als eines Tages zu versagen, als auch für jene, die sich vor allen Anforderungen drücken und nichts wirklich erreichen. Sie leben nach der heimlichen Devise »Lieber gar nicht erst versuchen, was bereits im Ansatz scheitern könnte«. Sätze à la »Hinter mir wären die tollsten Männer her, wenn meine Haare nicht so dünn wären, mein Hintern nicht so dick wäre und ich mehr Geld für coole Klamotten hätte« sollten Sie ab heute aus Ihrem Sprachschatz streichen. Auf solche Dinge kommt es nicht an. Jedenfalls nicht wirklich. Und im Grunde wissen Sie das.

Sie werden sich niemals mögen, wenn Sie weiterhin einem mehr oder weniger unrealistischen Perfektionsideal nacheifern oder gar entmutigt aufgeben, sobald sich das zu hoch gesetzte Ziel als unerreichbar erweist.

Sie müssen nicht perfekt sein!

Es geht überhaupt nicht darum, perfekt zu sein. Es geht darum, aus der einmaligen Kombination Ihrer Fähigkeiten und charakteristischen Eigenschaften das Allerbeste zu machen. Und es geht darum, lebendig zu sein.

Eine wirkliche Persönlichkeit besteht aus Stärken, Schwächen und Ungereimtheiten. Schmerz, Verlust und Ängste zerstören eine Persönlichkeit nicht, sondern schmieden sie erst. Zu viele Menschen vergeuden ihre Zeit damit, ihr Leben so schmerzfrei wie möglich zu halten, und wundern sich dann über die Tatsache, daß sie sich langweilen – und Langeweile ausstrahlen.

1. Schritt: Das innere Kind suchen

Im Laufe unserer Erziehung bleibt meist etwas auf der Strecke. Die Tiefenpsychologie nennt es das »innere Kind« – Aspekte unserer Persönlichkeit, die wir als Erwachsene vergessen oder verdrängen und die sich hemmend auf uns auswirken. Zugunsten herrschender Normen wird das innere Kind permanent eingeschüchtert, entmutigt, zurechtgestutzt. Auch ohne eine jahrelange Analyse können Sie Ihr inneres Kind wiederfinden. Und damit gelangen Sie zu Spontaneität, Lebenslust, Kreativität und Großzügigkeit – d. h. zu einer positiven Ausstrahlung.

»Als kleines Mädchen habe ich mich so sehr nach der Liebe meiner Mutter gesehnt«, sagt eine 25jährige Studentin. »Wenn ich heute daran denke, bin ich immer ganz entsetzt, wie abhängig ich damals war. Ich glaube, daß dieses schwache kleine Mädchen nicht mehr existiert.« Vor einem Jahr verließ sie der Mann, den sie liebte, weil sie sich nach seinem Empfinden immer so kühl und abweisend verhielt.

»Meine Mutter war immer so sarkastisch«, sagt eine 31jährige Krankenschwester. »Als Kind war ich ihrer bösen Zunge ausgeliefert. Nie wieder will ich mich so wehrlos fühlen.« Die Krankenschwester hat Probleme mit sich. Patienten und Freunde beschweren sich über ihre kurz angebundene Art, die häufig in verletzenden Bemerkungen gipfelt.

Beide Frauen waren Patientinnen des amerikanischen Psychologen Nathaniel Branden. Ihre Erlebnisse stützen

Erinnern Sie sich an die Tage Ihrer Kindheit. Waren sie voller Glück, Geborgenheit und Sorglosigkeit?

seine Theorie, der zufolge viele Menschen ihrem inneren Kind keine Chance lassen, weil sie es ablehnen. Sie wollen nicht an ihre Schwäche, ihren Kummer, ihre Abhängigkeit erinnert werden. »Sie können ihrem inneren Kind nicht verzeihen, daß es unvollkommen war«, so drückt es Nathaniel Branden aus.

UND SIE? SCHÄMEN SIE SICH Z. B. FÜR DIE TATSACHE, DASS SIE FRÜHER

Nur wer bereit ist, sich auf die Suche nach seinem wahren Ich zu machen, kann sich selbst wirklich kennenlernen.

- *Angst vor Ihrer Mutter hatten?*
- *Sich verzweifelt nach einem Lob Ihres Vaters sehnten?*
- *Sich wenig liebenswert vorkamen?*
- *Ausgehungert nach Zärtlichkeit und Aufmerksamkeit waren?*
- *Sich wehrlos und allein fühlten?*
- *Sich viel zu schnell von anderen, stärkeren Kindern einschüchtern ließen?*
- *Nicht besonders beliebt waren?*
- *Auf jüngere Geschwister eifersüchtig waren?*
- *Oft zornig und feindselig reagierten?*
- *Sich nicht wehren konnten, wenn sich andere über Sie lustig machten?*

Die Frage lautet nicht, ob einige oder alle diese Punkte auf Sie zutreffen, denn das ist mit Sicherheit der Fall. Jedes Kind kennt Phasen, in denen es unglücklich ist und sich allein gelassen fühlt. Es geht darum, ob Sie dazu stehen oder lieber so tun, als hätte dieses Kind nie existiert.

SICH SELBST AKZEPTIEREN

Viele Erwachsene wollen um jeden Preis vergessen. »Sie lehnen das Kind in sich ab, ebenso wie es vielleicht früher einmal von Erwachsenen abgelehnt wurde, und leiten durch die Wiederholung dieser frustrierenden Erfahrung einen Teufelskreis ein«, sagt Nathaniel Branden.

»Diese Form der Verdrängung zementiert die ungeliebten Aspekte einer Persönlichkeit, die sich nicht äußern dürfen. Erst wenn wir akzeptieren können, daß wir als Kinder nicht perfekt waren, daß wir oft etwas nicht wußten, manche Dinge schlecht ertrugen, nicht so fühlten, wie es unsere Eltern für angebracht hielten – erst dann können das erwachsene Selbst und das kindliche Selbst miteinander Frieden schließen.«

Entdecken Sie das innere Kind in sich!

Die von Nathaniel Branden entwickelten Übungen helfen, sich selbst und das innere Kind zu entdecken und zu akzeptieren.

● Schließen Sie die Augen, und entspannen Sie sich. Stellen Sie sich jetzt vor, Sie gehen eine Landstraße entlang und sehen in der Entfernung ein Kind an einen Baum gelehnt sitzen. Beim Näherkommen stellen Sie fest, daß Sie selbst einmal dieses Kind waren. Setzen Sie sich ihm gegenüber, und fangen Sie an, sich mit ihm zu unterhalten. Keine falsche Scham: Reden Sie laut, nicht nur im Geist mit dem Kind, damit die Situation realer wird. Vielleicht werden Ihnen die Tränen kommen, vielleicht werden Sie zornig, vielleicht auch fröhlich. Wie Sie auch reagieren, fast immer wird Ihnen bewußt werden, daß es dieses Kind in Ihrer Seele noch gibt, daß es Ihr Leben heute noch bereichern kann – sofern Sie es nicht wieder einsperren.

● Besorgen Sie sich ein paar Kinderfotos von Ihnen. Setzen Sie sich bequem hin, und schauen Sie die Bilder ein paar Minuten lang an: aufmerksam und konzentriert, aber entspannt. Schließen Sie dann die Augen, und atmen Sie ein paar Mal langsam und tief. Konzentrieren Sie sich auf Ihre Gefühle, und versuchen Sie, Antworten auf die folgenden Fragen zu finden:

Schöne Kindheit – trostlose Kindheit? In jedem Fall war es eine Zeit, die Sie entscheidend für das ganze Leben geprägt hat.

> • *Wie war das Gefühl, fünf Jahre alt zu sein?*
>
> • *Wie empfand die Fünfjährige ihren Körper?*
>
> • *Was für ein Gefühl war es, traurig zu sein?*
>
> • *Wie war es, fröhlich und aufgeregt zu sein?*
>
> • *Welche Empfindungen löste das Zuhause aus?*
>
> • *Wie hat sie sich gern hingesetzt?*

Versuchen Sie nachzuvollziehen, wie Sie als Fünfjährige gesessen haben. Achten Sie auf jede Empfindung, auch auf negative oder beängstigende. Versenken Sie sich in die Welt des Kindes, das Sie einmal waren. Ein paar Minuten täglich reichen für diese Übung aus.

Noch wirkungsvoller, sagt Nathaniel Branden, ist die Methode der Satzvervollständigung. Schreiben Sie die folgenden Satzanfänge jeweils auf ein separates Blatt Papier. Vervollständigen Sie die Sätze.

Vollenden Sie diese Sätze ganz spontan, ohne lange nachzudenken. So kommen Sie der Wahrheit am ehesten auf die Spur.

- *Als ich fünf Jahre alt war...*
- *Als ich zehn Jahre alt war...*
- *Als ich klein war, erschien mir die Welt...*
- *Als ich klein war, erschien mir mein Körper...*
- *Wenn ich mit anderen Kindern zusammen war, fühlte ich mich...*
- *Wenn ich allein war...*
- *Als ich klein war, erschien mir mein Leben...*
- *Wenn das Kind in mir sprechen könnte, würde es sagen...*
- *Um als Kind klarzukommen, mußte ich...*
- *Ich behandle das Kind in mir, wie meine Mutter es damals tat, wenn ich...*
- *Ich behandle das Kind in mir, wie mein Vater es damals tat, wenn ich...*
- *Wenn ich das Kind in mir ignoriere, dann...*
- *Wenn ich das Kind in mir kritisiere, dann...*
- *Das Kind in mir macht mir Schwierigkeiten, wenn...*
- *Ich glaube, mein kindliches Selbst macht sich besonders bemerkbar, wenn...*
- *Wenn ich das Kind in mir akzeptieren möchte, dann...*
- *Manchmal kann ich das Kind in mir nicht akzeptieren, weil...*
- *Wenn ich mein kindliches Selbst als wichtigen Teil meiner Persönlichkeit akzeptieren würde...*
- *Mir wird jetzt langsam bewußt, daß...*
- *Wenn ich mich selbst von diesem neuen Standpunkt betrachte, dann...*

● Legen Sie die Loseblattsammlung beiseite. Nehmen Sie sie in 14tägigem Rhythmus zur Hand, jeweils an einem bestimmten Tag, und vervollständigen Sie die Sätze neu. Lesen Sie Ihre Aufzeichnungen erst nach etwa zwei Monaten vollständig durch – Sie werden überrascht sein, wie gegenwärtig Ihnen Ihre Kindheit wieder ist. Und Sie werden leichter durchschauen, welche Situationen aus Ihrer Kindheit Sie auch heute noch immer wieder hemmen und verunsichern.

Lernen Sie jetzt, wo Sie so viel mehr über sich und Ihre innersten Ängste und Wünsche wissen, das Kind in sich zu lieben.

● Stellen Sie sich mit all Ihren Sinnen vor, daß Ihr kindliches Selbst vor Ihnen steht. Nehmen Sie jetzt dieses Kind in Ihre Arme, halten Sie es fest, streicheln Sie es, trösten Sie es, und lassen Sie es Ihre Zuneigung spüren. Achten Sie auf das Verhalten des Kindes – es sagt viel über Sie selbst aus, wie Sie als Kind waren, wie Sie heute sind. Erwidert das Kind Ihre Umarmung? Sträubt es sich? Hält es ganz still? Was auch immer es tut, halten Sie es fest. Akzeptieren Sie es als unveränderlichen Teil Ihres Selbst.

SICH GUT FÜHLEN – TROTZ KLEINER FEHLER

Kinder sind spontan, unberechenbar, unbezähmbar, vital, sprich: voller Lebenskraft. Diese sprudelnde psychische Energiequelle haben Sie vielleicht bislang verschüttet. Weil Sie Angst hatten. Weil Sie sich schämten. Nach diesen Übungen werden Sie wahrscheinlich feststellen, daß Sie viel lockerer geworden sind. Sie brauchen nämlich nicht mehr das Gefühl zu haben, irgend etwas verbergen zu müssen: Schwäche, mangelnden Charme, körperliche Unzulänglichkeiten. Sie sind jetzt eher in der Lage, sich so zu akzeptieren, wie Sie sind. Sie finden sich gut, fühlen sich stark.

2. SCHRITT: SICH HERAUSFORDERUNGEN STELLEN

Herausforderungen machen zuerst angst, sonst wären es keine. Man könnte scheitern, sich blamieren. Niederlagen gehören zum Leben, das haben wir zwar gelernt, aber leider alles andere als verinnerlicht. Etwas geht schief, und wir sind verantwortlich – Katastrophe!

Nie wieder, schwören wir uns nach derartigen Erfahrungen, dürfen wir uns in eine ähnlich peinliche Situation manövrieren. Sonst ist unser Selbstbewußtsein endgültig zerstört. Das glauben wir jedenfalls. Natürlich ist das nicht so. Psychotherapeutin Brigitte Lämmle: »Jeder Mensch macht in seinem Leben negative oder sogar traumatische Erfahrungen. Das ist zwar traurig, aber absolut nichts Besonderes. Jeder Mensch versagt – unzählige Male. Im Job, in Beziehungen, im Verhältnis zu seinen Eltern, seinen Kindern. Auch das ist keine Entschuldigung für mangelnde Risikobereitschaft. Es kommt einzig und allein darauf an, was man aus seinen Erfahrungen macht.«

Ein Mann gibt Ihnen einen Korb – der persönliche Super-GAU droht! Wirklich?

Grau ist alle Theorie

Zwar leben wir heutzutage unter extrem unnatürlichen Bedingungen, doch noch immer lernen wir nach archaischen Mustern – unter anderem nach dem sogenannten Trial-and-error-Prinzip. Dieser aus der Computersprache entlehnte Begriff besagt nichts anderes, als daß wir erst eine Herdplatte berühren müssen, bevor wir begriffen haben, daß man sich daran die Finger verbrennen kann. Graue Theorie rüstet uns nicht für den Kampf des Lebens, Wissen ohne Praxis bringt uns nicht weiter, probieren geht tatsächlich über studieren.

Fangen Sie also am besten noch heute damit an: Setzen Sie sich bewußt Situationen aus, um die Sie bislang einen weiten Bogen gemacht haben.

STELLEN SIE SICH DER ANGST!

Konfrontationstherapie heißt die bislang wirksamste Therapie bei Angstpatienten, die nach sehr einfachen Prinzipien funktioniert: Angstauslösende Situationen werden nicht mehr gemieden, sondern gesucht.

Auch Sie fürchten sich vor vielen Dingen, z. B., einen Mann, der Ihnen gut gefällt, anzusprechen. Denn Sie könnten abgelehnt werden. Womit Sie sich in Zukunft auseinandersetzen müssen, ist genau diese Angst: abgelehnt zu werden. Versuchen Sie einmal, diese Angst in ihre Bestandteile zu zergliedern. Was passiert tatsächlich im schlimmsten Fall?

Proben Sie den Ernstfall!

Sie machen einen Annäherungsversuch, der Mann lehnt Sie ab.

- *Frage: Was schließen Sie daraus?*
  Antwort: Daß er Sie nicht besonders attraktiv findet. Das ist übrigens nur eine Spekulation, vielleicht ist er gerade nicht in Stimmung.
- *Frage: Was folgt daraus schlimmstenfalls?*
  Antwort: Sie erinnern sich an frühere Situationen, in denen Sie abgelehnt wurden. Diesen Erinnerungen wollen Sie sich nicht aussetzen.
- *Frage: Warum nicht?*
  Antwort: Weil sie schmerzhaft waren.
- *Frage: Inwiefern?*
  Antwort: Weil Sie nach der Ablehnung gezwungen waren, sich selbst in Frage zu stellen. Das empfanden Sie als äußerst quälend.
- *Frage: Wer hat Sie dazu gezwungen?*
  Antwort: Ihre Eltern, Lehrer oder andere Autoritätspersonen.
- *Frage: Wer kann Sie heute dazu zwingen?*
  Antwort: Eigentlich niemand.

Lassen Sie diese Erkenntnis auf sich wirken. Sie brauchen sich keinen fremden Geschmacksnormen zu beugen. Tun Sie es doch, ist das ganz allein Ihre Sache. Vielleicht stellen Sie fest, daß Sie sich auch selbst nicht (mehr) gefallen. Dann ist es Zeit für eine neue Frisur, eine Diät, ein paar neue Kleider. Aber Sie entscheiden, ob und wann Sie sich verändern. Jetzt ist die Zeit, einige Mutproben zu bestehen. Denn jedes unter geistigen Mühen erreichte Ziel macht Sie stärker, positiver, weniger ängstlich, weniger pessimistisch.

Niemand kann Sie zwingen, sich in Frage zu stellen! Sie dürfen sich weiter attraktiv finden, auch wenn Ihr männliches Gegenüber dies nicht tut. Ihr Selbstwertgefühl hängt allein von Ihnen ab.

Stellen Sie sich einigen Herausforderungen!

Das kann alles mögliche sein: Trotz Höhenangst zum Bungee-Jumping gehen. Den Chef um die fällige Gehaltserhöhung bitten und sich nicht mehr von vagen Versprechungen hinhalten lassen. Ein Buch schreiben über ein Thema, das Ihnen am Herzen liegt. Sich um einen neuen Job bewerben. Den Kontakt zu den Eltern abbrechen. Den Kontakt zu den

Eltern wiederaufnehmen. Allein verreisen. Allein in eine Disko gehen und dort allein tanzen, ohne sich albern vorzukommen. Immer gilt allerdings: Fangen Sie klein an.

Ein Beispiel: Mariela

Die 34jährige Sekretärin Mariela ist ihre Angst vor Autoritätspersonen mit Hilfe eines geistigen Trainingsprogramms fast losgeworden. Mariela arbeitete in einer Werbeagentur »voller kreativer Profilneurotiker – jeder fühlte sich als Chef und benahm sich auch so«. Die Folge: Mariela wurde mit langweiligen, zeitraubenden Arbeiten überhäuft, die nicht zu ihrem vertraglich klar definierten Aufgabenbereich gehörten und die ihr – außer Überstunden – gar nichts brachten, weder mehr Prestige noch mehr Gehalt. Mariela wollte einerseits die Zuneigung ihrer vielen »Chefs« nicht verlieren, andererseits fühlte sie sich ständig überlastet und dafür zu schlecht bezahlt.

Marielas Aufgabe lautete also: lernen, nein zu sagen. Ganz allmählich sollte sie dieses Ziel erreichen. Erst einmal wöchentlich, dann immer, wenn sie eine Forderung als Zumutung empfand. Hier ein Ausschnitt aus ihrem Tagebuch: »3. 2.: Heute habe ich meinen ersten großen Erfolg verbucht. Der gutaussehende G., der mir sehr gefällt und dem ich schon deshalb nie was abschlagen konnte, kam wieder mit einem Zettel voller chaotischer Hieroglyphen zu mir, aus dem ich einen Brief formulieren sollte. Und diesmal sagte ich nicht ›aber klar doch‹, sondern ganz freundlich:

Männer schieben unliebsame Arbeiten gerne auf ihre Kolleginnen ab. Lassen Sie sich nicht in die Dienstmädchenrolle pressen. Wehren Sie sich!

›Würden Sie mir das vorher bitte in den Computer tippen? Dann geht's nämlich schneller. Ich

82

kann Ihre Handschrift sehr schlecht lesen.‹ Natürlich war G. nicht gerade begeistert, er kann nicht gut tippen. Aber diesmal zog seine Schmeichelnummer (›Sie wissen doch, Sie können das viel besser‹) bei mir nicht. Ich drehte nämlich den Spieß einfach um: ›Ach bitte‹, sagte ich, ›mir zuliebe. Ich hab' heute abend was vor und mag keine Überstunden machen.‹ Dabei sah ich ihm die ganze Zeit in die Augen. Er sollte merken, daß es mir ernst war, obwohl ich lächelte. Und tatsächlich – er ging an seinen Platz zurück. Das ›vielen, vielen Dank‹ habe ich mir mühsam verkniffen. Schließlich war das im Grunde eine Selbstverständlichkeit. Deshalb habe ich nur ganz lieb gelächelt und ›super!‹ gesagt, als er rief, daß ich mir den Text auf den Schirm holen könne. Er sollte nicht auf die Idee kommen, daß er mir einen einmalig tollen Gefallen getan hatte.«

3. SCHRITT: KONTAKTE KNÜPFEN

Die meisten unserer Mutproben finden heutzutage im zwischenmenschlichen Bereich statt. Das ist kein Wunder, denn nie war es so wichtig wie heute, Kontakte aufzubauen und zu pflegen. Daraus folgt, daß Fehler sich unter Umständen verhängnisvoll auswirken. Das gilt für den Job genauso wie für das Privatleben.

Wen der Chef nicht sympathisch findet, der wird unter ihm beruflich stagnieren – trotz aller fachlichen Kompetenz.

»SOZIALE INTELLIGENZ« HEISST DAS STICHWORT

Heute wird soziale Intelligenz inzwischen selbst im Berufsleben beinahe höher eingeschätzt als fachliche Qualifikation. Auf gesellschaftlichem Terrain ist sie unverzichtbar. Denn ohne eine gewisse Geschicklichkeit im Umgang mit anderen kann man keine Freundschaften erhalten und natürlich auch keine Männer begeistern – selbst wenn sich hinter der wenig ansprechenden Schale ein äußerst wertvoller Charakter verbirgt.

Test zur sozialen Intelligenz

Dem folgenden kleinen Test können Sie entnehmen, wo Sie noch Schwierigkeiten mit der sozialen Intelligenz haben. Zehn typische zwischenmenschliche Situationen und je drei mögliche Reaktionsweisen verdeutlichen Ihnen die Möglichkeiten des Miteinanderumgehens.

TÄGLICHE SITUATIONEN UND IHRE REAKTION

Bitte kreuzen Sie die Reaktionen an, die Ihrer bisherigen Vorgehensweise am ehesten entsprechen – das muß keineswegs die Reaktion sein, die Sie jetzt im nachhinein für die zweckmäßigste halten!

1. *Stellen Sie sich vor, Sie sind neu in einer Firma. Sie bekommen ein sehr kleines, Ihrer relativ hohen Position keineswegs angemessenes Büro. Begründung: Ihr künftiges Zimmer sei noch von einer Mitarbeiterin besetzt, die aber »nicht mehr lange bei uns bleibt«.*

a. Selbstverständlich lasse ich mir das nicht gefallen. Ich bestehe darauf, daß diese Mitarbeiterin sofort mit mir tauscht.

b. Ich finde mich zwar zunächst mit der Situation ab, sage aber deutlich, daß dies keine Dauerlösung ist.

c. Ich erkläre, daß ich in einem so kleinen Büro keine gute Arbeit leisten kann, und schlage vor, meinen Eintrittstermin zu verschieben, bis das größere frei ist.

2. *Nach dem Essen in einem relativ teuren Restaurant fragt der Kellner höflichkeitshalber, ob es Ihnen geschmeckt hat. Sie sind allerdings nicht sonderlich zufrieden. Antworten Sie ehrlich auf die Frage?*

a. Natürlich! Ich sage: »Gemessen an dem überhöhten Preis, war das Angebot eine Unverschämtheit. Ich werde nicht mehr kommen.«

b. Nein, ich käme mir dabei lächerlich vor. Ich hätte die Mahlzeit zurückgehen lassen sollen, anstatt sie aufzuessen und mich danach zu beschweren. Deshalb lüge ich und sage: ja, allerdings ohne große Begeisterung. Ein guter Kellner merkt, was die Kundin denkt.

c. Ja, ich sage: »Es war in Ordnung, aber nichts Besonderes.«

3. *Ein Kollege, mit dem Sie sich sehr gut verstehen, hat sich ernsthaft in Sie verliebt – Sie sich aber nicht in ihn. Wie reagieren Sie auf seine inzwischen eindeutigen Avancen?*

a. Ich tue so, als würde ich nichts merken.

b. Ich sagte ihm freundlich, daß er sich keine Hoffnungen machen kann: »Sie sind ein toller Kumpel, ich mag Sie gern, aber ich bin leider nicht verliebt in Sie.«

c. Ich sage: »Ich finde Sie auch sehr attraktiv, aber mein Job ist mir im Moment wichtiger. Unsere Zusammenarbeit würde leiden, wenn wir eine Beziehung anfingen.«

TÄGLICHE SITUATIONEN UND IHRE REAKTION

4. *Eine Freundin, die Sie sehr mögen, hat Sie innerhalb der letzten zwei Monate mehrfach versetzt. Sie entschuldigt sich mit der Begründung, es gehe ihr im Moment sehr schlecht. Sie wissen, daß das stimmt. Wie reagieren Sie?*

a. Ich habe Verständnis für ihre Situation. Ich will sie jetzt nicht zusätzlich mit Vorwürfen belasten.

b. Ich nehme die Sache nicht so ernst. Sie tut mir sehr leid. Wenn sie Probleme hat, kann sie jederzeit zu mir kommen. Auf Unternehmungen mit ihr habe ich allerdings im Moment keine Lust mehr, das muß sie verstehen.

c. Ich bin verärgert. Schließlich ist es nicht meine Schuld, daß es ihr in der letzten Zeit schlechtgeht. Ich sage ihr also freundlich, aber bestimmt, daß ich den Kontakt abbreche, wenn sie nicht zuverlässiger wird.

5. *Eine Frau, die Sie noch nicht gut kennen, die Ihnen aber wichtige Kontakte vermitteln kann, fragt Sie um Ihre Meinung wegen eines Kleides, das sie sich gerade gekauft hat. Sie finden das Kleid scheußlich. Sagen Sie das?*

a. Nein. Ich sage vielmehr, daß es mir gefällt.

b. Ja, aber nicht grob. Ich sage: »Offen gestanden: Sie haben schönere Sachen.«

c. Ich will nicht lügen, aber die ungeschminkte Wahrheit würde sie kränken. Also drücke ich mich um die Antwort herum. Ich frage z. B.: »Wo haben Sie es her?«

6. *Stellen Sie sich vor, Sie werden zur Abteilungsleiterin befördert. Einer Ihrer Mitarbeiter kündigt mit der Begründung, mit einer Frau als Chefin könne er nicht zusammenarbeiten. Sie finden das unglaublich. Was tun Sie?*

a. Ich sage: »Das ist ausgesprochen schade. Ich denke, daß wir sehr gut miteinander auskommen würden. Bitte überdenken Sie Ihre Entscheidung noch ein paar Tage. Ich hätte übrigens eine sehr reizvolle Aufgabe für Sie.«

b. Ich sage: »Reisende soll man nicht aufhalten. Schade, daß Sie so antiquierte Vorurteile mit sich herumschleppen. Ich hätte Sie für fortschrittlicher gehalten.«

c. Ich versuche, seine Vorurteile zu ergründen. Vielleicht hat er nur Angst vor starken Frauen.

TÄGLICHE SITUATIONEN UND IHRE REAKTION

7. *Eine angebliche Freundin intrigiert gegen Sie, obwohl Sie ihr nichts getan haben. Sie können ihr nichts nachweisen. Auf welche Weise wehren Sie sich?*

a. Ich stelle sie zur Rede und sage etwa: »Wenn du nicht aufhörst, wirst du mich noch kennenlernen!«

b. Ich versuche, mit ihr zu reden. Vielleicht finden wir ja einen gemeinsamen Nenner.

c. Gar nicht. Werden mir Gerüchte hinterbracht, die sie gestreut hat, stelle ich die Tatsachen natürlich richtig. Ich vermute, sie hat große Probleme mit sich selbst.

8. *Sie haben einen guten, aber sehr sensiblen Freund mit einer unbedachten Bemerkung vor großer Runde bloßgestellt. Zu spät bemerken Sie sein tiefes Unbehagen. Ihnen tut der Vorfall sehr leid. Wie bereinigen Sie die Angelegenheit?*

a. Ich entschuldige mich am nächsten Tag ganz lieb: »Ich hoffe, es geht dir wieder besser. Es war nicht böse gemeint.«

b. Ich lasse die Sache auf sich beruhen. Eine Entschuldigung würde ihn höchstens noch mehr kränken.

c. Ich entschuldige mich, sage ihm aber auch bei der Gelegenheit in aller Freundschaft, daß er nicht immer alles so ernst nehmen darf.

9. *Sie sind bei relativ konservativen Personen zu Besuch, die Sie nicht besonders gut kennen. Sie möchten einen guten Eindruck machen. Leider ist das Fenster offen, es zieht. Was tun Sie?*

a. Ich stehe wortlos auf und schließe das Fenster.

b. Ich sage: »Hier zieht es etwas.« Jetzt sind die Gastgeber dran.

c. Ich warte eine Gesprächspause ab und sage: »Hier zieht es. Haben Sie etwas dagegen, wenn ich das Fenster schließe?«

10. *Sie haben sicher schon davon gehört, daß Augenkontakt eines der wichtigsten nonverbalen Kommunikationsmittel ist. Stellen Sie sich vor, Sie möchten eine Person von Ihrer Sicht der Dinge überzeugen. Rufen Sie sich eine entsprechende Situation ins Gedächtnis: Wie handhaben Sie den Augenkontakt?*

a. Ich schaue nicht die ganze Zeit in seine Augen, sondern nur zu Beginn, in der Mitte und zum Schluß meiner Ausführungen.

b. Ich bin schüchtern. Es fällt mir schwer, jemanden intensiv anzuschauen.

c. Ich schaue meinem Gesprächspartner beim Sprechen möglichst die ganze Zeit in die Augen, damit er interessiert zuhört.

TESTAUFLÖSUNG

Zu 1.: Mit Reaktion **a** veranstalten Sie einen ziemlich großen Wirbel und hinterlassen gleich zu Anfang einen zwiespältigen Eindruck. Entweder: »Die weiß ja genau, was sie will«, oder: »So eine hysterische, profilneurotische Kuh!«
Zur Strafe für Reaktion **b** sitzen Sie wahrscheinlich immer noch in dem Minibüro, das Sie sich nicht ausgesucht haben. Sie machen es anderen viel zu leicht, Sie herumzuschubsen.
Reaktion **c** ist souverän. Passiver Widerstand ist hier die beste Strategie, um das zu bekommen, was Sie wollen: einen angemessenen Arbeitsplatz.

Zu 2.: Reaktion **a** ist unangemessen harsch und macht Sie nicht sonderlich sympathisch. Der Kellner kann nichts dafür, daß es Ihnen nicht geschmeckt hat. Dafür haben Sie Ihrem Begleiter vermutlich die Stimmung verdorben.
Reaktion **b** ist unangemessen ängstlich. Auch wenn Sie den Teller leer gegessen haben, besteht keine Veranlassung zu lügen. Es ist an Ihnen, Ihren Unmut zur Sprache zu bringen.
Reaktion **c** ist korrekt: lässig, aber deutlich; ehrlich und gleichzeitig sympathisch.

Zu 3.: Reaktion **a**, die Vogel-Strauß-Taktik, ist nur sinnvoll, wenn Ihr Kollege sich nicht erklärt. Tut er das, wird er Sie irgendwann zu einer Stellungnahme zwingen.
Reaktion **b** ist lieb gemeint, aber ungeschickt, weil Sie Ihren Kollegen in seiner Mannesehre verletzen.
Klug ist Reaktion **c**. Selbst wenn Sie bezüglich seiner Attraktivität ein wenig schwindeln, geben Sie ihm auf diese Weise die faire Chance, sein Gesicht zu wahren und sich weiterhin attraktiv zu finden. Trotzdem kommt Ihr Nein bei ihm unzweideutig an.

Wie würden Sie es finden, wenn ein attraktiver Mann Ihnen zu verstehen gibt, daß Sie für ihn ein Kumpel sind – ein unerotisches Neutrum?

Zu 4.: Wie lange wollen Sie bei Reaktion **a** noch Verständnis haben? Sie lassen sich behandeln wie jemand, der nichts wert ist. Das verführt andere dazu, Sie auszunutzen. Entspricht das Ihrem Selbstbild? Es ist richtig, daß Sie nichts für die schlechte Lage Ihrer Freundin können.

Reaktion **c** wirkt beleidigt. Sie lassen sich offenbar allzu leicht kränken und sollten etwas mehr über den Dingen stehen.

Reaktion **b** ist am wirkungsvollsten. Sie signalisiert der Freundin einerseits, daß Sie für sie da sind. Und andererseits zeigt sie, daß Sie bestimmte Verhaltensweisen nicht akzeptieren.

Zu 5.: Sie glauben, Reaktion **b** wäre die optimale Mischung aus Ehrlichkeit und Takt? Doch in dieser Situation ist die Frage lediglich als Versuch zu werten, mit Ihnen ein Gespräch anzuknüpfen. Ihre Antwort wirkt unangemessen belehrend, viel zu persönlich; gleichzeitig beenden Sie ungewollt das Gespräch.

Schon besser ist Reaktion **c**, solange das diplomatische Ausweichmanöver nicht als solches offen erkannt wird und Sie nicht schon öfter so reagiert haben.

Mit Reaktion **a** können Sie nichts falsch machen. In diesem Fall ist eine glatte Lüge die einfachste Möglichkeit, im Gespräch zu bleiben, ohne Ihre Partnerin zu kränken.

Zu 6.: Reaktion **b** versperrt Ihnen jede Möglichkeit zu einer gütlichen Einigung. Vielleicht wollte der Mitarbeiter Sie nur provozieren. Nun muß er gehen, wenn er sein Gesicht nicht verlieren will.

Mit Reaktion **c** greifen Sie tief in die Psychokiste – ein sehr weibliches Verhalten. Ihr Mitarbeiter wird sich in seinen Vorurteilen voll bestätigt sehen.

Mit Reaktion **a** übergehen Sie seine Vorurteile und führen sie äußerst gekonnt ad absurdum. Gleichzeitig ködern Sie ihn mit einer reizvollen Aufgabe. Der Mann wird sich seine Entscheidung sicher noch einmal in Ruhe überlegen.

Zu 7.: Reaktion **a** wäre zweckdienlich, wenn es sich bei der Freundin um eine Person handelt, die sich schnell verunsichern läßt. Eine geschickte Intrigantin läßt Sie hingegen auflaufen. Sie versichert Ihnen mit Unschuldsmiene, daß Sie sich sehr in ihr täuschen und wie sehr sie das verletze …

Reaktion **b** macht diese Frau vermutlich nicht zu einem besseren Menschen. Die Gefahr besteht, daß sie Ihren Versuch, ihr entgegenzukommen, als Schwäche wertet. Zu Recht?

Souverän ist Reaktion **c**. Gegen Intrigen anzukämpfen erfordert viel zuviel Energie, die Sie besser nutzen können. Eine mitleidige Bemerkung à la »Was muß diese Frau für Probleme haben, daß sie solche Lügen in die Welt setzt!« zur rechten Zeit am rechten Ort ist wirkungsvoller.

Zu 8.: Völlig falsch, wenn auch gut gemeint ist in dem Fall Reaktion **a**. Ihr sensibler Freund fühlt sich als kompletter Versager, wenn Sie noch weiter über den Vorfall sprechen, der ihn als überempfindlich brandmarkt. Hätte er gewollt, daß Sie seine Verletztheit bemerken, hätte er es Ihnen mitgeteilt.

Reaktion **c** ist fast noch schlimmer. Sie heben den Zeigefinger und degradieren einen erwachsenen Mann zum Abc-Schützen in der Schule des Lebens. Kränkender geht es nicht mehr.

Angesagt und wirklich taktvoll ist Reaktion **b**: Die Sache ist ohnehin nicht mehr ungeschehen zu machen. Das beste ist also, sie so schnell wie möglich zu vergessen, damit Ihr Freund das gleiche tun kann.

Zu 9.: Mit Reaktion **a** haben Sie es sich garantiert schnell verdorben. Sie gehen über die Bedürfnisse der anderen hinweg, denen es bei geschlossenem Fenster vielleicht zu stickig ist.

Reaktion **c** ist ebenfalls unmöglich, genauer: unangemessen vertraulich. Sie sind Gast in diesem Haus, kennen die Gastgeber kaum, benehmen sich aber wie ein Freund der Familie.

Reaktion **b** ist höflich, aber deutlich. Wenn Ihre Gastgeber trotzdem nicht darauf reagieren, sind sie entweder schwerhörig, oder Sie haben schon vorher die Etikette verletzt und bekommen jetzt Ihre gerechte Strafe.

Zu 10.: Bei **c** dürfen Sie sich nicht wundern, wenn Ihre Gesprächspartner unruhig werden und sich die Atmosphäre mit Spannungen auflädt. Keiner mag es, ununterbrochen fixiert zu werden. Merke: Zuhören ist eine freiwillige Angelegenheit!

Bei Reaktion **b** heißt es für Sie: Üben, üben, üben. Aber zum Trost: Schüchterne Menschen kommen meist besser an als dominante Gesprächspartner.

Reaktion **a** ist perfekt. Der Gesprächspartner fühlt sich beachtet, bekommt aber nicht den Eindruck, niedergestarrt zu werden. Die Atmosphäre ist locker und entspannt.

POSITIV WIRKEN UND OFFENHEIT DEMONSTRIEREN

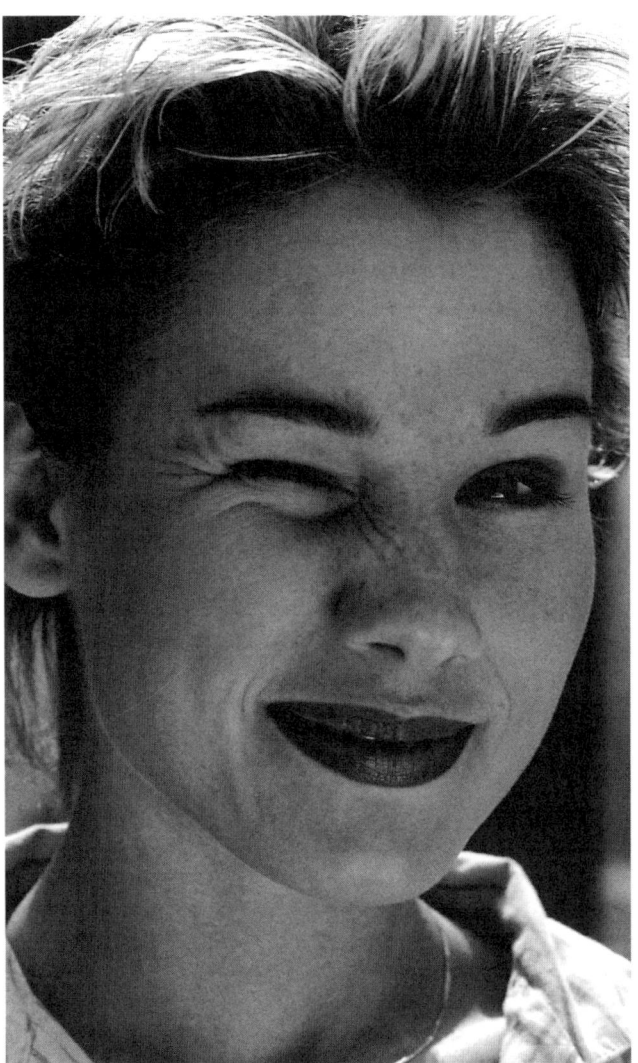

Sehen Sie das Leben positiv! Zwinkern Sie der Welt verschmitzt zu, und alles wird einfacher.

Keine Sorge: Soziale Intelligenz, eine gute Gesprächsführung und positiv wirkende Reaktionen lassen sich trainieren – allerdings nur sehr eingeschränkt am grünen Tisch. Mehr als in fast jedem anderen Lebensbereich gilt hier die bekannte Maxime »learning by doing«.

Einfach mal ein Schwätzchen halten

Nutzen Sie jede Gelegenheit, die sich Ihnen zum Gespräch bietet. Fangen Sie mit den Nachbarn an, halten Sie einen Schwatz mit Ihrem Metzger und der netten Frau am Kiosk. Und üben Sie sich in Sensibilität. Fahren Sie all Ihre Antennen aus. Seien Sie empfänglicher für die Signale Ihrer Umwelt als bisher. Lernen Sie, in Gesichtern zu lesen. Gefühle wie Kummer, Kränkung, Freude und Verlegenheit äußern sich oft in winzigen mimischen Veränderungen, in unbewußten, unwillkürlichen Gesten.

SEIEN SIE INTERESSIERT!

Wie lautet das Geheimnis wirklich begabter Kommunikatoren? Schlagfertigkeit, Lockerheit, Eloquenz und/oder gutes Aussehen öffnen viele Türen, zugegeben.

Aber der Joker im Ärmel, ohne den kommunikationstechnisch gar nichts funktioniert, heißt Interesse. Echtes Interesse an den Wünschen und Sehnsüchten, den Ängsten und Freuden anderer Menschen ist notwendig für offene Gespräche und eine positive Ausstrahlung.

Ein Beispiel zur Nachahmung: Lisa

Die 32jährige Grafikerin Lisa ist zwar keine klassische Schönheit, aber mit ihren dunklen Haaren und ihren leuchtendblauen Augen eine überdurchschnittlich attraktive Frau. Wie kommt es, daß Lisa trotzdem häufig unter Einsamkeit leidet?

Nach einer zweijährigen Gruppentherapie sah Lisa klarer. Das Feedback der Gruppenmitglieder brachte sie auf die richtige Spur. Einer drückte es so aus: »Ich finde, du siehst super aus, andererseits kannst du einem tierisch auf die Nerven gehen. Manchmal glaube ich, du benutzt andere Menschen bloß als Spiegel deiner Persönlichkeit. Denn wenn man dir etwas erzählt, hat man nie das Gefühl, als würdest du wirklich zuhören. Eigentlich willst du immer nur selbst reden. Und mir ist schon oft aufgefallen, daß du selbst wichtige Sachen, die man dir anvertraut, im Handumdrehen vergißt. Du interessierst dich nur für deine eigenen Gedanken und Empfindungen. Das ist mir zu egozentrisch.«

Die Gruppentherapie führt Lisa ihr Problem vor Augen. Sie interessiert sich zu sehr für ihre eigenen Gedanken und Empfindungen und vergißt dabei, sich ernsthaft mit ihrem Gesprächspartner auseinanderzusetzen. Das wird sie in Zukunft ändern.

Lisa ist ein Frauentyp, den viele auf den ersten Blick beneiden. Sie sieht gut aus, ist nicht schüchtern, hat Charme. Ihre entscheidende Schwäche heißt extreme Selbstbezogenheit. Selbst deutliche Signale ihrer Umwelt – etwa die gelangweilten Mienen ihrer Freunde angesichts ihrer stundenlangen Selbstbetrachtungen – beachtet sie nicht und wundert sich dann über das in der Regel schnell nachlassende Interesse an ihrer Person.

Lisa ändert sich

»Warum sagst du mir erst jetzt, daß dir meine Art nicht gefällt?« fragte sie einen Bekannten, der den Kontakt zu ihr einschlafen ließ. »Ich bin doch nicht dein Therapeut«, antwortete er. »Bestimmte Sachen mußt du selbst merken.« Lisa hat sich das zu Herzen genommen. Sie gibt sich heute mehr Mühe, auf ihre Mitmenschen einzugehen und damit über den engen Horizont ihrer eigenen Gefühle hinauszusehen. Lisa übt das Zuhören, das Nicht-gleich-Unterbrechen, sobald sie eine Chance sieht, über sich zu reden. Erste Erfolge haben sich bereits eingestellt. Ein Freund sagte kürzlich zu ihr: »Ich habe in letzter Zeit zum ersten Mal den Eindruck, daß du mich als unverwechselbare Persönlichkeit wahrnimmst. Ich glaube, du magst mich wirklich. Dessen war ich mir, ehrlich gesagt, nie sicher.«

VERGESSEN SIE SICH SELBST NICHT!

Offen sein für andere – d. h. nicht, deren Wünsche zu den eigenen zu machen. Abgrenzungen nach der Devise »Hier stehe ich mit meinen, dort der andere mit seinen Gefühlen« sind sogar notwendig. Im Interesse der Balance zwischen Aufgeschlossenheit gegenüber anderen und der Durchsetzung eigener Bedürfnisse ist gegen eine gesunde Portion Egoismus nichts einzuwenden.

Ein Beispiel zur Warnung: Anna

Anna ist das Gegenteil von Lisa, sie tut des Guten zuviel. Die 30jährige Sachbearbeiterin hat das berühmte offene Ohr für die Probleme ihrer Mitmenschen, sprich: Sie wühlt sich wie ein Maulwurf in fremde Sorgen, fremde Dramen, fremde Lebensläufe. Es ist also kein Wunder, daß Anna manchmal die Symptome einer Mutter zeigt, die nur für ihre Familie lebt, doch das, was sie an Zuneigung und Aufmerksamkeit gibt, nicht in angemessenem Maß zurückbekommt: Sie fühlt sich ausgebrannt; leer und einsam und ausgenützt.

Anna lebt aus zweiter Hand: durch und für andere Menschen, wobei sie ihr eigenes Schicksal aus den Augen verliert.

Natürlich hat das seinen Grund. Bei Anna ist es ein tiefsitzendes Minderwertigkeitsgefühl. Sie findet sich nicht besonders attraktiv oder interessant; folgerichtig hat sie aufgehört, sich mit sich selbst zu beschäftigen. Das ist ein großer Fehler.

Anna lernt dazu

Auch Anna hat eine Gruppentherapie gemacht und dort gelernt, ihre eigenen Gefühle und Träume so ernst zu nehmen, daß sie jetzt wieder den Mut hat, an deren Erfüllung zu arbeiten. Und inzwischen ist sie auch soweit, bei ihren Freunden das gleiche Quantum an Interesse einzufordern, das sie so selbstverständlich bereit war zu geben.

Ihre geheimen Verlustängste haben sich nicht erfüllt. Keiner brach den Kontakt ab, nur weil Anna begonnen hat, sich als der wichtigste Mensch ihres Universums wahrzunehmen. Im Gegenteil, dieses neue Selbstbewußtsein machte sie als Person faßbarer. »Ich habe das Gefühl, dich erst jetzt wirklich kennenzulernen. Erst jetzt entdecke ich, daß du eine faszinierende Frau mit einem reichen Innenleben bist und nicht bloß so eine Kummertante«, hat ihr kürzlich eine Freundin gestanden.

Stellen Sie sich Ihren Problemen, anstatt ihnen aus dem Weg zu gehen, nehmen Sie Hilfe bei Freunden oder Fachleuten in Anspruch – dann meistern Sie die Krise.

MÄNNER KENN

Jetzt wird es konkret. In
diesem Kapitel erfahren
Sie, wo und wie Sie am
besten Männer kennenlernen
können. Danach geben wir Tips
für das Abfassen einer Bekannt-
schaftsannonce – heutzutage
ein üblicher Weg der Kontakt-
aufnahme – und beantworten
die Frage, welcher Typ Mann
hinter welcher Anzeige steckt.

NLERNEN – WO UND WIE

Erinnern sich, wie die beiden Protagonisten aus dem Kino-welthit »Harry und Sally« versuchen, einander an die be-sten Freunde zu verkuppeln? Natürlich passiert, was zumin-dest nach Filmgesetzen zu passieren hat: Harrys Freund steht nicht auf Sally, sondern auf Sallys Freundin, die Harry zugedacht war, an dem sie jedoch kein Interesse hat, wohin-gegen Harrys Freund ausnehmend gut bei ihr ankommt – wie auch umgekehrt… Das Happy-End für die beiden läßt nicht lange auf sich warten. In der ebenfalls sehr erfolgrei-chen Komödie »Vier Hochzeiten und ein Todesfall« läuft sich das Liebespaar wider Willen so oft über den Weg, bis es endlich funkt.

Laut Hollywood und in vielen Werbespots funk-tioniert die Partnersuche am besten nach dem romantischen Zufalls-prinzip. Im täglichen Leben sieht das leider völlig anders aus.

Dem Zufall auf die Sprünge helfen

Im Leben dürfen wir keineswegs darauf bauen, daß ein gutaussehender Mann seinen Körnchenkaffee ausgerechnet in der gut einsehbaren Woh-nung gegenüber schlürft und bei der Gelegenheit auch noch aus dem Fenster guckt – selbst wenn, käme er wohl kaum auf die Idee, auf einen Sprung rüberzukommen, um uns mit einer Dose Nescafé zu beglücken. Das bedeutet, daß unsereins dem Schicksal nachhelfen muß, indem wir möglichst oft die eigenen vier Wände verlassen – allerdings nicht allzu gezielt.

VORSICHT VOR ALLZU GEPLANTEM SUCHEN!

Jeden Ort, den Sie nur deshalb aufsuchen, weil Sie dort einen Partner fin-den wollen, können Sie getrost vergessen. Es wird nichts passieren, weil Sie sich erstens nicht wohl fühlen und sich zweitens unter Leistungsdruck setzen. Der Wunsch nach einer Beziehung darf keinesfalls zum beherr-schenden Motiv werden und darüber entscheiden, wo, wie und mit wem Sie Ihre Freizeit verbringen. Im Vordergrund müssen immer das eigene Amüsement und die eigenen Interessen stehen. D. h. auch: Meiden Sie Plätze, wo sich überwiegend Singles treffen – und zwar ausschließlich zu dem Zweck, diesen Zustand zu beenden. Die Kneipe, in der unter anderem viele Singles ihr Bier trinken, ist damit natürlich nicht gemeint.

AM ARBEITSPLATZ

Die Arbeitswelt ist eine der bei weitem aussichtsreichsten Kontaktbörsen.

Am Arbeitsplatz haben Sie genug Zeit, um einem sympathischen Kollegen oder Dauerkunden langsam und auf neutralem Boden näherzukommen. Der Druck des Jetzt-muß-es-aber-Geschehen entfällt. Sie verfügen auf Anhieb über gemeinsame und vor allem äußerst ergiebige Gesprächsthemen: der ekelhafte Chef, der eitle, intrigante Kollege, der Streß im Job und so weiter.

Beim Büroflirt müssen allerdings einige Regeln beachtet werden.

● Flirten Sie nicht in der Öffentlichkeit. Sie provozieren Neid bei weniger glücklichen Kollegen. Ihre Kompetenz wird schnell angezweifelt – nach dem Motto »Die denkt nur an ihr Privatvergnügen«.

Gemeinsame Arbeit schafft Nähe und Vertrautheit. Da beginnt das Flirten fast von selbst. Viele Paare haben sich am Arbeitsplatz kennengelernt. Doch nicht immer sind solche Beziehungen gern gesehen.

● Völlig abzuraten ist von bloßen Affären. Auch wenn Sie noch so viel Lust haben und er – etwa beim Betriebsausflug – wie ein Verrückter flirtet: Finger weg von der Versuchung! Sie schaden Ihrem Ruf. Unter Umständen werden Sie als leichtfertig abqualifiziert, während er als Frauenheld noch an Prestige gewinnt. Das ist ungerecht. Aber in manchen Bereichen befindet sich die Gleichberechtigung noch in den Kinderschuhen.

● Sollte sich eine ernsthafte Beziehung anbahnen, ist erst recht totale Verschwiegenheit angesagt. Sonst werden Sie im Nu geschätzter Mittelpunkt des Büroklatsches und müssen sich Fragen wie »Na, Sie gucken heute so mißmutig – hat das unser Kollege verschuldet?« gefallen lassen. Männer finden derartige Indiskretionen noch weitaus peinlicher als Frauen. Und unter Umständen erstickt das Ihre junge Liebe so schnell, wie sie entstanden ist.

● Leider lassen sich die wenigsten Frauen von den eminent ungünstigen Aussichten einer intimen Beziehung zu ihrem Chef abschrecken. Bedenken Sie trotzdem vorab zwei Dinge: Erstens kann Sie eine Affäre auf längere Sicht Ihren Job kosten. Sollte die Beziehung scheitern, werden Sie diejenige sein, die geht – er sitzt auf der wichtigeren Position. Zweitens begeben Sie sich in eine Position, die Sie nicht stärker, sondern abhängiger vom Wohlwollen Ihres Chefs macht. Wollen Sie das wirklich? Wenn ja, dann bitte später nicht jammern. Kein Mensch zwingt Sie, sich in den Falschen zu verlieben. Und der Rest der Welt hat Sie gewarnt.

Besondere Vorsicht ist erforderlich, wenn Sie sich in Ihren Chef verliebt haben. Über die Schwierigkeiten, die sich ergeben, wenn er noch dazu verheiratet ist, muß kein Wort mehr verloren werden.

IN BARS, DISKOTHEKEN UND CAFÉS

»Meinen Freund hab' ich in einer Bar kennengelernt« – diese Auskunft birgt etwas Anrüchiges, was völlig unberechtigt ist. Allerdings zeigt die Erfahrung vieler Frauen, daß hier leider meist die ungeeigneten Aspiranten verschärftes Interesse demonstrieren: Mehr oder weniger alkoholisierte Aufreißer mit Ehefrauen, die längst im Bett sind, wollen Sie ja meist nicht kennenlernen.

Deshalb ist gerade an solchen Orten Ihre Eigeninitiative gefragt. Wenn Ihnen also ein Mann gefällt, lassen Sie sich ruhig von dessen Konkurrenten ansprechen. Nur irgendwann müssen Sie die loswerden und direkt auf das Objekt Ihrer Begierde zugehen. Keine Sorge, Sie gelten hier nicht als aufdringlich. In einer Bar ist es normal, Kontakt zu suchen.

Stellen Sie sich an die Theke; an einem Tischchen sind Sie sehr unflexibel und können hartnäckige Verehrer, die Ihnen nicht gefallen, schlechter abwimmeln.

Ausnahme: Bars, die nur so heißen, in Wirklichkeit aber Szenekneipen sind. Hier ist das Publikum jung und cool und bleibt am liebsten unter sich.

Bars im konventionellen Sinn sind gute Übungsplätze. Testen Sie Ihre Attraktivität ohne Folgen, falls es schiefgeht. Bessere Karten haben Sie, wenn Sie sich mit dem Barkeeper gut stellen. Kommen Sie mit einer Freundin, minimiert sich das Risiko eines verpatzten Abends – andererseits trauen sich viele Männer nicht, wenn Sie zu zweit auftreten.

HOTELBAR

Meiden Sie reine Abschleppschuppen – beispielsweise in bestimmten Hotels, in denen nur auswärtige Geschäftsleute absteigen. Was Sie dort erwartet, ist nur in seltenen Ausnahmefällen der Mann fürs Leben.

EINE FAUSTREGEL

Haben Sie Feuer gefangen, muß spätestens Ihr drittes Date woanders stattfinden.

Diskotheken gelten als zu laut zum Anbandeln – ein Vorurteil, das nur teilweise stimmt. Überfüllte Techno-Hallen mit extasygedopten Tanzjüngern können Sie vergessen, es sei denn, Sie mögen diese Szene und die dazugehörige Musik. Bessere Kontaktbörsen sind Diskos mit nostalgischem Touch, die es auch in jeder Kleinstadt gibt. Meistens wird guter alter Rock der sechziger bis achtziger Jahre geboten, in der Regel gibt es Nebenräume, in denen man in den Tanzpausen etwas trinken und sich unterhalten kann.

Voraussetzung ist nicht, daß Ihnen Tanzen wirklich Spaß macht. Erstaunlich viele Männer gehen in Diskos, nur um dort die ganze Zeit am Rand der Tanzfläche herumzustehen. Gleiches können auch Sie tun, solange Ihnen die Atmosphäre gefällt. Tut sie das nicht, vergessen Sie es. Sie werden sich unwohl fühlen und sicher niemanden kennenlernen.

SINGLE-CLUBS – NEIN DANKE!

Reine Single-Clubs und Anmachschuppen haben in der Regel nur einen Effekt: Sie vergrößern den Frust. Entweder sind die Veranstaltungen dort entsetzlich bieder, oder das vorwiegend weibliche Publikum ist meist jenseits der Siebzig. Wer sich gerne laut amüsiert und kein Sensibelchen ist, mag hier richtig sein. Für ein ruhiges Gespräch zum gegenseitigen Kennenlernen ist es meistens viel zu laut und zu hektisch. Schlimmer noch: Flirtstimmung kann gar nicht erst aufkommen.

Zum Flirten braucht man ein Minimum an Zeit. Die sogenannten Single-Parties ziehen sich zwar oft bis in den nächsten Morgen, doch entschieden wird alles in den ersten zwei Stunden: Die Anmache muß schnell gehen, so das Credo der Besucher, denn die Besten sind im Handumdrehen vergeben.
Entsprechend mechanisch wird gebaggert. Abgesehen davon, daß die Männer, die hier auftauchen, selten die Frau fürs Leben, sondern meistens das Vergnügen einer Nacht im Sinn haben – der Kater, der am nächsten Morgen droht, wird groß sein.

Auch für Cafés gilt: Trendige Szenecafés, in denen ein ständiges Kommen und Gehen herrscht, sind nicht unbedingt ideal. Viel aussichtsreicher ist die Lage in traditionsreichen oder sogar schon leicht angegammelten Studentencafés, wo viele hingehen, um sich zu entspannen und andere zu sehen – und das vielleicht schon seit Jahren, nämlich seitdem sie dem Studentendasein entwachsen sind. Vielleicht haben Sie auch so ein Stammcafé. Sinn des wiederholten Cafébesuchs: Sie gewinnen einen Heimvorteil, wenn Sie an einem Ort Kontakte knüpfen, an dem Sie sich wohl fühlen. Und in Cafés, die hierfür in Frage kommen, haben die meisten Zeit und sind einem Gespräch oft nicht abgeneigt. Das gilt besonders im Sommer, im Freien.

Wenn Sie kein Stammcafé haben, sollten Sie sich eins suchen und dann öfter hingehen – mit Freunden, allein, abends, zum Frühstücken.

Sensibilität ist gefragt

Beachten Sie unbedingt bestimmte Signale, die Ihr anvisiertes Gegenüber – teilweise unbewußt – setzt, weil er nicht gestört werden will. Natürlich können Sie sagen: »Entschuldigen Sie, aber das Buch, das Sie da lesen, hat mich wahnsinnig beeindruckt.« Erfolgt als Reaktion allerdings nur ein vages »Mhm« oder »Ach, tatsächlich?«, sollten Sie Ihren Wunsch, ein Gespräch zu beginnen, als abgelehnt betrachten.

WER LÄSST SICH GERN ANSPRECHEN?

- Hält Ihr Gegenüber Zeitung oder Buch vor das Gesicht, heißt das: Ich will mich von meiner Umgebung abkapseln. Am liebsten wäre mir, keiner würde mich beachten. Das sollten Sie respektieren.

- Antwortet Ihr Gegenüber freundlich, aber kurz, vermeidet er den Blickkontakt, dann ist er zwar höflich, aber an einer Unterhaltung nicht im geringsten interessiert.

- Die günstigste Haltung: Ein Mann sitzt mit nicht verschränkten Armen locker auf seinem Stuhl und guckt mit offenem Blick in die Runde – er ist mit Sicherheit aufgeschlossen für neue Bekannte. Jetzt müssen Sie nur noch den ersten Schritt wagen.

BEI PARTIES UND EINLADUNGEN

Am gelungensten sind Parties, wenn nicht allzu streng auf Etikette geachtet und das Essen köstliche Nebensache bleibt, aber nicht mangels Gesprächsstoffs stundenlang diskutierte Hauptsache wird.

Parties, die Sie besuchen, können wahnsinnig nett und sehr amüsant sein, wenn die richtigen Leute eingeladen sind, verlangen aber auch ein wenig gesellschaftliches Know-how der Gastgeber. Eine Hausfrau, die ständig nervös zwischen Küche und Eßzimmer hin- und herhastet, ein Hausherr, der immer nur stumm nachschenkt, statt das Gespräch anzukurbeln, ersticken jede aufkommende Stimmung im Keim. Kurz gesagt: Unbedingt hingehen, aber prophylaktisch mit einer Pleite rechnen, besonders wenn außer Ihnen nur Pärchen eingeladen sind. Das ist bei etablierten Veranstaltungen meistens der Fall, weil es den Prozeß des Einladens natürlich extrem vereinfacht.

Auch nicht besser: Wenn – »Extra für dich, meine Liebe!« – ein lediger Mann aufgetrieben wurde und die ganze Gesellschaft guckt, was sich zwischen Ihnen beiden entspinnt – unter diesen Voraussetzungen natürlich gar nichts.

Der Vorteil einer Veranstaltung in kleinerem, überschaubarem Rahmen ist natürlich, daß es Schüchternen leichter fällt, ins Gespräch zu kommen. Fazit dennoch: Die Chancen, hier den Mann fürs Leben zu finden, sind eher gering. Also sollten Sie keine allzu großen Hoffnungen hegen.

Parties, die Sie geben, sind aus den schon genannten Gründen Risikoveranstaltungen, es sei denn, es kommen nur wirklich enge Freunde. Letzteres ist gerade dann besonders anzuraten, wenn sich unter den Eingeladenen Ihr neuer Flirt befindet: Sie fühlen sich sicherer und ent-spannter – und das ist ausschlaggebend für den Erfolg des Abends!

Auf jedem Fest, bei jeder Einladung gibt es für zwei Interessierte eine passende Gelegenheit...

TIPS FÜR DIE EIGENE PARTY

- Wenn Sie mehr als acht Leute einladen, brauchen Sie unbedingt die Hilfe eines Freundes/einer Freundin. Günstiger Nebeneffekt: Wird die Verantwortung auf zwei Personen verteilt, mindert das den Leistungs-druck.

- Bleiben Sie ruhig und gelassen. Abgehetzte Gastgeberinnen wirken stimmungstötend.

- Machen Sie keine kulinarischen Experimente ausgerechnet an diesem Abend, es sei denn, Sie sind leidenschaftliche und hochbegabte Hobby-köchin. Ansonsten gilt: Kochen Sie das, was Sie gut können. Lieber ein großer Topf Spaghetti mit gelungener Sauce als komplizierte Ge-richte mit hoher Fehlerquote.

Feste, die Sie besuchen, bieten die allerbesten Chancen, wenn Sie wenigstens ein Viertel der Eingeladenen kennen, darunter möglichst auch ein paar Männer, die Ihnen wieder andere Männer vorstellen – was nicht heißt, daß Sie nur mit Ihren Bekannten reden sollten, im Gegenteil. Aber Sie fühlen sich automatisch sicherer und lockerer, solange Sie Menschen um sich wissen, die Sie akzeptieren und mögen. In solchen Situationen können Sie gar nichts falsch machen.

Wenn Sie niemanden oder nur wenige auf einem Fest kennen, sollten Sie folgendes beachten:

● Kneifen gilt nicht. Bedenken Sie, daß laut Untersuchungen über 60 Prozent aller Männer und Frauen derzeitige oder ehemalige Partner auf Festen kennengelernt haben – selbst schuld, wenn Sie statt dessen einen Fernsehabend einlegen.

Es kann doch eigentlich nichts schiefgehen. Nehmen Sie den schlimmsten Fall an, und stellen Sie sich vor, daß keiner mit Ihnen reden will – na und? Dann verschwinden Sie früh. Das fällt im Gedränge sowieso niemandem auf, am allerwenigsten den gestreßten Gastgebern.

● Warten Sie nicht zu lange, sondern gehen Sie früh genug auf das Fest. Denn erstens sinkt Ihre Motivation, je später Sie sich auf den Weg machen. Zweitens: Je weniger Gäste da sind, desto ruhiger, aber auch kommunikativer ist die Atmosphäre. Ihre Chancen, mit jemand Unbekanntem ins Gespräch zu kommen, sind besser, als wenn Sie zu spät erscheinen und sich längst die üblichen Cliquen gebildet haben.

● Ist die Gastgeberin eine gute Freundin von Ihnen, vergeben Sie sich nichts, wenn Sie sie bitten, Ihnen einen netten Single vorzustellen. Natürlich müssen Sie sich absolut sicher sein, daß Ihre Freundin das mit Takt und Diskretion erledigt. Trauen Sie ihr Bemerkungen à la »Guck mal, da ist die Sigrid, die kennt auch keine Menschenseele hier, am besten tut ihr euch zusammen« zu, vergessen Sie den Plan und sehen sich lieber selbst um.

● Erwarten Sie nicht zuviel. Je größer Ihre Hoffnungen, desto größer die Gefahr, daß Sie enttäuscht werden. Sie müssen selbstverständlich vor sich selbst nicht so tun, als sei Ihnen der Gedanke, auf dem anstehenden Fest einen netten Mann kennenzulernen, überhaupt noch nie gekommen. Sie gehen unter anderem deshalb hin! Aber seien Sie auch offen für andere Begegnungen. Taxieren Sie nicht gleich jeden Mann auf Tauglichkeit zum Lebensbegleiter. Denn das spüren auch die Objekte Ihrer Begierde – was zur Folge hat, daß gerade sie einen großen Bogen um Sie machen.

● Der beste Platz, um ins Gespräch zu kommen, ist und bleibt die Küche – allen Bemühungen der Gastgeber zum Trotz. Also begeben Sie sich

FEHLER AUF EIGENEN FESTEN

- Sie glauben, Sie haben nicht genug Platz, und laden entsprechend wenig Leute ein. Leider haben Sie nicht damit gerechnet, daß von 40 Eingeladenen statistisch gesehen etwa 30 erscheinen – und dies auch noch zeitversetzt, so daß nie mehr als 20 Gäste auf einmal da sind!
  Merke: Auf einer richtig guten Party ist es voll und eng. Erst zum Schluß darf sich die Menge lichten. Sie haben eine Dreizimmerwohnung, ca. 75 Quadratmeter? Da passen problemlos 50 Leute hinein. Laden Sie also mindestens 60 ein!

- Sie mieten, weil Ihre Wohnung tatsächlich zu klein ist, einen billigen, aber großen Raum, der leider überhaupt keine oder die falsche Atmosphäre verbreitet – etwa die eines rustikalen Wirtshauses mit vielen Tischen, die dem Tanzbein im Weg stehen und wo sich Ihre schick gekleideten Gäste völlig overdressed und fehl am Platz fühlen.
  Merke: Die beste, weil intimste Stimmung kommt in einer Privatwohnung auf. Machen Sie das Fest im Notfall gemeinsam mit Freunden, die ein größeres Domizil ihr eigen nennen!

- Je nachdem, in welchem Rahmen das Fest stattfinden soll, können Sie einige Tische mit Stühlen aufstellen. Wenn Sie übertreiben und Ihre Wohnung in eine Gaststätte verwandeln, ergibt das kein rauschendes Fest, sondern es kommt höchstens Stammtischstimmung auf.
  Merke: Auf einem Fest sollen sich die Gäste bewegen können, sonst endet alles im trauten Cliquentratsch. Keiner tanzt, und neue Bekannte haben kaum Chancen, Kontakte zu knüpfen.

- Sie fühlen sich für alles verantwortlich und verteilen permanent Häppchen, holen die Quiche aus dem Ofen, und dann müssen Sie sich auch noch um die Musik kümmern! Und keiner tanzt! In einer tanzfaulen Gesellschaft wie der unseren – wo viele Männer auch noch stolz auf ihren Status als Nichttänzer sind – müssen Sie den Anfang machen, sonst bleibt die Party eine Stehparty. Schnappen Sie sich einen guten Freund, legen Sie eine rasante Scheibe auf, und los geht's!
  Merke: Animieren gehört tatsächlich zu Ihren Pflichten. Allerdings nur die ersten zwei Stunden. Während dieser Zeit sollten Sie mit möglichst vielen Gästen ein paar Worte wechseln. Ab spätestens halb zwölf ist jeder für sein Wohlergehen selbst verantwortlich. Und Sie können sich endlich Ihrem Lieblingsgast widmen ...

bei Bedarf in die Nähe des kalten Büffets, bitten Sie darum, daß Ihnen jemand den Wein öffnet oder etwas Faßbier nachschenkt, kommentieren Sie die köstlichen Kanapees. Schon ergibt sich zwanglos eine Unterhaltung.

● Nein, Sie wirken nicht aufdringlich, wenn Sie sich, ohne sich förmlich vorgestellt zu haben, zu einer Gruppe mit Ihnen unbekannten Gästen dazustellen und vielleicht sogar Ihre Meinung zum gerade diskutierten Thema kundtun. Stutzen sollten Sie allerdings, wenn das Gespräch abrupt abbricht und alle unbehaglich vor sich hinschauen. Dann sind Sie ungewollt in eine verschworene Clique eingedrungen und wechseln besser die Gesprächspartner.

Feste, die Sie selbst geben, können Sie viel leichter steuern als eine Einladung mit wenigen ausgewählten Leuten, die Sie ständig unterhalten müssen – vorausgesetzt, Sie vermeiden einige typische Fehler (Seite 103).

AUF VERANSTALTUNGEN

Versuchen Sie Ihr Glück, wenn Sie die Veranstaltung wirklich interessiert. Aber erwarten Sie sich nicht allzuviel.

Konzerte, Kino und Theater können Sie ohne weiteres allein besuchen – und Gelegenheiten, dort jemanden kennenzulernen, gibt es auch.

Vor der Veranstaltung bietet ein kleines Informationsgespräch den optimalen Einstieg: »Fanden Sie die Karten auch so teuer? Aber ich konnte einfach nicht widerstehen!« So ist ein Kontakt zum Nachbarn rasch geknüpft.

Andererseits begeben sich doch die meisten Besucher paarweise oder in Gruppen auf Kulturtrip.

BEIM SPORT

Sport mit Freunden ist eine der allerbesten Möglichkeiten, auf völlig entspannte Weise Männer kennenzulernen. Am besten eignen sich Sportarten, die in der Natur ausgeübt werden, z. B. Skifahren – inklusive romantischer Hüttenabende! –, Snowboardfahren, Surfen, Segeln, Wandern, Bergsteigen, Free-Climbing, Fallschirmspringen … Ihren sportlichen Talenten werden keine Grenzen mehr gesetzt.

Es gibt fast nichts, was das Gruppengefühl noch intensiver werden lassen könnte. Gesund ist es außerdem.

FIT FÜR DEN SPORT

Voraussetzung ist natürlich, daß Ihnen die Sache als solche Freude macht – sonst werden Sie schnell zum Außenseiter, und man amüsiert sich bestens ohne Sie. Ebenfalls zwingend ist, sich vorher eine gute Kondition anzutrainieren, denn bei allen genannten Sportarten spielt die Ausdauer fast die größte Rolle. Jeden Morgen 20 Minuten joggen bringt schon viel und läßt als angenehmen Nebeneffekt die Pfunde purzeln.

Sollten Sie noch nicht wissen, welche Sportart Ihnen am meisten liegt, oder haben Sie die richtige Clique für den Sport noch nicht gefunden, hier ein Tip: Einige Sportartikelhandelsketten bieten Schnupperwochenenden oder Tageskurse für Anfänger, Fortgeschrittene und Geübte an – in nahezu jeder Sportart. Eine andere Möglichkeit bietet sich in Ihrer örtlichen Tageszeitung, Stadtzeitung etc.: Inserieren Sie. Interessenten werden sich garantiert melden.

Man fährt zusammen los, verbringt ein oder mehrere Tage bei einer Tätigkeit, die allen Spaß macht und somit alle fröhlich stimmt.

DIE VOLKSHOCHSCHULE BIETET KEINE MÄNNER

Die Volkshochschule wird zu 70 Prozent von Frauen in Anspruch genommen. Und das gilt ausgerechnet für jene Kurse, die Sie möglicherweise besonders interessant finden. Im Ikebana-Steckkurs können Sie nette Freundinnen kennenlernen, Männer interessiert dekoratives Kunsthandwerk in der Regel weniger. Auch in den Sprachkursen, beim Singen und Teppichknüpfen werden Frauen in der Regel unter sich sein. Das gleiche gilt für typisch weibliche Sportarten wie Jazztanz, Aerobic, Bauchtanz, Afrodance und so weiter.

Merke: Männer wollen nicht schöner und beweglicher, sondern höchstens muskulöser und fitter werden. Sie suchen sich einen Sport, der zielgerichtet ist.

MÄNNER WOLLEN GEWINNEN

Fündig wird die Frau also am ehesten in den Krafträumen von Fitneß-
studios. Aber auch auf Tennis- und Squashplätzen treffen Sie sie; denn
bei beiden Spielen geht es ums Gewinnen. Und Tennis ist, wie Golf, darüber hinaus ein Prestigesport – also Männersache. Bei der Skigymnastik
sind Männer zu Trainingszwecken ebenfalls anzutreffen, und wenn Ihnen
Mannschaftssportarten Spaß machen – z. B. Volleyball und Basketball –,
ist ein Verein genau die richtige Adresse. Achten Sie aber darauf, daß in
gemischten Mannschaften gespielt wird.

IN ÖFFENTLICHEN VERKEHRSMITTELN

Die Atmosphäre in S- oder U-Bahnen ist nicht gerade dazu angetan, interessante Kontakte zwischen Fremden zu erleichtern. Die überwiegende
Mehrzahl der Fahrgäste ist nervös, meist abgearbeitet und müde und will
möglichst schnell nach Hause.

Ungünstige Zeiten für einen Flirt im Zug sind die Rushhours zwischen sieben und zehn Uhr morgens und zwischen fünf und sieben Uhr abends: Die Abteile sind voll, eine Unterhaltung steht unter schlechtem Vorzeichen.

Ganz anders sieht es in Fernreisezügen aus. Hier herrscht
ein wesentlich entspannteres Klima. Sie können es darauf
ankommen lassen und hoffen, daß Sie im Intercity-Groß-
raumwagen einen netten Fahrgast sichten, dessen Neben-
platz zufälligerweise noch frei ist. Das ist allerdings nur
strapazierfähigen Frauen zu empfehlen, schließlich müssen
sie ja auch noch ihr Gepäck ganz allein tragen. Auf einer
eintägigen Geschäftsreise mit leichter Reisetasche sollten
Sie schon eher das Risiko eingehen bzw. im Fall eines Falles
Ihre Platzkarte nicht in Anspruch nehmen. Ansonsten
setzen Sie sich besser in ein Vierer- oder Sechserabteil, wo Sie automatisch mehr Auswahl haben. Oder Sie gehen gleich in den Speisewagen.

T I P

*Solange das Flugzeug nicht ausgebucht ist, müssen Sie nicht
auf dem Platz sitzen, den Ihre Bordkarte ausweist. Betreten
Sie die Maschine also als eine der letzten, können Sie sich
Ihren Nebenmann – falls die Umstände günstig sind – aussuchen…*

Auch auf Flughäfen kommt man leicht ins Gespräch. Da mindestens ein Drittel aller Passagiere – Männer wie Frauen! – unter latenter Flugangst leidet, sind viele für eine Ablenkung dankbar.

IM URLAUB

Über Liebe unter südlicher Sonne ist schon viel geschrieben worden – und so manche Romanze auf dem Papier ist dazu angetan, allzu große Hoffnungen zu wecken.

Den Partner für eine dauerhafte Beziehung bei dieser Gelegenheit zu finden ist allerdings Glückssache – also eher unwahrscheinlich. Der Grund: Selbst wenn Sie sich ernsthaft verlieben und herrliche Tage verbringen, lernen Sie Ihren Flirt in dieser kurzen Zeit nicht wirklich kennen. Sie glauben nur, es zu tun, weil er so offen und vertrauensvoll erscheint – eine Nebenwirkung des südländisch leichtlebigen Flairs, unter dessen Einfluß Sie sich beide befinden, gepaart mit dem euphorischen Bewußtsein, keine Pflichten zu haben. Das manchmal nicht allzu angenehme Erwachen droht, wenn Sie beide einander im heimischen Alltag erleben.

Natürlich läßt die mediterrane oder karibische Sonne Hemmungen eher schmelzen als der gute alte heimische Dauerregen. Sie werden also keine Schwierigkeiten haben, eine heiße Affäre zu finden – wenn es wirklich das ist, was Sie wollen.

Und was kommt danach?

Zusätzliche Schwierigkeiten ergeben sich später, wenn Sie in unterschiedlichen Städten wohnen. Eine Beziehung auf Distanz ist nie unproblematisch. Bei einem Paar, das gerade erst anfängt, eins zu werden, kann die Entfernung viel zerstören. Und wenn Sie sich in einen Einheimischen verliebt haben, gibt es ohnehin nur zwei Möglichkeiten: Entweder Sie bleiben da, brechen Ihre Zelte in Deutschland ab und unterwerfen sich dem landesüblichen Lebensstil, der nichts mit dem lockerer Touristen zu tun hat, oder er reist Ihnen nach – und Sie sind diejenige, die zunächst einmal für den Lebensunterhalt aufzukommen hat.

Machen Sie sich nichts vor: Selbst für europäische Ausländer ohne wirklich erstklassige Deutschkenntnisse gibt es hierzulande nur schlechte Jobs.

DER URLAUBSFLIRT

Wenn Sie dem Schicksal im Urlaub auf die Sprünge helfen wollen, beachten Sie:

• Verreisen Sie am besten mit einer guten Freundin – keinem guten Freund, sonst werden Sie automatisch als Paar gewertet. Mit ihr können Sie abends länger bummeln, müssen sich selbst sowie Bars und Kneipen nicht fürchten – und erscheinen nicht so sehr als Touristin auf Männersuche. Besonders in Mittelmeerländern wirkt eine Frau allein wie Freiwild.

• Es versteht sich von selbst, daß in einem hübschen, ruhig gelegenen Familienhotel mit angegliedertem Familienstrand rein gar nichts passieren kann – außer daß Sie eventuell Ihre Talente als Babysitter unter Beweis stellen dürfen.

• Achten Sie also beim Buchen auf die richtige Unterbringung in der richtigen Lage: Nicht zu einsam! Sie wollen ja mehr als nur die Natur genießen.

• Urlaub im Club ist in den letzten Jahren viel besser geworden als sein Ruf und kann demzufolge eine echte Alternative sein. Aber seien Sie hier nicht allzu sparsam, Mißtrauen ist gegenüber ungewöhnlich günstigen Angeboten angebracht. Je billiger das Clubdorf, desto größer die Wahrscheinlichkeit, daß Sie keine netten Leute kennenlernen, sondern bloß von Aufreißern der schlimmsten Sorte belästigt werden.

• Informieren Sie sich, vielleicht über eine Annonce, über Erfahrungen weiblicher Cluburlauber, die Ihnen Tips geben können. In jedem Fall gilt: Cluburlaub ist Geschmacksache. In der Regel werden Sie rund um die Uhr auf Trab gehalten. Das muß man mögen. Ein einsamer Spaziergang auf dem Clubgelände wird, sofern man Sie dabei erwischt, als versuchter Ausstieg aus der Gruppendynamik gewertet und mit freundlichen, aber energischen Rückholaktionen quittiert – was nichts anderes heißt, als daß Sie selten allein sein können und, sollten Sie das doch ab und zu versuchen, man Sie als schwarzes Schaf oder Problemfall behandeln wird.

Der Urlaubsflirt findet längst nicht nur am Strand statt! Wer neugierig ist, offen für andere Menschen und Kulturen, bleibt sicher nicht lange allein.

MIT HILFE VON KONTAKTANZEIGEN

Um gleich mit einigen Vorurteilen aufzuräumen: Bei den Durchschnittsinserenten handelt es sich keineswegs um kontaktgestörte Einzelgänger. Im Gegenteil: Die Kleinanzeige gilt heutzutage als akzeptierter Weg, die Liebe fürs Leben zu finden. Und diese Aussicht allein lohnt bereits die Mühe! Das ändert natürlich nichts an der Tatsache, daß es sich immer um ein Lotteriespiel handelt – auch dann, wenn man selbst inseriert. Die Aussichten, eine Niete zu ziehen, sind größer als die auf einen Hauptgewinn. Deshalb gilt: Nicht allzuviel erwarten, das macht nur verkrampft.

Selbst wenn die große Liebe nicht darunter sein sollte, könnte die Annonce immerhin der Beginn einer wunderbaren Freundschaft sein.

Das richtige Medium

Daß Fernsehen, Radio und die Telekom inzwischen in den Markt der Partnersuchenden eingestiegen sind, ist nicht nur ein Grund zur Freude für die Betroffenen. Sendungen, wie z. B. das beliebte »Herzblatt«, dienen in erster Linie der Erheiterung des Publikums. Wer wirklich auf der Suche ist, wird in diesem Rahmen sicher nicht fündig. Einige wenige Paarungen haben sich immerhin nach der eintägigen Tour mit dem »Herzblatt«-Hubschrauber ergeben. Im Regelfall sehen sich die Kandidaten nach der Sendung nie wieder. Da ist es schon sinnvoller, einmal ein Inserat über das Radio zu senden. Viele Sender haben inzwischen Kontaktecken eingerichtet – vielleicht auch Ihr Lieblingssender.

KONTAKTSENDUNGEN IM RADIO

1. Vorteil: Es geht schnell. Schon ein paar Minuten nach Ihrem Selbstinserat haben sich vielleicht Interessenten gemeldet, denen zumindest Ihre Stimme zusagt.

2. Vorteil: Die Sache bekommt durch die lockere Präsentation weniger Gewicht. Einmal entschlossen haben Sie keine Zeit, zu grübeln, abzuwägen – und es schließlich doch noch sein zu lassen.

1. Nachteil: Jemand – ein Freund, Ihr Chef, Ihre Eltern – könnte Sie an der Stimme erkennen. Ob das für Sie akzeptabel ist, müssen Sie selbst entscheiden. Sie denken, außer Ihnen hört sich solche Sendungen sowieso keiner an? Da irren Sie sich aber gewaltig!

2. Nachteil: Es hören auch viele Idioten zu. Deshalb geben Sie bitte niemals Ihren Nachnamen und Ihre Adresse an, bevor Sie Ihren Gesprächspartner nicht gut kennengelernt haben. Es gibt viele Frauen, die von wochenlangem Psychoterror nach nur einer Verabredung berichten – von Männern, die sich rächen wollten, weil sie mit einer Absage nicht klarkamen.

Vorsicht vor professionellen Telefonkontakten!

Von telefonischen Date-Lines, für die besonders nachts im Fernsehen aggressiv geworben wird, ist energisch abzuraten. Da es sich bei telefonischen Date-Lines immer um Fern-, manchmal sogar um Auslandsgespräche handelt, zahlen Sie extrem hohe Telefongebühren. Denn es dauert, bis das Informationsband mit langatmigen Erklärungen über das Prozedere an sich abgelaufen ist und Sie endlich Ihr telefonisches Inserat schalten bzw. sich auf eine Anzeige melden können. Und: Sie haben pro Gespräch im Durchschnitt vier Interessenten zur Auswahl, die möglicherweise noch nicht einmal in Ihrer Nähe wohnen. Fazit: Vergessen Sie es!

Die Annonce in der Zeitung

Stadtmagazine oder ähnliche Publikationen haben zwar einen riesigen Kleinanzeigenteil und liegen preislich an der unteren Grenze – allerdings sprechen zwei Faktoren dagegen: erstens der schlechte Ruf, den sich die Blätter durch Sexofferten aller Art erworben haben – wollen Sie Ihre Anzeige wirklich neben der Sado-Maso-Spalte sehen? –, zweitens die riesige Anzahl der Annoncen, die die Wahl tatsächlich zur Qual werden lassen. Kein Wunder, daß die meisten nur überflogen werden: Die Gefahr besteht, daß Ihre Anzeige in der Fülle der anderen untergeht.

Auch das andere Extrem, nämlich die bekannte seriöse überregionale Wochenzeitung, muß nicht unbedingt der richtige Platz für Ihre Anzeige sein. Lesen Sie sich die Inserate einmal durch – und Sie werden feststellen, daß die meisten Leser offenbar Nordlichter sind. Das ist prima, sofern Sie auch eins sind oder nicht ortsgebunden sind. Süddeutsche sind deutlich unterrepräsentiert, was die Auswahl unter Umständen empfindlich schmälert – was wollen Sie als Münchnerin mit einem reizenden Mann in Kiel?

Am solidesten bleibt die Annonce in der regionalen Tageszeitung. Doch auf die Formulierung kommt es an.

Das Mega-Weib mit Sex und Intellekt

»Magic Woman! Sugar, Power, Explosion! Sie betört deine Sinne, läßt dein Herz höher schlagen, überrascht dich immer wieder von neuem. Ihre feminine Stärke, ihre diskrete Sinnlichkeit, ihre freche Extravaganz rauben dir den Verstand. Sie ist Mitte Dreißig, groß, schlank, langmähnig, hübsch, sexy, leidenschaftlich, mehrsprachig, reiselustig und kunstverbunden. Vielleicht träumst du schon von ihren schönen Beinen? Außerdem ist sie eine ausgezeichnete Köchin, eine charmante Gastgeberin und versüßt dir dein Leben. Sie sucht dich! Einen lebenserfahrenen, weltgewandten Top-Mann mit viel Herz, Geist und Humor für ein schönes, aufregendes Leben mit Tiefgang!«

Diese Anzeige wirkt dermaßen übertrieben, daß sich jeder eventuelle Interessent getäuscht fühlt – oder total eingeschüchtert lieber gleich die Finger von diesem Mega-Weib läßt.

Vielleicht ist dieses Inserat nicht ernst gemeint – wenn doch, dann allerdings ist es völlig mißlungen. Diese Frau präsentiert sich nicht nur als eine Mischung aus erotischer Femme fatale und spröder Intelligenzbestie, sie lockt auch noch mit devotem Geisha-Gehabe, sprich: Sie bedient sämtliche männlichen Wunschklischees. Ein Mann, der auf diese durchsichtige Tour reinfällt, lohnt die Mühe wirklich nicht.

MERKE

Selbstverständlich sollen Sie Promotion in eigener Sache machen, sonst können Sie die Annonce gleich sein lassen. Aber Vorsicht: Superfrauen schrecken eher ab. Und bedenken Sie, daß Sie Qualitäten, die Sie vollmundig ankündigen, später unter Beweis zu stellen haben. Peinlich, wenn Sie schon beim ersten Treffen das Gefühl vermitteln, vorher zu dick aufgetragen zu haben...

Die vielseitig Interessierte

Gibt es jemanden, der von sich behaupten würde, keine Phantasie und keinen Humor zu haben? Derartige Allerweltscharakteristika können Sie sich sparen: Hier fühlen sich Hinz und Kunz angesprochen.

»Sie hat sich den Traummann noch nicht abgeschminkt. 34/1,70, humorvoll, sportlich, vielseitig interessiert, eigenwillig und verschmust. Ich will jemanden, der mich fordert, der einen Sinn hat für das, was ich tue, aber mich nicht zu ernst nimmt bei allem, jemanden, über den ich nachdenken möchte, der eben da ist, der sportlich ist, der viel Phantasie und Humor hat, der auch weiß, wie man das Öl wechselt, abgesehen davon, daß er einfach unglaublich gut ist...«

In dieser Anzeige zeigt sich schon wesentlich mehr von der Person – offenbar ein eigenwillig grüblerischer, ein wenig chaotischer Charakter. Wer zwischen den Zeilen lesen kann, wird allerdings ein wenig abgestoßen von der klar durchscheinenden Egozentrik. Diese Frau braucht einen Mann, »der da ist« – z. B. als Handlanger zum Ölwechseln. Was aber ist sie bereit zu geben? Diese Frage stellt sich automatisch, wird aber an keiner Stelle auch nur ansatzweise beantwortet.

MERKE

Sagen Sie nicht nur, was Sie wollen, sondern auch, was Sie zu bieten haben! Schließlich wollen Sie einen Partner finden.

112

Verbissen weiß sie, was sie will

»Einen Mann für alle Fälle – nein danke, die meisten Fälle lös' ich selbst (Aha: ›Emanze!!!‹ Falsch! – Richtig: Selbstbewußt, selbständig, kein Last-Minute-Fürsorgefall). Aber: AB UND AN MAL 'NEN MANN – WAS WÄR DAS LEBEN SCHÖN(ER)! (Aha: ›Nymphomanin!!!‹ Falsch! – Richtig: Siehe unten). GESUCHT wird der EINE, innerl. und äußerl. jung, unkonvent., schl. u. ästh., geistig, körperlich und auch sonst beweglich GEBLIEBENE (ab 40/1,80), an verstandener und verarbeiteter Vergangenheit reif und frei, selbstkritisch, bewußt und eigenverantwortlich handelnd GEWORDENE mit Wunsch nach einer Beziehung, die für beide Seiten keine Neuauflage von bereits Gelebtem bedeutet (z.B. Ehe, Kinder, ›trautes Heim, Glück allein‹ etc., etc.) bzw. diese Vorstellungen endlich erfüllt sehen will. Geboten wird die Freundschaft mit einem sehr lebhaften, sinnlichen, kontaktfreudigen, aber anspruchsvollen, kreativen, freiheitsorientierten Tiefgründling...«

Ob sich auch nur ein Mann auf dieses zutiefst abschreckende Inserat meldet? Der Grundton ist so aggressiv, der Stil so verbissen, daß der Text in seiner Gesamtheit wie eine Ohrfeige wirkt. Hingeknallte Satzbrocken tun in ihrer Knappheit ein übriges, Sprachklischees aus der Psychokiste machen alles andere als neugierig, lassen höchstens auf das bisherige Leben dieser Frau schließen. Ehe und Kinder sind bestimmt nicht jedermanns Sache, aber muß man beides so radikal abqualifizieren?
Gegen Schluß der Anzeige wissen wir ziemlich genau, was die Inserentin nicht will – was sie sich wirklich

Spannung beim ersten Date. Vielleicht ist er ja tatsächlich der Traummann?

wünscht, bleibt dagegen im dunkeln. Unter einem Mann mit »verarbeiteter Vergangenheit« kann man sich wenig vorstellen. Ihre Selbstbeschreibung wirkt in keinster Weise glaubwürdig. Es entsteht vielmehr das wenig attraktive Bild einer strapaziösen, unzufriedenen, nach schlechten Erfahrungen ziemlich verbitterten Frau.

MERKE

> *Es klingt vielleicht gemein, aber Männer mögen keine anstrengenden Frauen, mit denen eine Beziehung in Arbeit ausartet. Zweitens sollen Sie selbstverständlich nicht säuseln, sondern klar und deutlich sagen, worauf es Ihnen ankommt. Aber der Ton macht auch schriftlich die Musik. Anders gesagt: Mit Witz und Charme erreichen Sie auch auf dem Papier mehr als mit verbaler Brachialgewalt.*

Ironisch, aber verbittert

»Suche männlichen Ehepartner! Biete: 43 J., 174 cm, 75 kg, Schuhgröße 41, saniertes Gebiß, eigenes Auto, eigene Mietwohnung, Organisationstalent. Wünsche: aktiven Typen, mit dem ich den Laden organisieren kann!«

Schon wieder eine Lady mit Haaren auf den Zähnen. Zu ihren Gunsten mag angenommen werden, daß das Inserat ironisch gemeint ist.

Leider verpufft die ziemlich verkrampfte Anstrengung, den Single-Markt als hauptsächlich sach- und geschäftsorientiert auf die Schippe zu nehmen, relativ wirkungslos. Die Inserentin wirkt nämlich nicht sympathisch: Was sie zu kritisieren vorgibt, fällt auf sie selbst zurück. Auch sie wirkt hart, uncharmant bis verbittert – so als sei sie von vielen Enttäuschungen entmutigt.

Kurz und knapp

»S., intel. 34j., viels. inter. (7 sprach.), su. gt. M. zw. Heirat u. Fam. gründ. f. gute u. schl. Zeiten. Alter egal…«

Wer sich so kurz auf das Wesentliche beschränkt und dabei außer dem Alter nichts von sich preisgibt, wirkt geizig und völlig uninteressant. Welchen Grund sollte ein Mann haben, auf dieses schwierig zu entziffernde Kürzelgewirr zu reagieren?

MERKE

> *Bei einem Inserat ist Sparsamkeit nicht angesagt, sonst hat es keine Wirkung, und das Geld ist tatsächlich total verschwendet. Wer mit geballten Abkürzungen den Preis niedrig halten will, wirkt knauserig.*

114

Wenig originell, aber direkt

»Ich möchte so gerne… der Mittelpunkt deines Lebens sein. Dich nach einem anstrengenden Tag in den Arm nehmen. Dich mit deinem Lieblingsessen überraschen. Mit dir duschen und dich verwöhnen. Dein Kissen knuddeln, wenn du nicht bei mir bist… Eine Frau für alle Tage, mit Anhang, wirklich attraktiv, schlank, modisch, ehrlich, treu, voll Energie, aber auch sensibel und nachdenklich, sucht dich überall…«

Diese Frau sagt in einfachen, klaren, unmißverständlichen Worten, welche Beziehung sie sich wünscht. Formulierungen wie »dein Kissen knuddeln…« sind zwar keine literarischen Offenbarungen, dafür plastisch und sympathisch. Jeder Mann weiß Bescheid, Mißverständnisse sind fast ausgeschlossen – so soll eine Anzeige sein.

Sicherlich wird dieses Inserat niemals einen Preis für Originalität gewinnen. Das ist aber auch gar nicht der Sinn der Sache.

Originell, aber zuwenig Information

»Lieber Tea for two als Dinner for one. Nicht nur zum Teetrinken, auch für Kino, Konzerte und Reisen suche ich, attraktive 36jänrige, passenden Partner…«

Ein schöner, origineller Einstieg. Der Rest ist eher uninteressant und sagt wenig über die Person aus, die dahintersteckt. Diese Frau sucht doch wohl nicht nur einen Partner, um jemanden zu haben, mit dem sie ausgehen und verreisen kann. Da muß schon noch etwas mehr kommen, um einen Mann zu interessieren.

Romantisch und sportlich?

»Ich bin 33, sportl., selbständig. Was mir Spaß macht: Candlelight-Dinner, Sternenhimmel, sich auf Händen tragen, gemeinsam erfolgreich sein, gleiche Richtung…«

Dieses Inserat wirkt, als sei es in aller Eile aufgesetzt und nicht einmal mehr ein zweites Mal durchgelesen worden. Man erfährt außer dem Alter nichts über die Frau, die dahintersteht; als sportlich betrachtet sich im Zeitalter des Fitneßwahns jeder zweite. Und deshalb wird bestimmt niemand zur Feder greifen.

Einige romantische Klischees – und schon beißt einer an? So läuft das leider nicht.

115

DIE OPTIMALE BEKANNTSCHAFTSANZEIGE

Sie sehen schon: Es ist gar nicht so einfach, eine Anzeige abzufassen, die einerseits ehrlich ist, andererseits Ihre Persönlichkeit optimal zeigt – also zum Schreiben einlädt. Hier ein paar Tips für den richtigen Stil und die passenden Worte.

• Schreiben Sie, wie Sie sind: so natürlich und ungestelzt wie möglich, ohne gleich in eine pseudolässige Umgangssprache zu verfallen.

Vermeiden Sie Floskeln wie »niveauvoll« oder Klischees à la »gemeinsam durch dick und dünn gehen«, die durch häufigen Gebrauch so abgegriffen sind, daß sie nichts mehr aussagen.

• Mogeln Sie sich nicht um Fakten optischer Natur herum. Das rächt sich spätestens beim ersten Treffen. Aber natürlich ist die Wortwahl Ihre Sache.

Beispiel: Das unschöne »übergewichtig« ersetzen Sie durch »vollschlank« oder »sehr weibliche Figur«. Es gibt viele Männer, die genau das mögen. Und die müssen ermutigt werden, gerade Ihnen zu schreiben.

• Zwingend in die Anzeige gehören: Ihre Größe, Ihr Alter, Ihr Familienstand, Ihre Interessen und – nicht vergessen! – Ihr Wohnort, sofern Sie in einem überregionalen Blatt inserieren.

Haben Sie einen Beruf, auf den Sie stolz sind und der Ihnen Spaß macht, erwähnen Sie ihn ebenfalls. Er sagt viel über Sie aus.

• Stellen Sie sich beim Schreiben einen imaginären Leser vor. Natürlich sollte es sich genau um den Typ Mann handeln, den Sie ansprechen wollen. Überlegen Sie sich eine Reihe von Charakteristika – und denken Sie dann darüber nach, was sich dieser Mann wohl für eine Frau wünscht.

Kommen Sie zu dem Schluß, daß die meisten seiner Wunschkriterien auf Sie zutreffen, kann eigentlich gar nichts mehr schiefgehen. Schreiben Sie diesem Mann, was Sie ihm geben können – und gehen Sie erst dann auf das ein, was Sie sich von ihm erträumen und welche Art Partnerschaft Sie sich vorstellen. Seien Sie dabei so präzise wie möglich.

DIE OPTIMALE BEKANNTSCHAFTSANZEIGE

- Gehen Sie auf Ihre äußeren Vorzüge ein – schreiben Sie aber auch ganz klar, welche optischen Kriterien er zu erfüllen hat.

  Wenn Sie einen Mann mit Bauch und Glatze unattraktiv finden, bringt es nichts, das zu verschweigen. Auch Raucher sollten Sie warnen, wenn Sie mit Zigarettenrauch nicht leben können.

- Je humorvoller Ihre Anzeige, desto besser. Aber: Zuviel Sarkasmus wirkt nicht witzig, sondern griesgrämig. Zynismen wie »Die große Liebe habe ich mir abgeschminkt« kommen genauso an, wie sie im Grunde gemeint sind.
  Da ist jemand enttäuscht vom Leben und der Liebe und will jetzt auf Nummer Sicher gehen.

- Bitte vermeiden Sie die anzeigenüblichen Vorteile, sprich: Attribute, die wirklich jedes Inserat zieren: Dazu gehören Selbstverständlichkeiten wie »intelligent«, »vielseitig«, »phantasievoll«, »romantisch« und so weiter.
  Seien Sie etwas kreativer, vor allem aber individueller in der Wortwahl – etwa wie die »Schütze-Lady, skeptisch-optimistisch, romantisch-realistisch, trotzig-liebevoll und kratzbürstig«.

  Oder umschreiben Sie, was Sie sind und was Sie suchen: »Ich bin humorvoll, aber keine Ulknudel, anspruchsvoll, aber nicht überheblich, hübsch, aber keine Barbiepuppe, schlank, aber kein Klappergerüst, erotisch, aber mit Gefühl. Paßt das alles auch auf dich? Mann, dann könnten wir zusammenpassen!«

- Keinesfalls dürfen Sie auf den Mitleidseffekt setzen. Inserate »nach schwerer Enttäuschung« wenden sich ziemlich unverblümt an den Sozialarbeiter im Mann – und dies meist vergeblich. Fast jeder ergreift die Flucht, wenn er den Verdacht hat, für das Seelenheil seiner künftigen Partnerin aufkommen zu müssen.

- Ihre erstklassige finanzielle Situation und Ihr toller gesellschaftlicher Status haben in einem Inserat nichts zu suchen. Vorgaben dieser Art wirken arrogant und schrecken ab. »Finanziell unabhängig« reicht vollkommen aus.

Wer eine attraktive Frau erobern will, muß sich etwas einfallen lassen.

Sie antworten auf ein Inserat?

»Charmanter, humorvoller junger Mann (24, Student) sucht attraktive, niveauvolle, ihre Weiblichkeit genießende, reife Vollblutfrau (ab 30) mit Grips, die mit ihm eine reizvolle Beziehung, gewürzt mit einer pikanten Mischung aus Esprit und Erotik, auskosten möchte...«

Natürlich wissen Sie, was Sie von einer derartigen Anzeige zu halten haben: Hier geht es um pubertäre erotische Machoträume, nicht um den Wunsch nach einer echten Beziehung.

»Bei Liebe lebenslänglich. Bindungsängste überwunden, bin also resozialisiert – Ausbruchsversuch unwahrscheinlich...«

Hier scheint der Schreiber geradezu wild entschlossen, seine Chance nicht schon wieder zu verpassen – und trotzdem wird man bei der Anzeige nicht recht froh. Der Tonfall, die Wortwahl klingen ein wenig gönner-

118

haft. Die Gefängnismetaphorik in Zusammenhang mit dem Wort »Liebe« läßt tief blicken und wirkt nicht animierend. Außerdem braucht es mehr als einen simplen Entschluß, um Bindungsängste zu überwinden. Im ungünstigsten Fall finden Sie sich in der Therapeutenrolle mit einem trotzigen Patienten wieder.

Wenn Freunde inserieren

»Diese Anzeige ist ein Geschenk für einen guten Freund, der heute 30 wird. Er ist Akademiker in leitender Position, vielseitig interessiert (Philosophie, Literatur, Naturwissenschaften, Sport), sehr gutaussehend (braunäugig, schwarzhaarig), offen und nett und im sozialen Bereich engagiert. Warum er bisher noch nicht ›die‹ Frau gefunden hat, ist uns auch ein Rätsel – an ihm kann's eigentlich nicht liegen.«

Manchmal greifen auch die Freunde des Singles wider besseren Willen hilfreich ein.

Wirklich nicht? Das können selbst gute Freunde schwer beurteilen. Bei einem 30jährigen mit den genannten Topqualitäten verwundert der offenbar konstante Mangel an weiblichem Interesse schon. Vielleicht interessiert er sich eher für sein eigenes Geschlecht. Wahrscheinlich ist, daß da Probleme lauern, die die Freunde nicht kennen. Zumindest weist die Anzeige auf eine gewisse Unselbständigkeit des Geburtstagskindes hin; sonst wäre sie gar nicht erst geschaltet worden.

Vorsicht vor hohen Ansprüchen!

»Ein Hamburger in München sucht die Sonne seines Herzens und vielleicht die Liebe. Um seinem hohen Anspruch zu genügen, sowie aus Parität, sollte sie innerlich wie äußerlich attraktiv, weibl. praktisch-gut, gebildet sein. Er, 43, 186, 66, blond, blaue Augen, ohne Bart, weltoffene Waage, ledig, sportivschick, attraktiv, sicher auf jedem Parkett, im gehobenen Management tätig, wünscht sich Familie mit Kindern, Hund und Katze.«

Nichts gegen berechtigte Ansprüche, wobei dieser Herr reichlich hochstapelt. Äußerliche Qualitäten nehmen in dieser Selbstbeschreibung so viel Raum ein, daß man ihm den ernsthaften Herzenswunsch nach einer Beziehung nicht recht abnehmen mag. Vielmehr drängt sich der Verdacht auf, daß hier nur der Konvention Genüge getan werden soll. Für eine Frau mit beruflichen Vorstellungen ist in diesem Leben kein Platz.

Nur Ihr Gefühl entscheidet

Von der Anzeige auf den Schreiber zu schließen ist eine schwierige, fast unmögliche Sache. Letztlich werden Sie bei der Entscheidung, ob Sie anworten oder nicht, auf sich selbst zurückgeworfen: Nur Ihr Gefühl entscheidet. Hinter kurzen, ungeschickt verfaßten Zeilen verbirgt sich möglicherweise ein lieber, intelligenter Mensch, der sich schriftlich leider nicht gut ausdrücken kann: Nicht jeder ist ein begnadeter Formulierungskünstler. Umgekehrt läßt sich nicht von jeder spritzig verfaßten Offerte automatisch auf einen lockeren, humorvollen Typ schließen. Schon so mancher Langweiler war so schlau, einen begabteren Ghostwriter zu engagieren… Ein Restrisiko bleibt. Wenn Ihr Gefühl ja sagt, gehen Sie es ein.

Der Antwortbrief auf eine Kontaktanzeige will gut überlegt sein. Schließlich kennen Sie Ihr Gegenüber noch gar nicht; seine wenigen Worte haben nur einen ersten Eindruck vermittelt.

DER ANTWORTBRIEF

- Am besten antworten Sie handschriftlich, das wirkt persönlicher. Wenn Ihre Handschrift allerdings häßlich oder unleserlich ist, benutzen Sie die Schreibmaschine – es gibt mehr Hobbygraphologen, als man denkt. Weisen Sie aber den Empfänger auf den Grund hin.

- Schreiben Sie keine Lebensläufe in epischer Breite. Eine Seite reicht völlig aus.

- Schönes Briefpapier, ein nicht allzu billiger Kuli, und schon macht Ihr Schreiben einen besseren Eindruck. Wenn Sie eine originelle Postkarte zur Hand haben, um so besser. Tip: Nicht übertreiben. Briefpapier mit Blümchenoptik oder ähnlichen Verzierungen finden die meisten Männer albern und bieder.

- Sympathisch wirken Sie, wenn Sie auf einzelne Formulierungen in der Anzeige direkt eingehen, mit ihnen spielen. Auf diese Weise zeigen Sie, daß und warum Ihnen das Inserat gefallen hat.

- Auch hier gilt: Ehrlich währt am längsten. Es hat keinen Sinn, z. B. eventuell vorhandenes Übergewicht zu verschweigen. Die Wahrheit kommt beim ersten Treffen spätestens ans Licht. Wenn dieser Mann keine fülligen Frauen mag, wird er Ihnen gar nicht erst schreiben. Und das ist auch besser so. Sie können ein noch so toller Charakter sein – optische Vorlieben eines Mannes werden Sie nicht verändern können. Umgekehrt kann es passieren, daß Männer, die auf üppige Frauen stehen, Sie nicht anschreiben, weil sie nicht wissen können, daß Sie ihre Traumfrau sind!

- Wenn ein Foto verlangt wird, schicken Sie eins, sonst fallen Sie unter Umständen gleich durchs Raster. Aber es muß ein gutes und vor allem ein aktuelles sein! Ein schöner Schnappschuß im Freien, vielleicht im Urlaub gemacht, wo Sie fröhlich und locker aussehen, kommt besser an als die meisten seriösen Porträtfotos; Sie wollen sich schließlich nicht für einen Job bewerben!

- Vergessen Sie nicht, Ihre Telefonnummer anzugeben – aus einleuchtenden Gründen auf keinen Fall Ihre Adresse! Wenn Sie auf Nummer Sicher gehen wollen, ändern Sie Ihre Ansage auf dem Anrufbeantworter. Ihr Nachname geht den Inserenten zunächst einmal nichts an.

MÄNNER AU

Welcher Mann verbirgt sich hinter welcher Anzeige – das wollten Sie doch schon immer wissen, stimmt es? Ich habe einige Inserenten kennengelernt, mit ihnen gesprochen und mir ihre Wünsche, Träume und Erfahrungen schildern lassen.

F DER SUCHE

KÖRPERBEWUßT, FIT UND NICHTRAUCHERIN SOLL SIE SEIN

»Mit 38 noch nicht gebunden, jetzt bestraft mich das Leben? Manchmal schien es so, aber ich glaube, in Wirklichkeit war die Zeit einfach noch nicht reif. Wenn es dir auch so geht und du zu einem unabhängigen, nicht häßlichen, schlanken, kunstinteressierten Mann passen könntest, dann melde dich doch einmal. Bild wäre schön.«

Wir treffen uns bei einem Griechen in der Kölner Innenstadt, »meine frühere Stammkneipe«, sagt Martin. Er lächelt etwas verlegen. Kein Wunder, ich ertappe mich dabei, wie ich ihn optisch abtaste, als sei er eine Ware und ich die unschlüssige Kundin. Martin guckt allerdings auch ganz genau, wen er da vor sich hat!
Was würde ich empfinden, wäre ich tatsächlich auf der Suche und Martin mein möglicher Kandidat? Sicher keine Enttäuschung. Martin sieht gut aus, er hat eine Art, die Vertrauen erweckt und nicht einschüchtert. Sympathisch, wenn auch eher unauffällig. Kein Mensch, der viel Aufhebens um seine Person macht. Mittelgroß, jungenhaft wirkend, trotz der grauen Strähnen im Haar, durchtrainiert – er geht regelmäßig ins Fitneßstudio –, ohne Bauch- und Glatzenansatz.

Die Resonanz

Warum so viele Anzeigen? Weil keine Frau dabei war, mit der es hätte klappen können, sagt Martin. 25 Frauen haben sich bislang bei ihm gemeldet, mit 12 bis 15 hat er sich getroffen, schätzt er. Nur in einigen Ausnahmefällen erfolgte ein zweites Rendezvous. »Es waren tolle Frauen dabei«, sagt Martin. »Sehr interessante Frauen. Ich hatte viele gute Gespräche.« Weshalb ging es dann nicht weiter? Martin zögert, er will nicht arrogant klingen. Schließlich sagt er, daß das Äußere in den meisten Fällen eine Rolle gespielt habe. »Ich erwarte keine Modells, aber etwas mehr Körperbewußtsein. Eine Frau, die gar nichts für ihre Fitneß tut und der man das ansieht, kann mich nicht reizen, so leid

Die Anzeige, die in einer nordrhein-westfälischen Zeitung erschien, ist schon Martins dritte. Auf den Rücklauf der vierten wartet er noch.

es mir tut.« Das gleiche gelte für Esoterikerinnen, die »ihren Urlaub im Schamanenzelt verbringen«, und für »finanzielle Notfälle« auf der Suche nach einem Ernährer – nichts für Martin, der sehr gut verdient und sich ähnliches von seiner Partnerin wünscht. Auch Raucherinnen haben bei dem Exraucher keine Chance. »Das erledigt sich für mich oft schon am Telefon. Ich weiß ja, wie es sich anhört, wenn sich jemand alle drei Minuten eine Zigarette ansteckt. Das in Kombination mit einer heiseren, brüchigen Stimme schreckt mich von vorneherein ab.«

Das Vorleben und die Erfahrungen

Martin hat mehrere langjährige Beziehungen hinter sich. Die letzte scheint, jedenfalls seinen Erzählungen zufolge, nicht von übermäßiger Leidenschaft getragen gewesen zu sein. Eher schien es sich um eine Zweck-WG gehandelt zu haben: Zwar hatte die Geliebte seinetwegen die Partnerschaft mit einem anderen Mann beendet, zog aber eigentlich nur deshalb bei Martin ein, weil sie nach der Trennung nicht wußte, wo sie wohnen sollte. Viereinhalb Jahre habe man sich mal gut, mal weniger gut vertragen, erzählt Martin, oft auch an Trennung gedacht, denn die ideale Beziehung sei es nicht gewesen. Dafür habe es zuwenig Gemeinsamkeiten gegeben. Schließlich sei sie ausgezogen, weil sie plötzlich eine billige, schöne Genossenschaftswohnung bekam, auf die sie acht Jahre lang gewartet hatte. »Das war der Anfang vom Ende. Offensichtlich war ihr die Wohnung wichtiger als ich. Ehrlich gesagt, ich kam mir ausgenützt vor.«

Auf seiner Partnersuche erlebte Martin immer das gleiche: Wenn ihm eine Frau so richtig gut gefiel, war sie verheiratet.

Fast zwei Jahre lang lebte Martin dann als mehr oder weniger überzeugter Single, widmete sich seinen Hobbys, unter anderem der Töpferei.

Die Ansprüche

Martins Traumfrau muß allerdings auch relativ anspruchsvolle Kriterien erfüllen. Martin erklärt das so: »Ich bin auf der einen Seite ein nüchtern kalkulierender Geschäftsmann. Andererseits blutet mein Herz für die Kunst. Genau diesen seelischen Spagat erwarte ich von meiner Partnerin. Früher einmal war ich mit einer Frau zusammen, bei der seelisch und geistig alles paßte. Leider war sie zehn Jahre älter als ich – das haben wir beide auf die Dauer nicht verkraftet.«

Was er jedoch gar nicht mag, sind Frauen, »die keine Ahnung haben, aber unqualifiziert daherreden«. Konkretes Beispiel: Jene Freundin, die die Keramikobjekte eines japanischen Künstlers als Ausschußware bezeichnete. Soviel kulturelles Unverständnis störte den Sammler, der sehr stolz auf seine Stücke ist. Auch Bewerberinnen mit verfrühten Bindungswünschen schrecken den Individualisten ab. Er erzählt von einer, die schon am Morgen nach der ersten Nacht moniert habe, daß er seine Zahnpasta nicht von hinten aufrolle.

Warum eine Kontaktanzeige?

Im Frühsommer fand Martin schließlich, daß sich etwas ändern müsse. Obwohl keineswegs unattraktiv, fehlte es ihm sowohl an Gelegenheit als auch am richtigen Umfeld. Da Martin einen hohen Posten in der Industrie hat, wo ähnlich qualifizierte Frauen Mangelware sind, fiel der Arbeitsplatz als Kontaktbörse aus. Auch in seinem relativ kleinen Bekanntenkreis gab es keine alleinstehenden Frauen. Jazzkneipen, in denen er sich gern aufhält, werden ebenfalls von Frauen eher selten besucht.

Doch trotz aller Mühe: Richtig gefunkt hat es bisher nur einmal. Eine Juristin, attraktiv, interessant, leider nur bedingt bindungswillig. Sie wollte räumliche, aber keine körperliche Nähe. Da war noch eine Beziehung, deren Ende sie nicht überwunden hatte.

Martin fuhr für ein paar Wochen nach Japan. Als er zurückkam, war alles vorbei. Sein Kummer hielt sich in Grenzen. Inzwischen hatte Martin Blut geleckt. Auf die zweite Anzeige folgte die dritte, jetzt die vierte. »Ich habe mich so daran gewöhnt, ständig Briefe zu bekommen, daß mir ganz komisch zumute wird, wenn der Briefkasten leer ist.«

Gleich zwei Freundinnen von Martin hatten durch Kontaktanzeigen den richtigen Partner gefunden – warum sollte es bei ihm nicht auch so gut klappen?

Der Spaß am Spiel

Inzwischen hat Martin einen untrüglichen Sensor entwickelt. In Sekundenschnelle kann er heute abschätzen, ob von seiner Seite aus dem Treffen nur ein angenehmer Abend oder etwas mehr wird. Meistens bleibt es beim netten, unverbindlichen Gespräch. Peinliche Situationen – etwa daß eine der Frauen auf eine zweite Verabredung gedrängt hätte, obwohl ihm schon klar war, daß sie nicht die Richtige ist – habe es nie gegeben. »Wenn ich jemanden kennenlerne, der in die engere Wahl kommt, will ich alles von der Person wissen: wo sie herkommt, ob sie verheiratet war, wenn ja, wie lange, wie sie sich die Zukunft in 20 Jahren vorstellt. Unterhält man sich dagegen nach zwei Stunden immer noch über den letzten Urlaub in Kalifornien, ist doch alles klar!« Martin jedenfalls hat keine Eile mehr, sondern ein richtig spannendes Gesellschaftsspiel entdeckt. Eins, das vielleicht – die Gefahr sieht er durchaus – zum Selbstzweck werden könnte. Eigentlich sucht er die eine Frau fürs Leben, nicht die vielen Frauen für einen Abend.

»Die Frauen waren alle sensibel genug zu registrieren, ob ein weiterführendes Interesse bestand.«

SCHÖNE FRAU FÜR INTERESSANTES LEBEN GESUCHT

»Vom Single-Dasein die Schnauze voll. Grafikdesigner, selbständig, könnte eigentlich recht zufrieden sein! Aber so ohne Freundin oder Frau ist das Leben doch recht fad. Nach längerer Pause suche ich nun über diesen Weg eine nette Partnerin, die wie ich viel Gefühl für Mensch, Kultur und Natur empfindet. Ich bin 29 Jahre, 1,80, blond und schlank. Meine Hobbys sind Sport, Musik, Reisen usw. Was ich nicht mag, sind Vorurteile, dummes Gerede und Angeber. Schreib einfach!«

»Hallo, ich bin der Hannes«, begrüßt mich Hannes, und so entfällt die Frage nach dem Du oder Sie. Nein, er will nichts essen. »Ich ess' eh nicht viel, ich trink' lieber Kaffee, deshalb hab' ich mir jetzt ein Mineralwasser bestellt…« – »Damit du nicht schon wieder Kaffee trinkst?« – »Richtig!« Hannes, blond, hübsch, lässig, sportlich-magere Figur, wirkt auf den ersten Blick wie ein Mann, dem nichts auf der Welt Sorgen machen könnte. Einer, der sein Leben genießt, die Nächte in Diskos durchmacht und danach lange ausschläft.

Der junge Geschäftsmann auf dem Land

Niemals käme man darauf, daß dieser Junge mit dem offenen Lächeln nach eigener Aussage ein höchst erfolgreicher, hart arbeitender Geschäftsmann ist, mit eigener Werbeagentur und mehreren Angestellten. Sein Handy liegt neben ihm, man weiß ja nie.

Hannes' Problem: Er wohnt und arbeitet auf dem Land, »weil ich die Natur liebe. Liegt wahrscheinlich daran, daß ich in einem Hochhaus auf-

126

gewachsen bin.« Der Nachteil daran sei, daß interessante Frauen eher in Städten zu finden seien. »Also nichts gegen die Frauen vom Land, aber das Klischee stimmt schon: Die wollen heiraten, Kinder kriegen und werden in der Folge dick. Die haben keinen Ehrgeiz, sich selber erst mal zu beweisen, die sind mir nicht neugierig genug. Und Frauen, die anders sind, sind schon vergeben.«

Das Vorleben

Drei Jahre war er mit einer Frau aus den neuen Bundesländern zusammen, er hat sie sehr geliebt. Doch dann sei sie in ihre Heimat zurückgekehrt. »Sie hat hier keinen Job gefunden, sie kam auch mit der bayerischen Mentalität nicht klar. Ich hab' sie schon verstanden, obwohl ich sehr traurig war. Ich hab' versucht, sie zu halten, aber es hatte keinen Sinn.« Ein Jahr lang zog sich die Beziehung noch so hin, bis sie schließlich endgültig an der Entfernung scheiterte.

Hannes fühlte sich allein, besonders an den Abenden, an den Wochenenden. In der Folge stürzte er sich in Freizeitaktivitäten: Kino, Fallschirmspringen, Wildwasser-Rafting, Ski und Snowboard, Bungee-Springen. Letzteres hat er inzwischen wieder aufgegeben, weil es ihm zu langweilig wurde – alles wurde ihm irgendwann zu langweilig.

Hannes raucht nicht, trinkt wenig. Und er sucht wirklich eine feste Partnerin, kein Abenteuer, sagt er. Wieso auf diesem Weg, an Angeboten hat es ihm doch sicher nicht gemangelt?

Ein Typ wie Hannes – den Eindruck erweckt er – kann nicht gut mit sich allein sein. Er braucht Gesellschaft – vorzugsweise die Gesellschaft einer Frau. Ein paar Monate später, sagt Hannes, erkannte er, daß sich in seinem Leben etwas ändern müsse. Seine Kumpels, mit denen er früher um die Häuser gezogen war, waren inzwischen alle liiert oder verheiratet, Hannes Bekanntenkreis bestand nun hauptsächlich aus Kleinfamilien. Nur er trieb sich noch als Single wider Willen herum.

Warum eine Kontaktanzeige?

Hannes' Geschäftspartner hatte seine derzeitige Freundin über eine Kontaktanzeige kennengelernt und konnte diesen Weg ins Glück zu zweit wärmstens empfehlen. Wochenlang trug sich Hannes mit dieser Idee, beleuchtete sie von allen Seiten, konnte sich mit ihr nicht anfreunden.

»Ehrlich gesagt, ich hatte ganz schöne Vorurteile. Ich hab' auch vorher noch nie ein derartiges Inserat gelesen, es hat mich überhaupt interessiert.« Dachte er, daß nur geistige Krüppel inserieren? »Ja, so ähnlich«, gibt er zu.

Dann setzte er sich doch an einem Sonntag abend an den Computer in seinem leeren Büro. Er weiß noch, wie miserabel er sich damals fühlte. Wie sinnlos ihm alles erschien. Nur getrieben von dem Gedanken, nach seinem Job endlich auch sein Privatleben zu regeln, feilte er stundenlang an seinem Text. Gegen Mitternacht war er endlich zufrieden. Doch seine Anzeige, die ein paar Tage später in einer süddeutschen Abonnementszeitung erschien, hat er nicht gelesen, weil er während dieser Zeit auf Wehrübung war.

Die Erwartungen

Was er sich von einer Frau wünscht? Hannes überlegt, er kann das schwer in Worte fassen. »Was ich überhaupt nicht mag, sind Frauen, die ihr Licht unter den Scheffel stellen. Eine Frau muß wissen, was sie wert ist, sie muß selbstbewußt sein. Dieses unsichere Fishing for Compliments macht mich gar nicht an.«

Die Reaktion

Als er zurückkam, empfing ihn sein Geschäftspartner mit den Worten: »Also, das nächste Mal, wenn du inserierst, sagst du mir vorher Bescheid!« »Nach den ersten Briefen war ich wahnsinnig enttäuscht. Genau die Frauen, deren Typ ich schon zur Genüge kannte, hatten sich gemeldet.« Also wieder biedere Landpomeranzen ohne Witz und Geist. Manche hakten einfach nur lieblos ihre äußeren Kennzeichen ab: Größe, Alter, Gewicht, Haare, Augenfarbe. Andere präsentierten sich als emotionale Sozialfälle kurz vor der Torschlußpanik. Einige breiteten ihre ganze Lebensgeschichte vor dem Uninteressierten aus.

Etwa 60 Zuschriften warteten auf den Heimkehrer, aber nur etwa fünf Briefe bestanden den Vortest.

Wieder andere schieden schon aufgrund des Fotos aus. Nur etwa fünf Briefe bestanden den Vortest, zwei davon ohne Foto, obwohl Hannes eins verlangt hatte. Aber die Schrift hatte ihm gut gefallen.

Bei zweien war bereits am Telefon alles klar: »Sie wirkten wahnsinnig unsicher und schüchtern. Es kam kein richtiges Gespräch zustande.« Eine enttäuschte erst beim Treffen: »Sie war nett, aber mir zu dick. Das ging aus ihrem Brief nicht hervor.« Die letzten zwei kamen in die engere Wahl. Beide hübsch und beide blond, beide intelligent, eloquent, unkompliziert, selbstbewußt und lustig.

Mit der ersten, Anita, fuhr Hannes schon drei Tage nach dem ersten Treffen zum Skifahren. Abends beim Après-Ski kamen sie sich bereits näher. Hannes will noch nichts verschreien, aber die Beziehung besteht jetzt immerhin schon einige Wochen, und es sieht gut aus. Anita entspricht ziemlich genau seinen Vorstellungen. Was ihm vor allem gefiel: Sie rief ihn jeden Tag an, überließ nicht ihm die ganze Initiative. Da gibt es nur ein Problem: die andere Frau, die ihm geschrieben hat, die, mit der er sich nach mehreren Treffen inzwischen auch sehr gut versteht, die ihn ebenfalls reizen würde. Aber beide Frauen kann er nicht haben, weiß er.

MÄNNLICHER DURCHSCHNITT SUCHT ATTRAKTIVE KARRIEREFRAU

»Hallo, attraktive Karrierefrau, sind dir die wahren Dinge des Lebens – wie mir – bewußt geworden? Was kann wichtiger sein als wandern, Squash spielen oder radfahren? Eine heitere, südländische Lebenseinstellung bringe ich mit, für den gesicherten Background kannst du gerne sorgen. Wichtig ist die beiderseitige Lust auf eine zärtliche Partnerschaft, die Fähigkeit, sich zu verlieben. Ich:

So viele Termine, so viele Besprechungen – auf eine Karrierefrau muß Er warten können!

schlank, attraktiv, humorvoll und natürlich, 46 Jahre, 171, 69. Du: schlank, attraktiv, humorvoll und natürlich…
Kinder brauchst du keine mitzubringen, die machen wir selber. Meine Küchenpinnwand lechzt nach deinem Foto (ich koche nämlich auch gern), einen Brief schickst du mir unter…«

Nur eine Frau hat sich auf diese Anzeige gemeldet, und die hatte einen Sohn. Hermann, ein kleiner, drahtiger, freundlicher Mann, hat zwar durchaus nichts gegen Kinder. Er hatte schon mehrere Freundinnen mit Anhang. Leider hingen, so Hermann, die Kinder zum Schluß mehr an ihm als die jeweilige Partnerin. Demzufolge waren sie bei den Trennungen auch jedes Mal die Hauptleidtragenden, erzählt Hermann.

Freimütig gibt er zu, daß seine Anzeige ein totaler Flop war: »Die Leserinnen haben wahrscheinlich gedacht, ich sei ein Habenichts, der sie finanziell ausnehmen will.« Ein Mißverständnis. Hermann weiß gar nicht mehr genau, wie er eigentlich auf die »Karrierefrau« gekommen ist. Er ist auch keineswegs ein Habenichts, sondern betreibt ein Büro für Finanzmarketing.

Das Vorleben

Hermann hat in seinem Leben schon einiges mitgemacht, unter anderem eine unangenehme Scheidung, die ihn einiges kostete – emotional wie auch finanziell. Zu Frau und Kind hat er heute keinen Kontakt mehr. Beziehungen haben bei ihm nie lange gehalten; warum, weiß er selbst nicht genau.

Vielleicht ist Hermann ein bißchen anspruchsvoll. Selbst nicht gerade ein Adonis, verlangt es ihn nach einer attraktiven Gefährtin – ein dehnbarer Begriff, doch aus einigen seiner Äußerungen geht hervor, daß Wunsch und Wirklichkeit nicht ganz zusammenpassen.

Der zweite Versuch

Nach dem Mißerfolg der ersten hat Hermann noch eine zweite Anzeige geschaltet – diesmal ohne »Karrierefrau«, dafür um so ausführlicher:

»Beruflich bin ich selbständig und erfolgreich, aber privat habe ich immer noch Träume von einer zärtlichen und liebevollen Partnerschaft mit einer außergewöhnlichen Frau. Wie ich sollen Sie schlank, attraktiv, humorvoll und

natürlich sein, aber jünger als 46 Jahre, kleiner als 171 cm und leichter als
69 kg. Den wahren Sinn des Lebens begriffen haben und den beruflichen Erfolg
nicht über die Bemühungen zur Pflege und Aufrechterhaltung einer Partnerschaft stellen. Was kann wichtiger sein als die gegenseitige Akzeptanz, kon-
struktive Kritik, gemeinsame Erlebnisse, Lachen über sich selbst und andere?
Beim Ausgehen, im Café, im Kino, beim Wandern, Squash spielen oder Radfahren sind wir uns bis heute nicht begegnet. Vielleicht müssen wir nur die
Zeiten der Aktivitäten koordinieren, damit wir uns treffen und verlieben? Schön
wäre es, unsere Freunde zum Essen einzuladen, das wir gemeinsam gekocht
haben. Den ersten Schritt habe ich mit dieser Anzeige getan, den zweiten sollten Sie mit Bild und nettem Brief tun...«

Belohnung: 17 Frauen haben sich auf dieses Inserat gemel-
det, das nun wirklich keine Fragen offenläßt, aber das
Aussehen, das habe bei fast keiner gestimmt. Bei einer
Briefschreiberin bedauert er das ganz besonders: Sportliche
Figur, nettes Wesen, mehr oder weniger die gleichen
Interessen, aber das Gesicht sprach ihn nicht an. »Ich gehe
keine Kompromisse mehr ein. Wenn eine Beziehung, dann
muß sie mir hundertprozentig gefallen. Ich hab' keine Lust,
wieder anderen Frauen hinterherzuschauen.«
Beim Abschied wirkt er ein wenig mutlos, so als habe die ganze Sache in
seinen Augen wohl doch keinen Sinn gehabt. Zeitverschwendung.

Zum Zeitpunkt unseres Gesprächs hat Hermann noch nicht alle Kandidatinnen kennengelernt, von den meisten ist er aber enttäuscht. Zwar sind auch nette darunter gewesen, aber...

Das Glück
Vier Wochen später telefonieren wir noch einmal miteinander, und jetzt
ist Hermann wie ausgewechselt: »Ich habe meine Traumfrau gefunden«,
sagt er gleich als erstes. Die allerletzte Briefschreiberin, erzählt er, die sei
es gewesen. Zwei Wochen nach Erscheinen der Anzeige habe sie zur Feder
gegriffen. Sobald er das Foto gesehen habe, sei er wie elektrisiert gewesen,
habe sie sofort angerufen. Das erste Treffen fand noch am selben Abend
statt. Sie, Grafikdesignerin, 44 Jahre, »aber viel jünger aussehend«, lange
dunkle Haare, tolle Figur, kleiner als 171 cm, leichter als 69 kg – alle
Anforderungen erfüllt. Und das schönste: Die Begeisterung war wechsel-
seitig. Das erste gemeinsame Weihnachtsfest wurde gefeiert. Nun, sagt
Hermann, müsse man abwarten. Doch seine Stimme klingt sehr optimistisch.

131

SO KOMMT M

Sie treffen einen Mann, der Ihnen gefällt – und wie geht es jetzt weiter? Richtig, jetzt fangen die Probleme erst an! Hier sehen Sie ein Zehnpunkteprogramm gegen den Kontaktkiller Schüchternheit. Sie lernen bewährte Flirttricks. Hören, worauf Sie beim ersten Treffen besonders achten müssen. Und erfahren, woran Sie erkennen können, ob Ihr Gegenpart Feuer gefangen hat. Und natürlich informiere ich Sie auch darüber, welche Fehler Sie vermeiden sollten.

AN SICH NÄHER

SCHÜCHTERNHEIT – DAGEGEN IST EIN KRAUT GEWACHSEN

Natürlich sind auch Schüchterne nicht immer schüchtern. Den meisten macht es z. B. nichts aus, mit dem netten ältlichen Nachbarn ein paar Worte zu wechseln. Klar: Der Mann kann ihnen erstens nichts tun und ist ihnen zweitens im Grunde gleichgültig. Auch in Gegenwart einer guten Freundin fühlen sich die meisten Schüchternen völlig frei. Denn sobald sie Menschen länger kennen, vielleicht täglich mit ihnen zu tun haben, verschwindet das Gefühl der Angst und des Unbehagens. Vertrauen stellt sich ein. Schüchternheit ist das Gegenteil davon: das sich im Verhalten ausdrückende Mißtrauen. Mißtrauen gegenüber der Umwelt, aber auch gegenüber den eigenen Fähigkeiten, Zuneigung zu erwecken und zu erhalten.

Umfragen zufolge bezeichnet sich ungefähr ein Drittel aller Deutschen als schüchtern. Die augenfälligsten Symptome kennen die Betroffenen nur allzu gut: Erröten, Stottern, Verstummen, Herzrasen, Schweißausbrüche, feuchte Hände.

In entscheidenden Situationen völlig irritiert

Manche Betroffenen sind auch nur oder gerade dann schüchtern, wenn das passiert, was sie sich eigentlich ständig wünschen: wenn ein Mann in ihr Leben tritt, der ihnen richtig gut gefällt.

»In solchen – und nur in solchen – Situationen verhalte ich mich fast jedes Mal wie ein Vollidiot«, erzählt die 32jährige Martina. »Ich fange plötzlich an, mich im Geist zu beobachten. Ich taxiere mich von außen wie eine Fremde. Eine Fremde, die mir gar nicht gefällt. Eine Fremde, die ungeschickt herumhaspelt, dumme Kommentare abgibt, anstatt einfach souverän zu lächeln. Eine irritierende Frau, die ich plötzlich gar nicht mehr mag, weil ich merke, wie wenig sie mit ihrer Art ankommt. Ich wirke zwar forsch, aber nicht reizvoll. Das Absurde ist: Ich kann eine Menge Charme entwickeln – aber nur, wenn mir an dem Typen nichts liegt. Verschwendete Energie.«

Bekämpfen Sie die Schüchternheit!

Wenn Sie selbst zu den Schüchternen gehören, ist Ihnen wahrscheinlich klar, daß aus Ihnen niemals eine rasante Gesellschaftslöwin werden kann, die spielend ganze Runden unterhält. Das Gefühl der Schüchternheit entsteht aus einem tiefsitzenden Minderwertigkeitskomplex, und ob er ererbt oder anerzogen ist, ist egal – also hören Sie auf, Ihre Eltern als Sündenböcke verantwortlich zu machen. Vielleicht hatten Sie eine hübschere Schwester, einen attraktiveren Bruder, in dessen Schatten Sie seit Ihrer Kindheit gestanden haben. Was auch immer Ihren Komplex ausgelöst hat, sicher ist, daß er Sie lähmt.

Sie können Ihre Schüchternheit bekämpfen – wenn Sie sie angehen. Dazu müssen Sie keine jahrelange Psychoanalyse machen, es reicht, einige Bedingungen zu ändern, unter denen Ihre Schüchterheit bislang ungehindert blühte.

Ein Beispiel: Sie stehen einem Mann gegenüber, den Sie als gutaussehend, attraktiv, souverän empfinden – und haben in der gleichen Sekunde das sichere Empfinden, diesem Mann optisch und/oder intellektuell nicht genügen zu können. Und dann beginnt Ihr Gedankenkarussell, sich im Kreis zu drehen.

WENN NEGATIVE GEDANKEN DAS VERHALTEN STEUERN

1. Station: »Dieser Mann hat sicher eine wahnsinnig attraktive Freundin und bemerkt Frauen wie mich überhaupt nicht.«

2. Station: »Da dieser Mann mich als Frau bestimmt nicht wahrnimmt, verhalte ich mich besser gleich wie ein Neutrum: übertrieben sachlich und forsch. Nur nicht zeigen, daß mich seine überwältigende Gegenwart verunsichert!«

3. Station: »Tatsächlich sieht mich dieser Mann, entsprechend meinen Erwartungen, kaum an. Das war klar. Dieser Mann hat sicher eine toll aussehende Freundin und bemerkt Frauen wie mich überhaupt nicht.«

Hier steuert das Vorurteil die Realität – self-fulfilling prophecy nennt man so etwas. Sie wissen, daß negative Gedanken und Gefühle sich nicht nur in Ihrer Mimik und Gestik manifestieren, sondern daß beide auch eine Verstärkerfunktion haben. Die Folge ist, daß dieser Mann Sie mit erhöhter Wahrscheinlichkeit tatsächlich nicht hübsch oder anziehend findet. Sie verhalten sich in seiner Gegenwart ja auch nicht wie eine hübsche und anziehende Frau.

134

Die Konsequenz aus dieser Erkenntnis liegt auf der Hand: Sie sollten in Zukunft Ihre negativen Gedanken durch positive ersetzen. Leider funktioniert das nicht – egal, wie viele Bücher Ihnen das Gegenteil weismachen wollen – durch bloße Selbstbeeinflussung. Sondern: Sie müssen wirklich beginnen, an Ihrem Problem zu arbeiten. Wie Sie das machen? Indem Sie Ihr Leben in die entsprechende Richtung ändern. Und zwar am besten gleich nach Lektüre dieses Kapitels.

Sieben Punkte gegen Schüchternheit

1. Tun Sie etwas für Ihre äußere Erscheinung. Sie haben schon selbst festgestellt, daß Sie sich um so sicherer fühlen, je besser Sie Ihrem Empfinden nach aussehen. Wieviel Aufwand das bedeutet, ist natürlich von Fall zu Fall verschieden. Unter Umständen ist es eine Diät, mit ziemlicher Sicherheit müssen Sie anfangen, mehr Sport zu treiben, um etwas für Ihre Figur zu tun. Sollten Sie rauchen, geben Sie es auf. Nikotin ist nicht nur Gift für Ihren Teint, es macht Sie auch nervös und hektisch – und das können gerade Sie nicht brauchen. Lassen Sie sich außerdem von Fachleuten beraten, nicht von einer ganz besonders hübschen Freundin, die sich nie Sorgen um ihr Aussehen machen muß: Machen Sie eine Typberatung bei einer Friseurin, der Sie vertrauen. Begeben Sie sich in die Hände einer guten Kosmetikerin, die Ihnen mit Pflegetips weiterhelfen kann.

Sie müssen lernen, sich als unverwechselbare Person, als interessanten Charakter, als schöne Frau zu schätzen, zu lieben und an sich zu glauben.

2. Ab jetzt heben Sie den Blick, und schauen Sie weit über Ihren eigenen Horizont. Überlegen Sie sich, wie Sie Ihr Leben in Zukunft interessanter, abwechslungs- und vor allem erfolgreicher gestalten könnten. Beispiel Beruf: Hören Sie spätestens jetzt auf, Dienst nach Vorschrift zu machen. Es ist bestimmt noch nicht zu spät, aus Ihrem Job das Optimum herauszuholen, vielleicht können Sie sogar Karriere machen. Wenn Sie an sich selbst eine resignative Grundhaltung à la »Ist eigentlich ziemlich egal, wer auf diesem Platz hier sitzt« feststellen, dürfen Sie sich nicht wundern, wenn interessantere, engagiertere Menschen, als Sie es zur Zeit sind, Sie verunsichern. Erfolg, in welchem Bereich auch immer, ist die wirksamste Waffe gegen Schüchternheit.

Gegen Schüchternheit gibt es ein wirksames Mittel: Aktion. Trauen Sie sich!

3. Haben Sie sich bislang in Ihren vier Wänden verkrochen, ist jetzt die Zeit gekommen, damit aufzuhören. Warten Sie nicht auf den Einen, den Richtigen.

Lassen Sie sich in Zukunft auch von Männern ausführen, mit denen Sie sich eine Partnerschaft nicht vorstellen können – für einen netten Abend. Sie brauchen Verehrer, die Ihr Selbstbewußtsein als attraktive Frau nähren. Die Komplimente einer lieben Freundin, die es gut mit Ihnen meint, nützen Ihnen leider gar nichts. Männer müssen Sie bestätigen.

4. Es gibt einen Trick, der Sie auf die Schnelle – innerhalb etwa einer halben Stunde – lockerer werden läßt, wenn Sie vor einer verunsichernden Situation stehen, etwa Ihrem ersten Treffen mit einem neuen tollen Mann.

Nehmen Sie einen Stock zur Hand, setzen Sie sich auf einen Stuhl oder im Schneidersitz auf den Boden. Ihnen gegenüber liegt ein Kissen oder ein Stapel Zeitungen – ein Gegenstand, der entweder nicht zerbrechen kann oder bei dem es nicht darauf ankommt. Fangen Sie jetzt an zu sprechen – mit lauter Stimme, gedanklich wäre zuwenig! Sprechen Sie über Ihre Angst und Ihr Unbehagen. Werden Sie dabei so konkret wie möglich. Sagen Sie nicht: »Ich habe Angst, bei dieser Verabredung zu versagen.« Sondern werden Sie deutlich: »Ich habe Angst, daß wir uns schon nach fünf Minuten nichts mehr zu sagen haben. Ich habe Angst, daß er mich anschaut und eine langweilige, verklemmte Frau sieht, die ihm gar nicht gefällt. Ich habe Angst, daß er nach diesem Abend sagt: ›War nett mit dir, ich ruf' bei Gelegenheit mal an.‹«

Es kann sehr gut sein, daß Sie diese Übung in Wut bringt oder in Tränen des Ärgers und der Verzweiflung ausbrechen läßt. Passiert das schon beim ersten Mal, haben Sie Ihre Sache richtig gut gemacht.

Lassen Sie alle Gefühle heraus – und Sie werden merken, wie erleichtert Sie sich im wahrsten Sinn des Wortes fühlen werden.

Wenn Sie dagegen merken, daß Sie nicht zum Zentrum Ihrer Gefühle durchdringen und die innere Aktion auf den Kopf beschränkt bleibt, nehmen Sie den Stock zur Hand. Prügeln Sie auf das Kissen oder den Stapel Zeitungen ein, bis die Papierfetzen fliegen. Schon diese Äußerung Ihrer Angst wirkt hilfreich: Jetzt sind Sie optimal gerüstet.

5. Jede Form der Körperarbeit bessert Ihre Symptome. Die Wirksamkeit variiert allerdings von Sportart zu Sportart. Wenn Sie ein sehr nervöser Typ sind, kann die entspannende Wirkung von Yoga für Sie genau das richtige sein. Anders sieht es aus, wenn Sie ohnehin schon sehr ruhig und in sich gekehrt sind. Dann sollten Sie es vielleicht mit einer extrovertierteren, schnelleren Sportart probieren, Aerobic z. B.; Tanzen ist ebenfalls eine gute Therapie gegen Schüchternheit.

6. Verwöhnen Sie sich – mehr, als Sie das bisher getan haben. Pflegen Sie z. B. Ihren Körper mit einem heißen Bad, benutzen Sie wohlriechende Cremes und Lotionen – nehmen Sie Ihr Wohlbefinden wichtig. Nur wenn Sie sich in Ihrer Haut gut fühlen, wirken Sie auf andere Menschen offen, freundlich und garantiert positiv.

7. Betonen Sie ab jetzt Ihre Weiblichkeit. Sie sind kein Neutrum, Sie sind eine attraktive Frau. Verhalten Sie sich also entsprechend. Verstecken Sie Ihre weiblichen Attribute z. B. nicht länger in breitschultrigen Sakkos, hochgeschlossenen Hemden oder weißen Blusen, sie wirken bei fast jeder Frau streng und fad. Versuchen Sie es einmal mit einem körperbetonten Top. Oder höheren Schuhen – wenn Sie beim Gehen leicht stolpern, wählen Sie Stiefeletten, die geben optimalen Halt selbst mit hohen Absätzen. Übrigens: Nur wenige Frauen sehen ungeschminkt top aus, die meisten wirken ohne ein bißchen Make-up und Lippenstift blaß und langweilig. Lernen Sie also, sich so zu schminken, daß Ihr Typ optimal betont wird.

T I P

Wenn Sie nur bei einem bestimmten Typ Mann schüchtern werden, sich aber ausgerechnet immer in ihn verlieben – das ist das Problem erstaunlich vieler Frauen –, sollten Sie einmal eine Geschmacksänderung ins Auge fassen! Was wollen Sie mit einem Mann, in dessen Gegenwart Sie sich nicht frei, sicher und begehrt fühlen? Geben Sie sich versuchsweise mit einem Mann zufrieden, dessen Art und Optik nicht gleich ein Riesenchaos in Ihrem sensiblen Innenleben auslösen – und Sie werden nicht nur Ihre Schüchternheit los – die in Ihrem Fall auf überhöhten Ansprüchen an Sie selbst beruht –, sondern ein zufriedenerer Mensch.

FLIRTEN – DAS EROTISCHE SPIEL MIT DEM FEUER

…ist in erster Linie eine Naturbegabung, über die Sie auch verfügen – selbst wenn sie sich manchmal nicht zeigt. Es gibt inzwischen zahlreiche Untersuchungen darüber, wie weibliche Verhaltensweisen bei Männern verschärftes, instinktgesteuertes Interesse auslösen. Sie haben es als Frau also theoretisch in der Hand, ob ein Flirt entsteht oder sich die Sache in Desinteresse auflöst. Einige Ergebnisse dieser Untersuchungen und daraus abzuleitende Tricks bringen Sie weiter.

Immer ist es die Frau, die indirekt zum Flirt einlädt – etwa durch einen Blick, ein verführerisches Lächeln. Bleiben derartige Signale aus, fühlen sich nur sehr unsensible Aufreißer nicht von Anfang an abgelehnt.

Die Kontaktaufnahme

Sie geschieht zunächst nonverbal, d. h. über Blicke, Mimik, Gesten, Körpersprache. Tatsächlich – auch wenn es manchmal ganz anders aussieht – sind Sie diejenige, die laut seriösen wissenschaftlichen Untersuchungen den ersten Schritt machen muß. Was von Männern als Einladung bzw. Aufforderung verstanden wird: Lächeln, sich durch die Haare fahren, den Nacken zeigen – eine klassische weibliche Demutsgeste –, den Körper recken und natürlich hinschauen, damit er weiß, daß er gemeint ist und nicht der Mann neben ihm. Diese Komödie kommt Ihnen ein wenig albern vor? Ziemlich unemanzipiert sogar? Sie ärgern sich bei der Gelegenheit einmal mehr grundsätzlich über Männer, die offenbar besser sehen als denken können? Dann können Sie sich genausogut über die Tatsache ärgern, daß der Himmel blau, das Gras grün ist. Die Partnersuche funktioniert nach archaischen Gesetzen, die nicht innerhalb einiger Jahrzehnte ihre Gültigkeit verlieren, bloß weil wir heute anders über die Rollenverteilung denken.

Balzrituale sind so alt wie die Menschheit selbst. Das bedeutet: Die gegengeschlechtliche Attraktion ist ein unbewußter, also nicht steuerbarer Prozeß.

MERKE

Wenn Sie einen Mann im erotischen Sinn für sich interessieren wollen, schaffen Sie das nicht, indem Sie ihm in dürren Worten das Wesen der Relativitätstheorie erklären. Auch nicht, indem Sie sich als prima Kumpel präsentieren. Sondern einzig und allein, indem Sie sich als Traumfrau im traditionellen Sinn geben: selbstsicher, aber weich, charmant, fröhlich, unbedrohlich, geheimnisvoll.

Um Mißverständnisse auszuschließen: Damit ist nicht gemeint, daß Sie als Dummchen vom Dienst im Playmate-Stil auftreten sollen. Aber erwiesenermaßen werden Männer von forschen Machofrauen nicht animiert, sondern abgestoßen. Beim Flirt brauchen Männer das Gefühl, in jeder Sekunde das Geschehen zu beherrschen. Fühlen sie sich in ihrer Männlichkeit bedroht, kühlen sie innerhalb von Sekunden ab. Fühlen sie sich als Person und Mann bestätigt, bleiben sie interessiert.

Das erste Gespräch

Schon die ersten Worte stellen die Weichen. Die ersten 30 Sekunden (!) entscheiden, ob Sie sich über feurige Blicke hinaus noch mehr zu sagen haben. Wenn in dieser Phase peinliche Pausen dominieren, sinkt das Interesse aneinander auf den Nullpunkt. Worüber Sie sich unterhalten, ist in dieser Phase noch relativ unwichtig; erst später werden gemeinsame Interessen darüber mitentscheiden, ob Sie sich langfristig füreinander erwärmen können. Jetzt zählt nur, daß Sie ein Thema finden, zu dem beide etwas beitragen können. Das können die Magenbeschwerden Ihrer Katze sein, der neueste Film von Martin Scorsese oder die ökologische Bedrohung der Weltmeere – Hauptsache, es entwickelt sich ein Dialog. Bei vielen Menschen, Männern wie Frauen, beginnen jetzt die Schwierigkeiten. Da wir uns in den letzten Jahrzehnten von einem Großteil gesellschaftlicher Normen verabschiedet haben, beherrschen wir leider heutzutage selbst die simpelsten Konversationsregeln nicht mehr – und reden somit ständig aneinander vorbei, ohne uns wirklich etwas mitzuteilen. Gehören Sie auch zu den Leuten, die oberflächlichen Small talk nicht leiden können? Dann wundern Sie sich bitte nicht über Ihre Schwierigkeiten, ins Gespräch zu kommen, sondern beginnen Sie zu üben.

Regel Nr. 1

Probieren geht über Vorpreschen. Nehmen wir den konkreten Fall an, daß der Mann, der Ihnen gefällt, nun neben Ihnen steht. Es ist nicht notwendig, sich jetzt eine kunstvoll gedrechselte Einstiegsphrase auszudenken. Damit riskieren Sie im Gegenteil, sich lächerlich zu machen; es wäre gewollt, aber leider ungekonnt. Es reicht der banale Satz: »Ganz schön voll hier, was?« Wirkt der Mann Ihrer Träume ein wenig schüchtern, kann ihn eine Frage auftauen: »Sind Sie auch Journalist, wie die meisten hier?« Erfolgt hierauf nur ein knappes »So ist es«, starten Sie noch einen Versuch: »Und wo arbeiten Sie?« Spätestens jetzt muß – außer der Antwort »beim Fernsehen« – seinerseits entweder eine Gegenfrage oder eine etwas detailliertere Erörterung seines Arbeitsgebiets erfolgen.

Geduld ist am Beginn eines Gesprächs die allerhöchste Tugend. Im ersten Moment geht es noch gar nicht um Inhalte, sondern um die richtige Form, einander näherzukommen.

Tiefsinnige Äußerungen über die Einsamkeit des modernen Menschen in einer unterkühlten Zweckgesellschaft eignen sich nicht als Einstieg zum ersten Gespräch. Sie wollen schließlich nicht mit der Tür ins Haus fallen, sondern erst mal erkunden, ob überhaupt Interesse an einer Unterhaltung besteht. Auch freche Bemerkungen à la »Haben Sie das Sakko bei Ihrem Großvater abgestaubt?« kommen in diesem Versuchsstadium leicht wie Beleidigungen an, und ganz schlimm sind lose Sprüche vom Kaliber »Na, was haben Sie denn nach dieser öden Party noch so vor?«. Hier wird etwas vorweggenommen, was vielleicht gar nicht eintreten wird: tiefergehendes Engagement.

Regel Nr. 2

Ziel einer gelungenen Unterhaltung ist der Dialog, nicht der Monolog. Was Sie von Ihrer Seite aus dazu tun können, ist: Zwischenfragen stel-

len – nicht nur um Interesse zu demonstrieren, auch um das Gespräch auf-
rechtzuerhalten –, Blickkontakt beibehalten, eigene Erfahrungen zum
Thema zum besten geben. Tiraden, die länger als eine Minute am Stück
dauern, degradieren Ihren Gesprächspartner zum wehrlosen Zuhörer, der
sich nicht einbringen kann und deshalb schnell abgeschreckt, vielleicht
sogar verärgert ist.

Regel Nr. 3

Achten Sie auf untrügliche Signale, die Interesse bzw. Desinteresse ausdrücken. Wenn sich Ihr Gesprächspartner Ihnen zuwendet, Sie häufig
anlächelt, sogar lacht, Sie ausfragt, den Blickkontakt nicht scheut, häufiger als nötig Ihnen beispielsweise die Hand auf den Arm legt – dann
haben Sie gewonnen. Und jetzt können Sie im Grunde nicht mehr viel

*Das erste Gespräch kann entscheidend sein. Halten Sie Blickkontakt, beobachten Sie
seine Gesten, und zeigen Sie offen Ihre Sympathie, wenn er Ihnen gefällt.*

Meidet Ihr Gesprächspartner den Blickkontakt, macht er einen unruhigen, nervösen Eindruck, dann läuft kommunikationstechnisch etwas schief.

falsch machen. Achten Sie darauf, daß Sie keinesfalls zuviel reden – das merken Sie schnell an seinen gelangweilten »Mhms« und »Ahas«, die im Klartext heißen: Jetzt sei doch endlich still und laß mich zu Wort kommen.

Keine Panik: Noch ist nicht alles verloren. Treten Sie einen kleinen Schritt zurück, stellen Sie eine Frage, die ihn wieder zum Zug kommen läßt. Vielleicht können Sie auf diese Weise das Gespräch noch mal in Ihrem Sinn verändern.

MERKE

Männer sind nicht so geduldige Zuhörer wie Frauen. Reden Sie deshalb nicht zuviel, und verringern Sie die körperliche Distanz nicht zu schnell, sonst fühlt sich der Mann überfahren, in die Enge getrieben.

Redet Ihr Partner allerdings selbst wie ein Wasserfall, ohne Sie dabei auch nur anzuschauen oder anzulächeln, übergeht er Ihre Äußerungen zum Thema oder macht er Sie zur Zielscheibe eines langweiligen Witzes, ohne auch nur ansatzweise auf Ihre Pointen zu reagieren, drehen Sie sich um und gehen woanders hin. Der Typ mag bloß nicht allein herumstehen und sucht jemanden – irgend jemanden – zum Reden. Für Sie als Person interessiert er sich nicht im mindesten. In diese in jeder Hinsicht undankbare Rolle brauchen Sie sich nicht drängen zu lassen.

Regel Nr. 4

Fast alle Themen sind beim ersten Gespräch erlaubt – Hauptsache, sie fördern das Gefühl der Gemeinsamkeit. Wenn sich auf Anhieb nichts findet, bieten folgende Bereiche meistens reichlich Gesprächsstoff:

- Der neueste Bestseller
- Die neuesten Kinofilme – also sich informieren, was gerade läuft
- Spektakuläre Kunstausstellungen – nicht aber ein minutenlanger Vortrag über die Rezeption Albrecht Dürers im Wandel der Jahrhunderte
- Politik im allgemeinen – im besonderen nur, wenn Sie sich einigermaßen auskennen, sonst wird es leicht peinlich
- Reisen

MERKE

Absolute Tabuthemen sind: Ihr gräßlicher Expartner, Ihre großen Probleme mit dem Alleinsein, Ihre tiefsitzenden Konflikte mit Ihrer Mutter – kurz alles, was dazu angetan ist, seine und Ihre Laune zu verderben.

Vorsicht ist auch geboten, wenn das Gespräch in ein Streitgespräch auszuarten droht. Eine handfeste Diskussion kann zwar die Spannung und den Reiz durchaus noch erhöhen, aber nur, wenn Sie es richtig machen: Erheben Sie nicht die Stimme, Männer hassen laute, schrille Frauenstimmen, und hören Sie nicht auf zu lächeln. Vielleicht können Sie ausnahmsweise darauf verzichten, unter allen Umständen recht zu haben. Denn auf keinen Fall darf aus dem Spiel Ernst werden, sonst stehen Sie bald wieder beim Punkt Null.

Der Abschied

Der Gesprächsabschluß bringt Sie beide in eine heikle Situation. Vielleicht gehören Sie zu den direkten Frauen: »Ich würde Sie gern wiedersehen.« Dagegen ist nichts einzuwenden – außer daß es auch heute noch Männer gibt, die die indirekte Methode vorziehen. Warum? Nicht weil es sich um unbelehrbare Machos handelt, sondern weil es den Moment der reizvollen Ungewißheit verlängert. Überlassen Sie es doch einfach ihm, Sie nach Ihrer Telefonnummer zu fragen. Wenn der Prozeß des Kennenlernens wirklich vielversprechend verlaufen ist, bittet er garantiert um ein Wiedersehen. Eine andere, etwas subtilere Methode, ihm entgegenzukommen: »Hier ist meine Karte. Wenn Sie Lust haben, können Sie mich ja mal anrufen…« Danach müssen Sie sich allerdings verabschieden, um die Wirkung Ihres Angebots nicht zu verfehlen.

Männer möchten nicht zu schnell Bescheid wissen. Sie mögen es spannend.

Warnung vor dem Ernstfall

Sie haben einen Mann kennengelernt, der Ihnen sehr gefällt. Das ist schön – und erst einmal alles, was es hierzu zu sagen gibt. Zu himmelhoch jauchzenden Hoffnungen besteht im Moment noch kein Anlaß. Also gehen Sie beschwingt nach Hause, und vergessen Sie die Sache. Vielleicht entwickelt sich mehr daraus, vielleicht bleibt es bei einer wunderbaren Erinnerung.

Frauen steigern sich oft allzu schnell in eine Affäre hinein, die zunächst nur in ihrer Phantasie besteht. Das böse Erwachen folgt dann oft zwei Tage später.

Das Problem vieler Frauen: Sie schaffen genau das nicht. Wenn er, wider Erwarten und obwohl er es fest versprochen hat, nicht anruft und auch nicht reagiert, wenn Sie ihm eine Nachricht auf den Anrufbeantworter gesprochen haben. Dann nämlich können Sie davon ausgehen, daß er den netten Abend nicht wiederholen will. Und Sie sollten sich nicht durch Ihre Enttäuschung die Erinnerung daran trüben lassen.

Kennen Sie solche Situationen, versuchen Sie in Zukunft, Ihre Erwartungen auf Null zu setzen. Das können Sie, wenn Sie es sich ganz fest vornehmen.

WAS IST EIN FLIRT?

Ein Flirt ist ein Flirt – ein schwebender Balanceakt zwischen Wirklichkeit und Möglichkeit, eine Übung in der Leichtigkeit des Seins. Ein Flirt beinhaltet kein Versprechen welcher Art auch immer und ist demzufolge nur manchmal der Auftakt zur ewigen Liebe. Wer versucht, mehr hineinzulesen oder gar den Flirtpartner zu mehr zu verpflichten, hat nichts verstanden und verdirbt sich unter Umständen alles.

Kardinalfehler beim Flirten

● Wenn Sie Ihr Flirtpartner bittet, ihm Ihre Telefonnummer zu geben, sagen Sie bloß nicht schnippisch: »Sie rufen ja doch nicht an!« oder »Leiten Sie damit Ihren strategischen Rückzug ein?«. Erstens wirken Sie auf diese Weise nicht schlagfertig, sondern eher beleidigt. Und zweitens erfolgt auf derart verfrühten moralischen Druck mit absoluter Sicherheit die sofortige Weigerung, Sie künftig auch nur in die engere Wahl zu ziehen. Er hat jedes Recht der Welt, Sie nicht anzurufen oder sich mit einer Ausrede zurückzuziehen. Und Sie haben nicht den geringsten Grund, ihm dies prophylaktisch vorzuwerfen.

● Wenn Ihnen Ihr Flirtpartner unvermutet seine Frau bzw. seine feste Freundin vorstellt – reagieren Sie nicht mit vor Enttäuschung kellertief sinkenden Mundwinkeln. Damit outen Sie sich als verzweifelte Jägerin nach dem Mann fürs Leben – und haben keine Chancen mehr.

144

LIEBE AUF DEN ERSTEN BLICK

Coup de foudre nennen die Franzosen dieses Phänomen, das inzwischen auch wissenschaftlich belegt ist: Liebe auf den ersten Blick. Bei einer Party, auf dem Bahnhof zwischen zwei Zügen, im Buchladen zwischen den Kochbüchern. In diesem Fall sind alle Flirt- oder Kommunikationsregeln völlig außer Kraft gesetzt. Die beiden kennen sich gerade fünf Minuten, schon jammert er über seine Exfrau, die ihn finanziell ausbluten läßt. Sie weiß von ihm nichts, außer daß er die schönsten braunen Augen der Welt hat – was sie nicht daran hindert, ihm zu gestehen, daß sie sich schon immer sehnlichst ein Kind gewünscht hat. Stunden später sitzt er immer noch vor dem gleichen kalten Tee, sie vor ihrem inzwischen lauwarmen Mineralwasser.

Es gibt sie, diese rasende Verliebtheit aus dem Nichts. Und manchmal – extrem selten allerdings – ist das Gefühl gegenseitig.

Sofort verliebt – und dann?

Selbstverständlich kann sich aus dem Blitzschlag aus heiterem Himmel tatsächlich die große, dauerhafte Liebe entwickeln. Leider stehen allerdings die Chancen nicht allzu günstig. Die Begründung für die eher pessimistische Prognose lautet: Aus psychologischer Sicht ist die Verliebtheit so schicksalhaft zufällig nun doch wieder nicht – auch wenn es den Beteiligten so erscheint. Eine bestimmte seelische Grundkonstellation muß nämlich gegeben sein, sonst passiert überhaupt nichts.

LIEBE IN SEKUNDEN

Die Initialzündung für Liebe auf den ersten Blick findet im Kopf statt. Sie wird von einer brisanten unbewußten Gefühlsmischung aus Sehnsucht, Einsamkeit, latenter Unzufriedenheit und kaum beherrschbaren Ausbruchsphantasien ausgelöst. Treffen ausgerechnet zwei Menschen aufeinander, die sich beide zum gleichen Zeitpunkt in dieser explosiven Stimmung befinden, gibt es natürlich kein Halten mehr. So prosaisch läßt sich dieses Geheimnis erklären.

Allzu häufig passiert es, daß sich zwei Menschen aufeinander gestürzt haben, die sich zwar in der gleichen emotionalen Situation befinden, aber ansonsten nichts gemeinsam haben. Leider merken das nicht beide gleichzeitig, sondern in der Regel fällt es einem von beiden zuerst wie

Die Liebe auf den ersten Blick endet überdurchschnittlich häufig in einer bitteren Enttäuschung. Der Alltag verliert das magisch grüne Leuchten wieder, weil die Wirklichkeit zu ihrem Recht kommt.

Schuppen von den Augen: Hoppla, wir passen ja überhaupt nicht zusammen. Meist kommt die Ernüchterung förmlich über Nacht, ausgelöst z. B. durch eine irritierende Bemerkung, die deutlich macht, daß man den anderen offenbar seit Wochen völlig falsch eingeschätzt hat. Ein Feuerwerk ist spektakulär, aber von kurzer Dauer. Auch wenn es sehr unromantisch klingt: Bessere Chancen haben Beziehungen, die sich langsam entwickeln.

DAS ERSTE DATE

Selbst wenn Sie sich nicht spontan verliebt haben – das Kribbeln im Bauch vor der ersten Verabredung dürfte auch der selbstbewußtesten Frau nicht unbekannt sein. Einerseits die Freude, die Erleichterung: Er hat angerufen oder sich über Ihren Anruf erfreut gezeigt. Offenbar hat es auch bei ihm gefunkt, das Gefühl war nicht einseitig. Da könnte sich etwas entwickeln, was über einen netten Abend zu zweit hinausgeht. Andererseits die Angst: Was, wenn Sie sich nichts zu sagen haben? Was, wenn er um elf schon auf die Uhr schaut und »einen Termin morgen früh um acht« vorschützt, als wohlfeile Ausrede, um das Treffen möglichst schnell zu beenden? Sie können vorab einiges dazu tun, damit der Abend zum Erfolg wird.

Der richtige Zeitpunkt

Die beste Uhrzeit für die erste Verabredung ist abends – es sei denn, ein herrlicher, sonniger Samstag oder Sonntag ist dazu angetan, Ihre und seine Laune zu heben. In diesem Fall wäre z. B. ein Frühstück in einem witzigen Café mit Garten eine reizvolle Möglichkeit, einander näherzukommen. Leider können Sie hierzulande nicht aufs Wetter bauen. Und wollen Sie wirklich das Risiko eingehen, einander an einem düsteren, verregneten Tag in einem engen, vollen Lokal zu treffen?
Abends ist es draußen dunkel, und somit ist das Wetter egal. Abends können Sie ein Glas Wein trinken, um in der Aufregung etwas lockerer zu werden, was Sie tagsüber besser lassen. Auch kommen in gedämpftem Licht leichter erotische Gefühle auf. Die Qual der Wahl haben Sie, wenn Sie in einer Großstadt leben. Für einen Kino-, Theater-, Konzertbesuch spricht, daß Sie danach gleich ein Gesprächsthema haben und weniger

Zeit für den Drink, was manchmal gar nicht so schlecht ist – jedenfalls am Anfang. Wenn Sie sich zum Essen treffen, schlagen Sie das Lokal vor – und nehmen Sie eines, das Sie kennen und mögen. Je vertrauter die Atmosphäre, desto lockerer werden Sie. Außerdem gilt als Faustregel: Lieber ein wenig zu voll als gähnend leer. Nichts drückt so auf die Stimmung wie ein Restaurant ohne Gäste.

Die richtige Vorbereitung

Bringen Sie sich auf keinen Fall in die Situation, daß Sie sich abhetzen müssen. Sie brauchen mindestens zwei Stunden Zeit, um sich innerlich vom Büro zu verabschieden und sich auf den Abend mit einem attraktiven Mann einzurichten. Die beste Methode: Eine Runde Gymnastik, Joggen, Aerobic bringt Ihren Kreislauf auf Touren und entspannt gleichzeitig. Wenn Sie einen Saunagang – ein heißes Bad tut es auch – anschließen können, um so besser. Sie werden danach blendend aussehen und sich auch so fühlen.

Das richtige Outfit

Ziehen Sie die Kleider an, in denen Sie sich am wohlsten und am schönsten fühlen. Auch wenn Ihnen die neuen, hochhackigen Pumps phantastisch stehen, bedeutet das noch lange nicht, daß Sie darin gut laufen können. D. h. auch, daß Sie zwar selbstverständlich Ihre Reize gekonnt zur Geltung bringen sollen – aber nur, wenn Sie sich in sexy Kleidung nicht gehemmt fühlen. Denn sonst tritt der gegenteilige Effekt ein. Probieren Sie auch nicht ausgerechnet an diesem Abend eine neue Frisur aus. Bedenken Sie, daß Ihr Flirtpartner eine gewisse Erinnerung an Sie hat. Präsentieren Sie sich ihm als völlig neue Frau, reagiert er unter Umständen zutiefst irritiert. Erst der Wiedererkennungseffekt macht es möglich, daß Sie da fortfahren, wo Sie vor ein paar Tagen aufgehört haben.

Das absolute A und O ist die richtige Garderobe, gerade wenn Sie sich ein bißchen unsicher fühlen. Machen Sie an diesem Abend keine Experimente.

Zum Thema »Kommunikation«

Die Situation ist jetzt wieder eine ganz andere als beim Kennenlernen. Sie kennen einander nun schon ein wenig – noch weniger übrigens, als Sie wahrscheinlich glauben. Obwohl Sie bereits Interesse aneinander entwickelt haben, fangen Sie in gewisser Weise wieder am Punkt Null an.

Sie sind nämlich nicht mehr in der leichten, trunkenen Was-kostet-die-Welt-Stimmung wie ein paar Abende davor, sondern Sie befinden sich in einer Prüfungssituation. Ihr Wiedersehen ist geplant, wurde organisiert, weil Sie es genauer wissen wollen. Ja, Ihr erstes Date ist ein Test, den Sie beide bestehen oder auch nicht. Fällt einer durchs Raster, haben beide verloren. Es ist also ganz verständlich, daß Sie ziemlich aufgeregt sind. Versuchen Sie als erstes, die folgenden Fehler zu vermeiden.

Typische Fehler, die Sie vermeiden sollten

● Schlüpfen Sie nicht – aus Unsicherheit oder um sich interessanter zu machen – in eine Rolle, etwa die der geheimnisvollen Femme fatale. Das irritiert Ihren vielleicht ebenso nervösen Partner. Geben Sie sich auch nicht übertrieben sexy, sondern verhalten Sie sich besonders am Anfang so normal wie möglich. Das löst den Knoten der Anspannung. Für Spiele dieser Art ist später noch Zeit, wenn Sie beide lockerer sind.

● Vermeiden Sie verfrühte Vertraulichkeiten, vor allem wenn diese Sie in ein schlechtes Licht setzen. Geständnisse à la »Ich bin von Männern bisher nicht besonders verwöhnt worden« sprechen zwar für Ihre Ehrlichkeit, doch Ihr Gegenüber fühlt sich sofort verpflichtet.

Das erste Treffen dient unter anderem auch der Imagepflege. Einblicke in die dunklen Seiten Ihrer und seiner Seele heben Sie sich für später auf.

Was, wenn er Sie nun auch enttäuscht? Würden Sie das überhaupt verkraften? Vielleicht nicht – deswegen läßt er lieber gleich die Finger von der eventuell aufkeimenden Beziehung.

● Wenn der Abend gut verläuft, werden Sie automatisch auf die Themen »Liebe«, »Sex«, »Beziehung« kommen – wenn nicht, können Sie davon ausgehen, daß etwas schiefgegangen ist. D. h.: Es wird heikel. Es kann ja z. B. sein, daß Ihr früherer Partner sich so schlecht benommen hat, daß Sie jeden Kontakt abgebrochen haben. Kein Grund, deshalb in eine Schimpftirade zu verfallen. Es macht Sie erstens nicht sympathischer, wenn Sie das Scheitern der Beziehung ausschließlich auf einen Nichtanwesenden schieben. Zweitens wird sich der Mann an Ihrer Seite automatisch fragen, wie Sie sich im Fall einer Trennung von ihm verhalten würden. Genauso böse und unversöhnlich und ohne Ihren Anteil der Schuld zu sehen? Also bleiben Sie überwiegend positiv.

● Alkohol enthemmt, deshalb sollten Sie sich ruhig ein Glas Wein gönnen. Aber trinken Sie nicht zuviel. Was sich wie eine Selbstverständlichkeit liest, ist in Wirklichkeit gar nicht so einfach. Es ist nämlich möglich, daß der Alkohol stärker wirkt als an normalen Abenden. Bedenken Sie, daß Sie unter Streß stehen, möglicherweise vor Aufregung wenig gegessen haben – treffen all diese Faktoren zusammen, sind Sie vielleicht schon nach zwei Gläsern so beschwipst, daß Sie die Situation nicht mehr angemessen unter Kontrolle haben.

● Lassen Sie den Abend nicht zu lange dauern. Auch dann nicht, wenn Sie sich sehr gut verstehen und sich gar nicht mehr trennen möchten. Haben Sie Geduld. Eine Beziehung entsteht nicht in ein paar Stunden. Zögern Sie also den Moment der Offenbarung hinaus – Sie haben schließlich viel Zeit.

Auch wenn Sie sich noch so gut verstehen, beenden Sie den ersten gemeinsamen Abend, bevor der Alkohol die Zunge löst.

● Schlafen Sie nicht schon nach dem ersten Date mit Ihrer neuen Liebe. Sie riskieren nicht nur vermeidbare Mißverständnisse, da Sie keineswegs nur an einer flüchtigen Affäre interessiert sind. Unter Umständen zerstören Sie auch verfrüht den romantischen Zauber, der das Zusammensein vergoldet hat. Sie wollen doch nicht in einer unbekannten Wohnung aufwachen, mit einem verschlafenen, verlegenen Fremden an Ihrer Seite. Dies sollten Sie ihm und sich ersparen – so lange, bis es keine Peinlichkeiten mehr gibt zwischen Ihnen beiden.

149

Die nächsten Tage

In den nächsten Tagen – das wissen Sie wahrscheinlich aus Erfahrung – erleben Sie Himmel und Hölle gleichzeitig, sofern es bei Ihnen richtig gefunkt hat. Am liebsten würden Sie jetzt über die Gabe der Telepathie verfügen, um die Gedanken jenes Mannes zu lesen, der dieses Chaos in Ihrem Innenleben ausgelöst hat. Leider geht das nicht, und deshalb befinden Sie sich im Zustand ständiger Anspannung.

Ihre eigenen hochkochenden Emotionen sollten Sie im Moment noch nicht allzu ernst nehmen. Unter Umständen sind Sie in das Gefühl der Liebe verliebt – und nicht in den Mann selbst.

Auch wenn Verliebtheit ein wunderschönes, dramatisches Gefühl ist – versuchen Sie trotzdem gerade jetzt, auf dem Boden der Tatsachen zu bleiben und alles ganz langsam angehen zu lassen. Vielleicht empfindet er wie Sie, vielleicht auch nicht.

Gehen Sie also ruhig auf Nummer Sicher, und warten Sie erst einmal ab. Lassen Sie auch ihm Zeit. Es ist sehr gut möglich, daß er ein, zwei oder sogar drei Tage braucht, bis er sich wieder meldet. Die Gründe können unterschiedlichster Natur sein, angefangen bei einer Geschäftsreise, bis hin zu existentiellen Zweifeln an der Liebe als solcher, die ihn hemmen.

Kommt nach vier Tagen immer noch kein Lebenszeichen und sind Sie nach wie vor verliebt – tun Sie sich keinen Zwang mehr an. Fassen Sie Mut, greifen Sie zum Hörer, und wählen Sie seine Nummer. Spätestens jetzt werden Sie merken, ob Ihr Gefühl auf Gegenseitigkeit beruht.

UNTRÜGLICHE ANZEICHEN, DASS SIE ZUVIEL IN DIE SACHE HINEININTERPRETIERT HABEN

- Überraschter, vielleicht sogar irritierter Tonfall, kein Lächeln in der Stimme. Das folgende Gespräch bleibt oberflächlich. Er knüpft nicht an die intime Stimmung des letzten gemeinsamen Abends an.

- »Ich habe in nächster Zeit wahnsinnig viel zu tun. Ich ruf' dich an, sobald ich mehr Luft habe.« Diese unverbindliche Vereinbarung müssen Sie als klassische Ausrede werten. Er hat offensichtlich kein Interesse, Sie wiederzusehen.

UNTRÜGLICHE ANZEICHEN, DASS ER SICH WAHNSINNIG ÜBER IHREN ANRUF FREUT

- Verlegenheit. Im Hintergrund hören Sie ein krachendes Geräusch, verbunden mit einem leisen »Verdammt noch mal!«. Das ist er, der in der Aufregung über das Telefonkabel gestolpert ist. Seine Stimme klingt atemlos, er haspelt herum, stottert, daß er Sie schon längst anrufen wollte, rattert eine Latte von Begründungen herunter, weshalb er bislang nicht dazu gekommen ist.

- Die offenkundige Bereitschaft, sich länger mit Ihnen zu unterhalten. Oder die Bitte, Sie in einer halben Stunde zurückrufen zu dürfen: »Dann hab' ich alles erledigt und reichlich Zeit!«

- Die Frage, was Sie in den nächsten Tagen vorhaben – natürlich ohne daß Sie ihn darauf anspitzen. Oder eine detaillierte, glaubwürdige Erklärung, warum er sich erst am Wochenende mit Ihnen treffen kann.

- Das Gespräch wird mindestens wieder so persönlich wie am vergangenen Abend. Nach zwei Stunden sehen Sie überrascht auf die Uhr und merken zum ersten Mal, daß Ihr rechtes Ohr rot und heiß geworden ist. Treffen alle vier Punkte zu, kann es losgehen mit Ihnen beiden.

Nach einem abschlägigen Gespräch werden Sie unendlich frustriert sein. Schieben Sie dieses Gefühl nicht weg, lenken Sie sich nicht ab. Erinnern Sie sich an die Übung gegen Schüchternheit (Seite 135). Also: Holen Sie sich ein Kissen, einen Stock, und legen Sie los. Sprechen, schreien, weinen Sie Ihren Kummer über die Tatsache, daß Sie abgelehnt wurden, hinaus. Beschimpfen Sie den Kerl – es kann Sie ja keiner hören! – mit den übelsten Ausdrücken. Sie werden merken, wie nah Sie an Gefühle kommen, an die Sie vielleicht Jahre nicht gerührt haben. Und Sie werden sich danach viel, viel besser fühlen.

Es ist immens wichtig, daß Sie lernen, mit emotionalen Tiefschlägen – die jeder erlebt – fertig zu werden.

Es ist ein existentielles Kindheitstrauma, nicht gemocht zu werden. Es birgt viel Kummer, Wut und Haß. Doch Sie als Erwachsene sind jetzt alt genug, mit dem Bewußtsein zu leben, daß nicht jeder von Ihnen begeistert ist. Sobald Sie diese Tatsache akzeptieren können, werden Sie weniger verletzlich sein, ruhiger, sicherer, entspannter – auch und gerade in der Liebe. Beim nächsten Mal klappt es dann bestimmt.

IST ER DER

Manchmal entpuppt sich der Traummann als untauglich für den Alltag einer Partnerschaft, manchmal ist er schlicht der Falsche für eine Frau wie Sie. Andererseits muß zwischen Irrtümern in der Liebe und simplen Startschwierigkeiten, die auch in den allerbesten Beziehungen normal sind, unterschieden werden.

RICHTIGE?

Vielleicht haben Sie Glück und treffen einen Mann, mit dem es auf Anhieb klappt. Davon können Sie allerdings nicht in jedem Fall ausgehen.

Wenn Sie den Partnerschaftstest (Seite 24ff.) ausgefüllt haben, wissen Sie zumindest theoretisch, mit welchem Typ Mann Sie sich gut verstehen. In der Praxis erliegen Sie vielleicht doch dem ein oder anderen Irrläufer. Das folgende Paarbeispiel zeigt eine Frau, die mit einem Mann zusammenlebt, der ihre Bedürfnisse leider nicht erfüllen kann – sie hat sich falsch entschieden.

Es gibt eine Reihe von Prinzen, die sich als Frösche entpuppen – oder die, obwohl sie reizende Menschen sind, nicht zu Ihnen passen.

ERIK UND BRIGITTE

Zunächst ist es nur ein unverhofftes Wiedersehen von zwei ehemaligen Kollegen, die sich aus den Augen verloren haben. Brigitte trifft Erik in einer Kneipe; er sitzt allein vor einem Glas Bier und wirkt ziemlich unglücklich. Brigitte ist mit Freunden unterwegs. Sie fühlt sich gut und bittet Erik in einem Anflug von Mut, sich doch an ihren Tisch zu setzen. Die beiden kommen nach anfänglicher Verlegenheitspause schnell ins Gespräch und sind bald so vertieft, daß sie den Rest der Gruppe gar nicht mehr wahrnehmen.

Eriks Probleme

Erik hat sich von seiner Frau getrennt, und er weiß nicht, wie es weitergehen soll. Einerseits fühle er sich schlecht, weil er seine Frau Christine so verletzt habe, andererseits habe er in ihrer Gegenwart klaustrophobische Ängste entwickelt: »Ich war so etwas wie ihr Lebensinhalt, das hab' ich auf die Dauer nicht ausgehalten.«

Anfangs, erzählt er der mitfühlenden Brigitte, sei es wie ein Traum gewesen. Doch dann habe sie der Alltag fest in seinen Würgegriff genommen, und daran sei die Liebe Stück für Stück zerbrochen. Zur Zeit geht es Christine sehr schlecht, und Erik fühlt sich schuldig.

Und das ist noch nicht sein einziges Problem. Eriks zweites Problem: Er geht seit einem Monat mit einer Frau aus, die sehr verliebt in ihn ist. Inzwischen hat Erik jedoch festgestellt, daß er sie zwar mag, aber sich keine

Beziehung mit ihr vorstellen kann. Doch wie soll er ihr das klarmachen? Zwei unglückliche Frauen, das geht über seine Kraft. Erik wirkt verzweifelt. Nichts wünsche er sich mehr als eine Beziehung. Aber vielleicht sei er dazu gar nicht in der Lage, überlegt Erik deprimiert.

Brigittes Leben

Brigittes Situation ist vollkommen anders. Sie ist seit längerer Zeit Single, wohnt aber mit einer Freundin zusammen, die liiert ist. Es ist nur noch eine Frage der Zeit, bis Margit mit ihrem Freund zusammenziehen wird. Dieser Gedanke macht Brigitte angst. Manchmal, besonders in den Nächten, in denen Margit nicht in der Wohnung ist, fühlt sie sich so einsam, daß sie sich in den Schlaf weint. In letzter Zeit gibt sie auch vor sich selbst zu, daß sie auf der Suche nach einem Partner, nach emotionaler Geborgenheit ist. Vielleicht ist dieses zufällige Treffen ein Wink des Schicksals?

Brigitte merkt gar nicht, daß Erik nur über seine Angelegenheiten spricht. Wenn sie versucht, das Gesprächsthema zu wechseln, reagiert er nicht.

Erik gefällt ihr sehr, und er sieht sie auf eine Art an, die besagt, daß es ihm genauso geht. Der Abend vergeht im Flug, und gegen Ende muß kaum ausgesprochen werden, daß die beiden sich wiedersehen wollen. »Ich glaube, du bist eine wahnsinnig starke Frau«, sagt Erik zum Abschied und sieht sie bewundernd an.

Dieser letzte Satz schmeichelt Brigitte – sie fühlt sich zur Zeit alles andere als stark –, beunruhigt sie aber auch, ohne daß sie weiß, warum.

Zwei haben sich gefunden

Schon am nächsten Tag ruft Erik sie an. Er erzählt, daß er gerade mit seiner Frau telefoniert habe. Und zum ersten Mal seit langer Zeit habe er kein schlechtes Gewissen, nachdem er das Gespräch beendet habe: »Ich glaube fast, das liegt an dir.«

»Wieso an mir?« fragt Brigitte überrascht und ungläubig.

»Ich weiß auch nicht. Unsere Unterhaltung gestern war so toll. Ich hatte schon lange nicht mehr das Gefühl, so vollkommen verstanden zu werden.«

»Ich verstehe dich wirklich sehr gut«, sagt Brigitte glücklich und aufgeregt. Ihr fällt nicht auf, daß dies eine Lüge ist. Eigentlich versteht sie Erik überhaupt nicht. Das kann sie gar nicht, denn sie war noch nie in dieser oder einer ähnlich prekären Situation. Was sie wirklich meint, ist: Ich würde dich gern verstehen, um dir näher zu sein.

Der nächste gemeinsame Abend endet erwartungsgemäß in Brigittes Bett. Wieder sagt er, er habe noch nie eine so starke Frau kennengelernt. Wieder fühlt Brigitte dieses seltsame Unbehagen. Was erwartet Erik von ihr? Dennoch empfindet sie die nächsten zwei Wochen wie einen langen Traum. Sie nehmen sich ein paar Tage frei und fahren in die Toskana. Zweimal entdecken sie ganz besonders schöne Villen, die zum Verkauf stehen. Erik macht Polaroids, schreibt sich die Nummer der Anbieter auf. »Man kann ja nie wissen«, sagt er. Wieder zu Hause, stellt Erik Brigitte seinen Freunden vor, einem Paar, das merkwürdig reserviert wirkt. Aber das kann ihre Laune nicht trüben.

Erik klammert sich wie ein Verhungernder an Brigitte und überhäuft sie mit leidenschaftlichen Liebeserklärungen.

Die Stimmung schlägt um

Es ist schwer zu sagen, wann genau die Stimmung umschlägt. Vielleicht ist es an dem Morgen, an dem Erik erzählt, daß er sich heute abend mit seiner Frau treffen werde. Nein – da noch nicht. Da ist Brigitte noch voller Verständnis. Anders sieht es nachts gegen eins aus. Erik hat sich entgegen seinen Versprechungen nicht gemeldet, und er ist auch zu Hause nicht zu erreichen. Brigitte fühlt sich entsetzlich. Als Erik um halb zwei Uhr bei ihr anruft, ist sie zwar erleichtert, aber auch wütend.

Doch Erik reagiert kaum auf ihre Vorhaltungen. Nein, sagt er nicht unfreundlich, er könne sie überhaupt nicht begreifen. Es sei doch normal, sich mit seiner Frau zu treffen. »Wir haben uns endlich ausgesprochen, das war unheimlich wichtig. Jetzt sehen wir beide klarer.«

»Was seht ihr klarer?« erkundigt sich Brigitte.

»Unser Verhältnis«, sagt Erik knapp, »was schiefgelaufen ist. Alles eben.« Danach beendet er das Gespräch mit der Begründung, er sei jetzt sehr müde und habe morgen einen harten Tag.

Solche Müdigkeitsattacken häufen sich in den nächsten Tagen. Überhaupt verhält sich Erik meßbar kühler. Er ruft zwar immer noch mehrmals täglich an, freut sich angeblich »total darauf, Brigitte zu sehen« – doch werden die gemeinsamen Stunden immer zäher. Der Rausch, der sie die Zeit hat vergessen lassen. In der Folge verfällt Erik hektischem Freizeitaktionismus. Kino, Theater, Essengehen, Freunde treffen, übers Wochenende wegfahren – Brigitte macht alles mit und hat doch das Gefühl, daß sie beide vor etwas weglaufen oder vielmehr daß Erik vor etwas wegläuft.

155

Wenn das sexuelle Interesse des Partners schlagartig abnimmt, herrscht Alarmstufe rot. Woran mag es liegen?

Oder noch präziser: Erik läuft vor ihr weg. Es ist nur noch eine Frage der Zeit, bis die ersten ernsthaften Konflikte auftreten. Brigitte beschwert sich immer häufiger über seine Hektik, über die Tatsache, daß intime Stunden inzwischen Seltenheitswert haben. Doch sie muß feststellen, daß sie bei Erik auf verlorenem Posten kämpft. Erik schaut sie mit großen Augen an, als ob er die Welt nicht mehr verstünde: Was denn los mit ihr sei? »Willst du vielleicht immer nur im Bett rumhängen, ist es das?« Verzweifelt versucht Brigitte, den impliziten Vorwurf, sie sei phantasielos und faul, zu entkräften. Was genau störe sie eigentlich? »Daß du nie mehr mit mir allein sein willst«, sagt sie schließlich tapfer. Erik schüttelt den Kopf, weiß nicht, was sie meint. »Wir waren doch gestern allein im Kino!« Er gebe sich wirklich Mühe, ihre Beziehung spannend und lebendig zu halten. Und was erntet er dafür? Wenn er geahnt hätte, daß sie so empfindlich ist!

Letzte Rettungsversuche

Brigitte ist emotional zu tief verwickelt, um zu bemerken, daß Erik sie im klassischen Sinn auflaufen läßt. Sie fühlt sich als Versager. Sie will es Erik um jeden Preis recht machen. Wieder spielt sie die Starke und fängt nun an, sich Unternehmungen auszudenken. Das bringt ihr seine Anerkennung, aber nicht seine Liebe. Erik ist gern mit ihr zusammen, faßt sie aber immer seltener an. Gemeinsame Übernachtungen finden kaum noch statt. Dafür trifft Erik sich wieder häufiger mit seiner Frau. Ihre Beziehung endet abrupt, als Erik mit Unschuldsmiene ankündigt, er fahre über Silvester mit seiner Frau in Urlaub. Endlich findet Brigitte die Kraft zum Absprung. Erik macht nicht den leisesten Versuch, sie zurückzuhalten.

Was ist passiert?

Wie immer läßt sich das nur vermuten, nicht mit letzter Sicherheit sagen. Es gibt allerdings einige Alarmsignale, die Brigitte von Anfang an nicht beachtet hat. Das ist auch kein Wunder. In ihrer Situation – ein wenig einsam, ein wenig ängstlich, voller Sehnsucht nach emotionaler Geborgenheit – ist niemand besonders hellsichtig. Sonst wäre ihr schon am ersten Abend aufgefallen, daß Erik sie zwar attraktiv fand, sich aber darüber hinaus wenig für sie – ihre Gefühle, ihre Gedanken, ihre Freuden und Probleme – interessierte. Auch seine Beurteilung am Ende des Abends paßt ins Bild. Erik fand wahrscheinlich nicht wirklich, daß Brigitte eine starke Frau sei – das konnte er zu diesem Zeitpunkt noch gar nicht beurteilen –, er wünschte sich nur eine starke Frau. Eine, die ihn rettete – vor seinen Schuldgefühlen und vor seiner Angst, nicht lieben zu können. Denn das ist offensichtlich sein Problem. Erik träumt zwar von einer idealen Beziehung, kann aber andererseits auf die Dauer mit einem liebenden und also auch fordernden Gegenüber gar nichts anfangen. Es besteht kein Grund, ihn deshalb zu verurteilen.

Wahrscheinlich gehört er zu den Männern, die von der Angst getrieben sind, in irgendeinem Bereich keine Perfektion zu erreichen. In ihrem ersten Gespräch wird deutlich, wie sehr er sich vor der Erkenntnis fürchtet, ein emotionaler Versager zu sein. Er ist im Moment überhaupt nicht imstande, sich ernsthaft zu verlieben. Der Grund, weshalb Erik sich so vehement in die Beziehung mit Brigitte stürzte, ist also leider nicht in ihrer Person zu suchen.

Brigitte erfüllte eine Funktion. Mit ihrer Hilfe wollte Erik seine Ängste betäuben: Er liebte die Illusion, Brigitte zu lieben. Um so härter empfindet er den Sturz auf den Boden der Tatsachen, nachdem der Rausch nachgelassen hat und ihn die Erkenntnis einholt, daß er Brigitte nicht liebt, weder sie noch sonst jemanden. Natürlich ist es leichter, Brigitte die Schuld am Scheitern zu geben, als eine erneute Niederlage auf dem Feld der Gefühle einzugestehen. Es ist leichter, pro forma wieder zu seiner Frau zurückzukehren – jedenfalls auf halbem Weg –, als sich ernsthaft mit seinen Befürchtungen auseinanderzusetzen. Eriks Frau kennt ihn. Sie hat im Moment minimale Erwartungen. Er kann sie nicht mehr enttäuschen, als

Frauen neigen viel mehr als Männer dazu, ihre Partner für ihren seelischen Zustand verantwortlich zu machen: »Du bist schuld, wenn es mir schlechtgeht, also verhalte dich entsprechend.« Kann man es einem Mann verübeln, wenn er mit Streßsymptomen und Fluchtinstinkt auf diesen viel zu hohen Anspruch reagiert?

er es ohnehin schon getan hat. Ein Urlaub mit ihr, der zu nichts verpflichtet, ist im Moment aus seiner Sicht die bequemste Lösung. Brigitte bleibt es überlassen, ihr ramponiertes Selbstbewußtsein allein wieder aufzumöbeln.

Wäre die Beziehung zu retten gewesen?

Natürlich stellt sich in diesem Zusammenhang die Frage, ob Brigitte durch geschickteres Agieren die Beziehung in ihrem Sinn hätte beeinflussen können. Die Antwort: Wahrscheinlich nicht. Theoretisch hätte sie versuchen können, Eriks Traumfrau im wahrsten Sinn des Wortes zu werden, also sich bei Bedarf liebevoll und warm, ansonsten kühl und unabhängig zu geben. Vielleicht wäre Erik dann bei ihr geblieben. Was aber will Brigitte mit einem Mann, der sich nicht für ihre Bedürfnisse interessiert und bei dem sie die Hälfte der Zeit schauspielern muß, bloß um dessen emotionale Kapazitäten nicht überzustrapazieren?

PROBLEMATISCHE BEZIEHUNGEN

Manche vielversprechenden Paarkonstellationen scheitern, weil einer von beiden taktische Fehler gemacht hat. In anderen Fällen gilt: Es ist zwar bitter, aber nicht zu ändern, daß manche Männer beziehungstechnisch gesehen Nieten sind.

Wohlgemerkt, manche Männer können zwar wirklich nette Menschen sein, nur leider sind sie als Partner ungeeignet. Jede Frau auf der Suche nach dem Mann fürs Leben muß sich auf Enttäuschungen mit ihnen gefaßt machen.

Die Gefahr, sich emotional zu verrennen, kennen Sie sicherlich aus eigener Erfahrung. Sie besteht vor allem, wenn Sie zulassen, daß der übermächtige Wunsch zum Vater des Gedankens wird, also die Sehnsucht nach Liebe dermaßen überhandnimmt, daß sie das rationale Urteilsvermögen schwächt – so wie es bei Brigitte der Fall war.

Sie können Männer nicht ändern!

Manche Männer sind nun einmal nicht in der Lage, einer Frau zu geben, was sie braucht. Ob dieser »Mangel« situationsbedingt ist (er ist verheiratet, fühlt sich seiner Lebensgefährtin verpflichtet) oder – Stichwort »klammernde Mutter« – ob die falsche Erziehung verantwortlich gemacht werden muß, ist in diesem Zusammenhang völlig unerheblich.

Bitte glauben Sie es einfach: Sie können keinem Mann helfen, der es nicht ausdrücklich wünscht. Schon deshalb nicht, weil Sie wesentlicher

Bestandteil seines Problems sind. Versuchen Sie sich also nicht als Therapeutin am bestenfalls widerwilligen Patienten. Wenn Sie unbedingt jemandem etwas Gutes tun wollen, organisieren Sie eine Spendenaktion für Kinder in der dritten Welt. Da haben Sie mehr von Ihren altruistischen Energien. Beziehungstechnisch zählt für Sie nur die Tatsache, daß der Mann, in den Sie sich verliebt haben, unter Umständen nicht der ist, mit dem Sie glücklich werden können. Warten Sie ein, zwei Monate ab. Und überlegen Sie sich Sinn und Zweck der Beziehung ganz genau, wenn Ihnen auch nur eine der folgenden Schilderungen bekannt vorkommt.

Für faule Kompromisse sind wir allesamt zu anspruchsvoll geworden. Wenn es in den wesentlichen Bereichen nicht stimmt, ist jede Beziehung von vorneherein zum Scheitern verurteilt.

Das Katz-und-Maus-Spiel

Sie fühlen sich wie in einem Wechselbad der Gefühle. Mal gibt er sich sinnlich, leidenschaftlich, liebevoll und warm – meistens ist das im Bett der Fall. Mal gefriert seine Stimme zu Eis, bloß weil Sie es gewagt haben, ihn im Büro anzurufen. Eine Begründung dafür liefert er nicht. Im Gegenteil, er zeigt sich verständnislos, wenn Sie ihn auf sein seltsames Verhalten ansprechen.

Erklärung: Dieser Mann spielt mit Ihnen Katz und Maus. Sie sind in seinen Augen eine Übergangslösung – und sind sich dafür hoffentlich zu schade.

Die Ersatzfrau

Er spricht ständig von seiner Expartnerin, die sich von ihm getrennt hat. In seiner Wohnung befinden sich immer noch Sachen von ihr; offenbar ist er außerstande, wenigstens ihre aufgebrauchte Fönlotion aus dem Badezimmer zu entfernen. Seine Urlaube mit dieser Frau müssen traumhaft gewesen sein, das verraten die Fotos an der Pinnwand, wo das Expaar engumschlungen abgelichtet ist. Aus seinen ausführlichen Erzählungen gewinnen Sie den Eindruck, daß sie eine Mischung aus Claudia Schiffer, Albert Einstein und dem Erzengel Gabriel gewesen sein muß.

Erklärung: Seine Expartnerin hat ihn emotional noch fest im Griff. Sie sind bloß ein Ersatz.

Die Vorgängerin lebt!

Er spricht ausgesprochen selten und widerwillig über seine Expartnerin, von der er sich angeblich getrennt hat. Kommt die Rede auf sie, versteinert sein Gesicht zu einer Maske. »Ich habe keine Lust, über dieses Miststück auch nur ein Wort zu verlieren. Von mir aus soll sie bleiben, wo der Pfeffer wächst«, sagt er auf Anfrage.

Erklärung: Siehe »Die Ersatzfrau«, wobei dieser Fall noch aussichtsloser ist. Der Mann ist ja nicht einmal imstande, zu seinen Gefühlen zu stehen bzw. sich mit ihnen auseinanderzusetzen.

Der ewige Kritiker

Er jammert viel und beschwert sich wortreich über seine Expartnerin, schimpft detailliert über ihren mangelnden Sinn für Humor, ihren Egoismus und/oder ihre Oberflächlichkeit. Wie konnte er sich nur jemals auf sie einlassen, fragt er rhetorisch – eine Frau, die ihn nur ausgenützt hat! Gerade noch kann er sich die Antwort verkneifen: »Weil ich so ein verflucht netter Kerl bin.«

Erklärung: Siehe »Die Ersatzfrau« (Seite 159).

Der Einsame

Wenn Sie zufällig einen Bekannten treffen, hält er sich unauffällig im Hintergrund. Selbst scheint er über keinerlei private Kontakte zu verfügen. Er hat Sie jedenfalls noch nie gebeten, mit ihm gemeinsam eine Party oder Freunde zu besuchen.

Nach über zwei Monaten ist sein Interesse, Ihre Freunde kennenzulernen, immer noch gleich Null. Da stimmt etwas nicht!

Erklärung: Dieser Mann hintertreibt alle Versuche, ihn in Ihr Leben einzubinden. Er ist nicht an einer Beziehung interessiert.

Der Uninteressierte

Sie sind schon seit über zwei Monaten ein Paar, und noch immer gehen die meisten Anstöße für gemeinsame Aktivitäten von Ihnen aus. Wenn Sie sich nicht melden, kann es passieren, daß Sie mehrere Tage nichts voneinander hören. Ihm scheint das nicht viel auszumachen.

Erklärung: Seine Gefühle Ihnen gegenüber sind freundlich, aber lau. Sie sind jederzeit ersetzbar. Oder: Sie sind zu eifrig. Das macht ihn nicht nur faul, sondern mindert auch sein Interesse. Also: Jetzt ist er dran!

Niemals unangemeldet!

Sie sind schon über zwei Monate zusammen, und noch immer würden Sie aus einer rätselhaften Angst heraus ihn niemals unangemeldet besuchen. Sie wären sich nämlich überhaupt nicht sicher, ob er sich darüber auch freuen würde.

Erklärung: Ihr Gefühl trügt Sie wahrscheinlich nicht: Dieser Mann benützt Sie. Deshalb fühlen Sie sich in seiner Gegenwart auch nicht wohl.

Der Pascha

Er legt Pascha- und Chefallüren an den Tag. Er ist auf alle Menschen eifersüchtig, die Ihnen etwas bedeuten. Jedes harmlose Treffen mit Freundinnen wird in seinen Augen zum Problem: Ausgerechnet heute habe er für Sie kochen wollen – »aber wenn du oberflächlichen Weibertratsch vorziehst…« Genauso ungnädig reagiert er, wenn Sie abends länger arbeiten oder gar am Wochenende ins Büro müssen.

Detailliert setzt der Pascha Ihnen auseinander, daß Ihr Chef Sie nur ausbeutet. Dabei vergißt er gern, daß er selbst selten vor neun Uhr zu Hause ist.

Erklärung: Sie werden diesen Mann nicht zum Verfechter der Gleichberechtigung erziehen. Statt dessen werden Sie anstrengende Machtkämpfe zu absolvieren haben – bis Sie endlich kuschen oder sich von ihm trennen. Er jedenfalls wird sich niemals ändern, verlassen Sie sich darauf.

Der Eiskalte

Eigentlich haben Sie den absoluten Traummann gefunden. Intelligent, charmant, erfolgreich. Ihre Freundinnen sind begeistert. Sie könnten sich wahnsinnig glücklich schätzen. Tun Sie ja im Grunde auch – wenn Sie sich in seiner Gegenwart nur nicht immer so unattraktiv, unsicher, untüchtig, unwohl fühlen würden. Jedes Treffen wird zum Prüfungster-

161

min, und meistens fallen Sie durch: »Liebling«, sagt er höflich, »das war Manet, nicht Monet, wußtest du das nicht? Den Stil dieser beiden Meister kann doch selbst ein Laie kaum verwechseln.«

Erklärung: Nein, Sie haben nichts falsch gemacht, und Sie sind auch keine häßliche Idiotin. Wahr ist vielmehr: Dieser Mann ist kalt wie ein Fisch – und zwar bei allen Frauen – und wird Sie auch in Zukunft emotional am ausgestreckten Arm verhungern lassen.

Der flüchtige Liebhaber

Im Bett verstehen Sie sich ganz phantastisch. Noch nie, behaupten Sie, hatten Sie so einen guten Liebhaber. Mehr wollen Sie im Moment gar nicht. Sie sind überhaupt nicht an einer Beziehung interessiert. Alles ist ganz okay, so wie es ist. Na ja, es macht Ihnen natürlich schon manchmal zu schaffen, wenn er nach vollzogenem Akt gleich wieder in die Hosen springt und sichtlich ruhelos auf Aufbruch drängt: »Ich muß dringend was zwischen die Zähne kriegen.« Sie fühlen sich gut! Manchmal vielleicht ein bißchen von diesem Herrn ausgenützt, in dem Sinn, daß ihn Ihre nichtsexuellen Bedürfnisse offensichtlich kaltlassen.

Die Idee, bei Ihnen zu Abend zu essen, findet der Liebhaber nicht so toll. Sie würden ihn auch nie bitten, bis zum Frühstück zu bleiben.

Erklärung: Verschwenden Sie nicht länger Ihre Zeit damit, sich selbst etwas vorzulügen. Sie möchten mehr von diesem Mann, er aber offensichtlich nicht von Ihnen. Beenden Sie die letztlich für Sie beide nur unangenehme Situation, bevor sich Ihre unterdrückten Gefühle in einem Magengeschwür äußern.

Der Kompromiß

Sie sind über zwei Monate zusammen und könnten eigentlich hochzufrieden sein. Wenn er bloß nicht so ein Pedant wäre! Und nicht immer diese sentimentalen Botschaften auf Ihrem Anrufbeantworter hinterlassen würde! Und eigentlich ist er Ihnen zu dick. Und sein Lachen finden Sie richtig unangenehm. Er ist ein Kompromiß. Immer noch besser als gar kein Mann, stimmt's?

162

Erklärung: Es bringt nichts, sich einen Menschen schönzureden. Liebe läßt sich nicht erzwingen. Bei dem Versuch verletzen Sie einen Menschen, der sich mehr erhofft und in Ihnen mehr sieht, als Sie geben können.

Der Rechthaber

Jedes Gespräch mit ihm artet in ein Streitgespräch aus. Ob Sie nun über den deutschen Film, die französischen Impressionisten oder die internationale Politik diskutieren – er scheint es nicht ertragen zu können, wenn man ihm nicht hundertprozentig zustimmt. Er wird bei entsprechender Gelegenheit sogar laut und aggressiv. Inzwischen nicken Sie nur noch oder sagen gar nichts mehr, damit nicht wieder ein Abend durch Ihre Schuld verdorben wird.

Erklärung: Siehe »Der Pascha«. Sie kuschen bereits »um des lieben Friedens willen«. Eine Chance auf eine für beide Seiten zufriedenstellende Partnerschaft existiert daher nicht.

Der Schweiger

Jedes Gespräch mit ihm versickert im Sande, weil er sich Ihnen gegenüber gar nicht äußert, niemals Ihren ausgelegten Faden aufnimmt, um ihn rhetorisch weiterzuspinnen. Statt dessen läuft jeder Ihrer Versuche, einen Dialog in Gang zu bringen, ins Leere.

Er lächelt, nickt, schweigt – nach der Devise »Na, wenn du das so siehst, mir soll es recht sein«. Er freut sich, wenn Sie intelligente Zwischenfragen stellen. Äußern Sie sich allerdings auch nur ansatzweise kritisch, verstummt er vorwurfsvoll oder verunsichert.

Wenn der Schweiger redet, dann von sich und seinen Angelegenheiten. Ab und zu hält er auch einen belehrenden Vortrag über ein beliebiges, nicht persönliches Thema.

Erklärung: Dieser Mann ist entweder ein introvertierter Grübler, dem Sie jede Gefühlsäußerung abzwingen müssen und bei dem Sie auch nach zehn Jahren noch nicht wissen, was er denkt. Oder er hält Ihr Geschwätz für nicht diskussionswürdig. Das sollte Ihnen zu denken geben. Vielleicht ist er ja einfach zu toll für Sie… Dann sollten Sie schon um seinetwillen die Konsequenzen ziehen!

Der Nutznießer

Er ist einfach wundervoll. Ihre emotionalen Wünsche errät er mit geradezu unheimlicher Sensibilität. Ein, zwei Dinge lassen Sie stutzen:

a. Trotz seiner teuren Anzüge und seines prestigeträchtigen Wagens ist er offenbar ständig in finanzieller Verlegenheit. Sie haben ihm schon einmal eine beträchtliche Summe vorgestreckt, doch sein vielversprechendes Projekt, von dem er ständig schwärmt, ist immer noch nicht auf Touren gekommen.

b. Bislang haben Sie weder seine Eltern noch irgendwelche Verwandten oder Freunde von ihm kennengelernt. Hat dieser Mann eigentlich keine Vergangenheit?

Erklärung: Doch, aber die würde Sie kaum begeistern. Dieser Mann braucht Geld von Ihnen, nicht eine Beziehung mit Ihnen. Versuchen Sie am besten noch heute, Ihre Außenstände einzutreiben. Leider stehen Ihre Chancen schlecht. Vermutlich sind Sie eine von vielen Gläubigerinnen.

Der rücksichtsvolle Ehemann

Ihre Affäre mit ihm dauert schon über vier Monate. Er liebt Sie bis zum Wahnsinn, ist aber zur Zeit noch verheiratet oder liiert. Dabei denkt er stündlich an Trennung. Bislang hat er jedoch den Absprung noch nicht geschafft, weil seine Partnerin äußerst sensibel ist und seinen Auszug kaum verkraften würde. Deswegen hat er ihr bis jetzt auch noch kein Wort gesagt. Er wartet die richtige Gelegenheit ab. Nun drängeln Sie doch nicht so!

Seine Ehe oder Beziehung ist schon lange nicht mehr gut. Obwohl dies so ist, hat seine Partnerin trotzdem keine Ahnung von Ihrer Existenz.

Erklärung: Erübrigt sich bei diesem klassischen Hinhaltemanöver. Für die Rolle der heimlichen Zweitfrau sind Sie sich hoffentlich zu schade.

Der Kumpel

Seit über zwei Monaten telefonieren Sie regelmäßig, fast täglich mit ihm. Sie sind unzählige Male miteinander ausgegangen, gemeinsam in Kneipen versackt und hatten jede Menge Spaß, inklusive toller Gespräche. Aber erotisch läuft immer noch nichts. Ihre Annäherungsversuche

164

scheint er entweder nicht zu bemerken, oder er wehrt sie sanft und taktvoll ab. Denkbar ist auch, daß er sich Sie mit der Begründung vom Leib hält, im Moment sei er leider nicht beziehungsfähig.

Erklärung: Dieser Mann findet Sie sehr nett, verbringt sehr gern seine Zeit mit Ihnen – wahrscheinlich ist er fremd in der Stadt und kennt außer Ihnen nicht viele Leute. Aber, so hart es klingt, körperlich attraktiv findet er Sie offensichtlich nicht. Einzige Möglichkeit, das zu ändern: Sie erfinden einen attraktiven Verehrer und haben deshalb leider nicht mehr soviel Zeit... Wirkt noch nicht einmal dieser bewährte Trick, bleiben Sie ruhig seine beste Freundin, aber schränken Sie den Kontakt etwas ein – zugunsten anderer Bewerber.

CHECKEN SIE IHRE BEZIEHUNG

Um Mißverständnissen vorzubeugen: Fast jede Beziehung ist anfangs schwierig. Den Traumpartner bekommt keine Frau mehr auf dem Silbertablett serviert; deshalb sollten Sie natürlich nicht das Handtuch werfen, sobald die ersten kleinen Probleme auftreten. Gerade zu Beginn sind Durststrecken unvermeidbar. Durchhalten um jeden Preis ist allerdings eine selbstzerstörerische Strategie.

Sobald die Liebe in Dauerstreß ausartet, können Sie davon ausgehen, daß Sie mit dem falschen Mann zusammen sind.

Liebesleid schwächt

Liebesleid macht anfällig für Irrtümer und leider auch extrem manipulierbar. In dieser Situation neigen Frauen häufig dazu, die Verantwortung abzugeben, um sich nicht der unangenehmen Erkenntnis auszusetzen, einen gravierenden Fehler gemacht bzw. sich dumm benommen zu haben. Sie sehen sich als Märtyrerin im Dienst der Leidenschaft und lassen sich Dinge gefallen, die ihnen Jahre später die Schamröte ins Gesicht treiben werden. Um es sehr brutal zu sagen: Niemand kann Ihnen verbieten, sich selbstzerstörerisch zu verhalten.

Werden Sie nicht zum Opfer!

Wer sich freiwillig beispielsweise den destruktiven Launen eines Cholerikers aussetzt, liebt nicht, sondern ist abhängig. Nicht speziell von die-

HABEN SIE DEN RICHTIGEN PARTNER?

Bitte überdenken Sie Ihre Beziehung von Grund auf, sofern Sie nur drei der folgenden Symptome oder Verhaltensweisen an sich feststellen und der Zusammenhang, wenn Sie ganz ehrlich mit sich selbst sind, absolut eindeutig ist.

• Sie schlafen immer schlechter, wälzen sich nachts manchmal stundenlang im Bett herum.

• Sie legen jedes seiner Worte auf die Goldwaage und interpretieren so lange daran herum, bis ein für Sie einigermaßen positives Ergebnis herauskommt.

• Sie entschuldigen sein Verhalten, um es nicht beim Namen nennen zu müssen: rücksichtslos, gleichgültig, infam.

• Sie verlieren an Gewicht, haben kaum noch Appetit.

• Sie nehmen drastisch zu, essen scheint Ihr einziger Trost zu sein.

• In den unmöglichsten Situationen kommen Ihnen die Tränen.

• Sie sind einmal überschwenglich glücklich, einmal völlig verzweifelt.

• Sie können nur noch über ihn reden. Andere Gesprächsthemen interessieren Sie überhaupt nicht mehr.

• Sie haben intensive, glückliche Träume – und fühlen sich beim Aufwachen entsetzlich frustriert.

• Sie kommen morgens immer schlechter aus dem Bett. Der Tag erstreckt sich vor Ihnen wie eine endlose graue Wüste.

• Ihre Freunde sagen Ihnen, daß Sie schlecht aussehen.

• Sie haben starke Konzentrationsschwierigkeiten.

• Sie leiden unter starken Zukunftsängsten.

• Sie können nicht allein sein.

• Sie ertappen sich dabei, ihn vor anderen dauernd zu verteidigen.

sem Menschen natürlich, der ist beliebig austauschbar – speziell Choleriker auf der Suche nach willigen weiblichen Opfern sind in der Männerwelt überreichlich vertreten. Sondern Sie sind abhängig von einem bestimmten Gefühl, vielleicht von der Illusion, gebraucht zu werden, oder dem Wahn, »das Beste aus ihm herausholen« zu müssen. Beschränken Sie sich darauf, das Beste aus sich selbst herauszuholen, und überlassen Sie den Rest ihm. Davon haben Sie garantiert mehr.

PROBLEM NR. 1: DIE VORGÄNGERIN

Claudia und Bernd kamen sich auf einer beruflichen Fortbildung näher. Aus einer beschwipst begonnenen Affäre wurde Liebe. Und aus Liebe zu Claudia zog Bernd schon nach zwei Monaten die Konsequenzen und trennte sich von seiner Frau. Natürlich hatte er dabei die Schwierigkeiten unterschätzt.

Seine Frau gab nicht eine zehnjährige Ehe auf, nur weil Bernd sich in eine andere »verguckt« hatte. Gerda wollte ihren Mann zurückhaben. Sie litt entsetzlich unter Einsamkeit und Zukunftsängsten. Kein Wunder, daß Bernd, der nicht abrupt aufgehört hatte, seine Frau zu mögen, sich immer wieder zu einem gemeinsamen Abendessen in seinem alten Domizil überreden ließ und danach ab und zu über Nacht blieb, weil Gerda gar so deprimiert war. Dieser Zustand dauerte ein halbes Jahr, ohne daß sich eine Änderung abzeichnete. Claudia nahm in diesen Monaten mehrere Kilo ab und war so blaß, daß ihre Chefin sie schon zur Kur schicken wollte. »Ich kann nicht, dann steht Gerda wieder vor der Tür und intrigiert gegen mich«, stöhnte Claudia. »Bist du eigentlich noch zu retten?« fragte ihre Chefin fassungslos. In diesem Moment wurde Claudia klar, daß sie so nicht weitermachen konnte. Sie nahm sich den Rest des Tages frei, fuhr nach Hause und dachte lange nach. Abends sagte sie zu Bernd: »Ich sehe ein, daß du die Trennung nicht durchziehen kannst. Vielleicht ist es besser, du streichst das letzte halbe Jahr aus deinem Leben und kehrst zu Gerda zurück.« Nein, versicherte Claudia, sie sei nicht böse, nur wahnsinnig müde, und es sei besser, wenn er jetzt gehe. Sie umarmten sich, danach fuhr Bernd in sein Appartement.

Gerda litt, bekam Alkoholprobleme, konnte sich mit der Lage nicht abfinden. Bernd fühlte sich verantwortlich für Gerdas schlechten Zustand.

»Natürlich hab' ich gehofft, daß er sich doch für mich entscheidet«, erzählt Claudia heute. »Aber ich mußte das Risiko eingehen, daß er es nicht tut. Sonst hätte sich nie etwas bewegt.«

Tatsächlich rief Bernd nach ein paar Tagen bei Claudia an. »Ich mag nicht mehr ohne dich sein«, sagte er schlicht. »Kannst du das auch Gerda gegenüber vertreten?« fragte Claudia vorsichtig.

»Ja«, sagte Bernd, »ich glaube, schon.«

Und merkwürdig: Sowie Bernd Gerda unmißverständlich zu verstehen gab, daß es unwiderruflich vorbei sei, hörten ihre nächtlichen Verzweiflungsanrufe auf. Innerhalb weniger Monate erholte sie sich. Das alles weiß Bernd nicht von Gerda, sondern von gemeinsamen Freunden. Gerda hat konsequent jeden Kontakt mit ihm abgebrochen. Mit diesem Wermutstropfen muß Bernd leben. Das ist der Preis seiner eindeutigen Entscheidung.

Realität kontra Ideal

Im Idealfall ist das Objekt Ihrer Sehnsucht seit langem Single, hat seine vergangenen Beziehungen psychisch verarbeitet und ist in jeder Hinsicht frei für eine neue Bindung. Die Realität sieht oft anders aus. Sie müssen damit rechnen, daß jeder Mann, für den Sie sich künftig interessieren, bereits eine oder mehrere längere Beziehungen hinter sich hat, die nur teilweise verkraftet sind – bestimmte Probleme bringt er mit, und Sie werden sich damit auseinandersetzen müssen. So, wie er mit Ihren positiven und negativen Erfahrungen konfrontiert werden wird. Sie sollten sich nicht darüber beschweren, sondern es als Chance sehen – als Möglichkeit, gemeinsam an Schwierigkeiten zu wachsen.

Der gebundene Mann

Extreme Schwierigkeiten kommen auf Sie zu, wenn der Mann, der Ihnen so gefällt, noch mitten in einer anderen Beziehung steckt. Doch je älter Sie sind, desto größer ist die Wahrscheinlichkeit, daß Sie sich in einen liierten Mann verlieben. Die logische Folge ist, daß Sie ihn von seiner derzeitigen Partnerin loseisen müssen. Das klingt sehr brutal, und es ist auch wirklich nur der Mühe wert, wenn Sie sich ein Leben ohne diesen Mann nicht mehr vorstellen können. Kein Mann, um den es sich zu kämpfen lohnt, beendet problemlos eine jahrelange Partnerschaft.

Oft weiß man um so mehr zu schätzen, was man zu verlieren hat. Oft sind die Konsequenzen einer Trennung sehr viel schwerer zu ertragen, als man

168

es sich vorher ausgemalt hat. Es ist also durchaus möglich, daß seine Expartnerin erst voller Verständnis und Vernunft auf seine Eröffnung reagiert, um dann einen hysterischen Zusammenbruch zu erleiden, sobald er ernst macht und tatsächlich seine Koffer packt.

CHECKEN SIE IHRE CHANCEN!

An Ihnen liegt es, dem armen Mann den Absprung zu erleichtern. Und tun Sie das nur, wenn Ihnen wirklich viel an diesem Mann liegt. Treffen die folgenden Faktoren zu, haben Sie gute Chancen.

- Er hat keine Kinder.

- Seine Frau droht nicht – auch nicht mit vagen Andeutungen – mit Selbstmord.

- Er hat bereits einschneidende Veränderungen vorgenommen – ist z. B. aus der gemeinsamen Wohnung ausgezogen oder verbringt jede freie Minute mit Ihnen.

- Es geht ihm zwar schlecht, aber er macht nicht Sie dafür verantwortlich.

- Wenn Sie zusammen sind, fühlen Sie sich wohl – trotz aller Schwierigkeiten.

- Sie haben bereits einige seiner Freunde kennengelernt.

- Er belügt Sie nicht – indem er beispielsweise heimlich zu seiner Frau fährt und einen beruflichen Termin vorschützt.

- Er steht zu seinen zwiespältigen Gefühlen, schämt sich nicht, seine Verzweiflung zu zeigen, läßt Sie teilhaben, bittet um Ihre Hilfe.

Tips für den Umgang mit gebundenen Männern

● Auch wenn Sie noch soviel Verständnis für seine schwierige Situation haben – Sie sind diejenige, die das Prozedere der Trennung vorantreiben muß. Und wenn er noch so oft jammert, daß man ihn nicht unter Druck setzen darf – wenn Sie nicht drängen, passiert überhaupt nichts. Das wäre auch zuviel verlangt.

● Überstürzen Sie aber nichts. Erst muß sich Ihre Beziehung festigen. Sonst riskieren Sie seine überstürzte Flucht – nach Hause.

● Stellen Sie ihn auf keinen Fall zu früh vor die harte Sie-oder-ich-Alternative. Härte und zur Schau gestellte Konsequenz schrecken ab – Sie wollen ja schließlich, daß er freiwillig und gern zu Ihnen kommt. Das gleiche gilt für Drohungen. Arbeiten Sie statt dessen subtiler. Zeigen Sie Ihren Schmerz, wenn Sie seine Unentschiedenheit bemerken. Geben Sie ihm immer wieder zu verstehen, daß es nicht ewig so weitergehen kann. Und stellen Sie ihn im richtigen Moment vor die Entscheidung – wann das ist, kann Ihnen nur Ihr Instinkt sagen. Nicht laut und verbissen, sondern leise, sanft, vernünftig und lieb. Schlagen Sie ihm vor, zu seiner Expartnerin zurückzukehren. Gehen Sie offenen Auges das Risiko ein, daß er genau das tut. Geben Sie ihm zu verstehen, daß Sie nicht böse sind, ihn aber auch auf keinen Fall wiedersehen können, wenn er tatsächlich zurückgeht.

● Diese Strategie des sanften Drucks verlangt große Seelenstärke. Denn Sie müssen unbedingt konsequent bleiben. Und wenn eine Woche vergeht, ohne daß Sie von ihm hören – rufen Sie nicht an. Letztlich kann nur die Zeit erweisen, ob Sie beide zusammengehören oder nicht.
Und die Entscheidung liegt unwiderruflich bei ihm. Sie können sie ihm nicht abnehmen. Sie sind schließlich nicht diejenige, von der man verlangt, einen immer noch geliebten Menschen unglücklich zu machen.

PROBLEM NR. 2: BINDUNGSANGST

Schon wieder ein Typ, der ihr sehr gefiel, aber auf diese vertrackt freundliche Weise unerreichbar war. Doch sie wußte genau, was sie wollte, und handelte entsprechend.

Schon bei ihrer zweiten Verabredung spielte Mario mit offenen Karten. »Ich brauche meine Freiheit«, sagte er. »Zum Hauskater eigne ich mich nicht.«
»Wer sagt, daß ich an einem Hauskater interessiert bin?« konterte Barbara – lockerer, als ihr zumute war. Und doch war es dieser kleine Satz, der das Faß etwas zeitverzögert zum Überlaufen brachte. Irgendwann im Laufe dieses sehr witzigen und schönen Abends beschloß Barbara jedenfalls, Mario auf keinen Fall wiederzusehen. »Gebranntes Kind und so weiter«, dachte sie. »Jetzt reicht es mir. Ich will endlich einen Mann, der nicht davonläuft, sowie es anfängt, ernst zu werden.«

170

Plötzlich fühlte sie sich sehr leicht und heiter. Sie war frei. Sie würde nicht die nächsten Tage wie hypnotisiert neben dem Telefon verbringen, sondern vielleicht übers Wochenende eine Freundin besuchen. Es ging ihr gut. Sie brauchte Mario nicht. Strahlend verabschiedete sie sich gegen halb eins von dem verblüfften Mario.

Mario wird unruhig

Zwei Tage später sprach ihr Mario aufs Band. Barbara rief nicht zurück. Bei seinem dritten Anruf war sie zu Hause. Sie trafen sich ein paar Mal, als gute Freunde. Barbara flirtete mit ihm, wehrte aber trotzdem freundlich und lieb jeden seiner Annäherungsversuche ab.

Schließlich erkundigte sich ein mehr und mehr gereizter Mario nach dem Grund ihrer Zurückhaltung. »Ehrlich gesagt, ich bin jetzt nicht in Stimmung für Affären«, sagte Barbara. »Ich will auch keine Affäre mit dir«, sagte Mario. »Es tut mir leid, wenn sich das damals für dich so angehört hat. Ich bin nur äußerst vorsichtig mit Versprechungen geworden. Ich will niemanden enttäuschen.« »Und ich mag nicht enttäuscht werden«, antwortete Barbara und erklärte, sie müsse jetzt nach Hause. In der Folge begann Mario, ganz altmodisch um sie zu werben. Ganz allmählich kamen sich die beiden näher. Ganz langsam wurde Mario für Barbara immer wichtiger. Dieses Bewußtsein machte ihr angst. Was geschieht, wenn die Beziehung von seiner Seite aus im Sande verlaufen würde, sowie sie Feuer gefangen hatte?

Lassen Sie Ihrem neuen Schwarm Zeit. Viele Männer werden sich nur langsam über ihre Gefühle klar.

171

Die beiden wurden tatsächlich ein Paar, trotz Marios offensichtlichen Bindungsängsten. Vielleicht lag es daran, daß Barbara die Geschwindigkeit des Annäherungsprozesses ihm überließ. Sie drängte nicht, sondern ließ ihn kommen. Ihre Strategie ging auf: Mario fühlte sich wohl bei ihr. Mario und Barbara sind zusammengeblieben und seit vier Jahren sehr glücklich miteinander, trotz Barbaras anfänglicher Skepsis. Und Mario hat auch zugegeben, daß er anfangs nur auf ein kleines Abenteuer aus war. Das änderte sich, als Barbara sich plötzlich charmant, aber spröde und zurückhaltend gab.

Wenn er frei sein will

Es gibt eine ganze Reihe von Männern, die Angst haben, sich in einer Beziehung festzulegen. Sie kennen die Warnungen unserer Mütter, Großmütter, Urgroßmütter: »Laß dich bloß nicht mit einem Kerl ein, der es nicht ernst meint…« Die Damen haben ja so recht – zumindest in vielen Fällen.

Verweilen wir ganz kurz bei jenen notorischen Lovern, die Frauen nur im Plural lieben können. Dieser Typus mag zwar magisch anziehend und unwiderstehlich sein, ist aber leider nicht bekehrbar. Frau erkennt ihn relativ zweifelsfrei an den nebenseitig genannten Merkmalen, Äußerungen und Verhaltensweisen.

Jetzt die gute Nachricht

Glauben Sie keinen Thesen über die angeblich genetisch festgelegte männliche Neigung zur Untreue. Vielleicht besteht beim Mann tatsächlich eine biologische Disposition zur Vielweiberei. Andererseits sind wir über das Neandertalerstadium inzwischen hinausgewachsen. Die neueste, wirklich repräsentative Studie über das amerikanische Paarverhalten besagt, daß 75 Prozent der Ehemänner ihren Frauen treu sind – und das freiwillig und gern.

Bindungsangst ist normal

Viele Männer scheuen manchmal die Verantwortung, die mit einer Beziehung auf sie zukommt, vor allem die emotionale Verantwortung. Menschen, Männer wie Frauen, schätzen das Gefühl, frei entscheiden zu können. Männer wie Frauen empfinden es als unangenehm, unter Druck gesetzt zu werden. Sie reagieren gleich: mit Fluchtinstinkten. Sie wollen eine verbindliche Beziehung, aber sie wollen nicht bedrängt werden.

DARAN ERKENNEN SIE NOTORISCHE LOVER

- Charmanter Blödsinn à la »Frauen sind einfach die besseren Menschen« ist nicht wirklich als Kompliment an die Gattung zu werten, sondern soll Sie schon einmal darauf vorbereiten, daß er sich demnächst ziemlich mies verhalten wird – er kann nicht anders, er ist ja ein Mann.

- Sämtliche inneren Alarmglocken sollten zusätzlich schrillen, sobald das verhängnisvolle Sätzchen »Du bist zu gut für mich« fällt. Es dient ebenfalls als prophylaktische Entschuldigung für spätere oder schon begangene Missetaten. Das gleiche gilt für tränenselige Selbstvorwürfe, etwa: »Ich weiß, ich bin ein Schwein, aber ich kann einfach nicht aus meiner Haut!«

- Vorsicht ist geboten, wenn er sich, obwohl schon Ende 30, immer noch als »großen Jungen« apostrophiert und mit diesem Image kräftig kokettiert. Große Jungen übernehmen keine Verantwortung für ihre Handlungen, das tun nur erwachsene Männer.

- Die Diagnose »Frauenheld« stimmt ganz sicher, wenn er nichts unversucht läßt, Sie möglichst rasch zum Sex zu bewegen, z.B. mit abgedroschenen Phrasen wie »Lebe im Hier und Jetzt«.

- Mißtrauisch sollten Sie werden, wenn er entweder seine Telefonnummer gar nicht preisgibt – »Ich ruf' dich gleich morgen früh an, mein Schatz« – oder Sie nur seine Büronummer bekommen – »Du, privat bin ich irre schwer zu erreichen!«

Von anderen lernen

Barbara hat es also richtig gemacht. Sie erkannte instinktiv Marios Problem – seine Angst, von einer Frau mit Beschlag belegt zu werden – und überließ ihm die Initiative. Auf diese Weise gab sie Mario überhaupt erst die Chance, sich in sie zu verlieben. Und irgendwann erkannte Mario, daß ihm Barbara als Mensch und Frau so wichtig war, daß er auf einen Teil seiner Freiheit verzichten konnte. Diese Entscheidung hat Mario vielleicht nicht bewußt getroffen – dafür aber freiwillig. So, wie übrigens jede echte Entscheidung freiwillig ist.

Die meisten Männer sind keine Frauenhelden. Die meisten wollen in monogamen Beziehungen leben, legen Wert auf Verläßlichkeit und Treue bei ihrer Partnerin und sind bereit, gleiches zu geben.

173

CHECKLISTE

Lernen Sie, Fehler zu vermeiden, die jeden Mann sicher in die Flucht jagen.

Natürlich heißt das nicht, daß Sie diesen Prozeß nicht beeinflussen dürfen. Strategische Winkelzüge sind bei diesem Spiel durchaus erlaubt, sogar geboten. Meistens aber müssen Sie gar nicht besonders viel tun.

VERMEIDEN SIE FEHLER!

Fehler Nr. 1: Aktionismus
Die Kinokarten reservieren zu lassen, bevor er überhaupt Interesse gezeigt hat, bringt ihn in Zugzwang. Folge: Er fühlt sich bedrängt.

Fehler Nr. 2: Insistieren
Wenn er zu verstehen gibt, daß er keine Zeit hat, Sie zu sehen – oft ist »keine Zeit« auch ein Synonym für »keine Lust« –, fragen Sie nicht »Wie wär' es denn mit morgen? Oder Samstag?«. Wenn er keinen Vorschlag macht, vergessen Sie ihn!

Fehler Nr. 3: Beleidigt sein, wenn er nicht spurt
Am schlimmsten kommen verkappte Moralpredigten an. Schon eine Bemerkung wie »Aber bitte sei diesmal pünktlich!« oder schlimmer »Dacht' ich's mir doch, daß du mich wieder hängen läßt!« – und Sie erwischen künftig garantiert bloß noch seinen Anrufbeantworter. Wenn Ihnen sein Verhalten nicht paßt, müssen Sie ihn in Ruhe lassen!

Fehler Nr. 4: Die psychologische Tour
»Ich glaub', du hast da ein Problem…« Möglicherweise hat er tatsächlich eins, das mit seiner Bindungsangst zusammenhängt. Sollte das der Fall sein, wird er sich schon irgendwann einmal damit befassen. Nämlich sobald der Leidensdruck stark genug ist, was im Moment offenbar nicht der Fall ist.

Fehler Nr. 5: Jammern
»Ich versteh' dich einfach nicht, ich tu doch wirklich alles für dich« – das mag ja stimmen, aber kein Mensch hat von Ihnen verlangt, auch nur das geringste zu tun. Dieser Vorwurf fällt demnach auf den Absender zurück: Warum strengen Sie sich dermaßen für eine Person an, die das gar nicht zu schätzen weiß? Nicht weil Sie eine Heilige sind, sondern weil Sie Gegenleistungen emotionaler Natur erwarten. Und die gibt es leider nur als Geschenk.

PROBLEM NR. 3: ER KLAMMERT

Anfangs war Sissi sehr angetan von Hannes' Sensibilität und Fürsorglichkeit. Hannes hatte eine geradezu unheimliche Begabung, sich unentbehrlich zu machen. Zwei Wochen nachdem die beiden ein Paar waren, hatte Hannes nicht nur Sissis Vorhangstangen befestigt, sondern auch ihr Auto zum längst überfälligen TÜV-Termin gebracht und den Rasen ihres kleinen Gartens gemäht.

Erst allmählich kam Sissi darauf, daß Hannes für seine Leistungen auch allerhand verlangte: Zuwendung z. B. oder Lob ohne Ende. Hannes reagierte verunsichert, geradezu verletzt, wenn Sissi sich ohne ihn mit Freunden traf. Er hatte kein Verständnis, wenn Sissi allein übernachten wollte.

In ihrer Gegenwart, so jedenfalls kam es Sissi vor, wurde aus Hannes ein unselbständiges Kind, angewiesen auf ihre Liebe. Schließlich war Sissi fast soweit, die Beziehung wieder zu beenden.

Schon sehr bald begann seine übertriebene Anhänglichkeit sie zu stören. Sie fühlte sich gefangen in einem Gespinst aus Abhängigkeit und Einsamkeit.

Als es fast schon zu spät war, begriff Hannes, daß er dabei war, Sissi zu verlieren. Er begann an sich zu arbeiten. Übte das Alleinsein. Heute ist er in der Lage, Sissi den Freiraum zu geben, den sie zum Atmen braucht.

Der Umgang mit klammernden Männern

Verlustängste – und die stecken hinter Hannes' Verhalten – sind nicht nur bei Frauen weit verbreitet. Als Partnerin ist es wichtig, sich von diesen Ängsten nicht völlig bestimmen zu lassen. Denn sonst weicht die Liebe bald einem diffusen Gefühl der Abwehr.

Häufig sind empfindsame Männer besonders zärtlich, treusorgend und lieb. Es kann sich also durchaus lohnen zu kämpfen. In diesem Fall heißt das: alles tun, um ihn sicherer zu machen. Fahren Sie dabei eine Doppelstrategie: Tun Sie alles, wozu Sie Lust haben, ohne sich auf irgendeine Diskussion einzulassen. Sagen Sie höchstens: »Tut mir leid, aber das Treffen mit Peter ist mir sehr wichtig. Wir können uns aber später noch sehen, wenn du magst.«

Zeigen Sie ihm gleichzeitig Ihre Liebe. Umarmen Sie ihn, lachen Sie gemeinsam seine Ängste weg. Seien Sie so offen und fröhlich, wie Sie können. Dann besteht die große Chance, daß er beginnt, an Ihre Liebe zu glauben. Und er wird sicherer.

GEMEINSAM

Erwiesenermaßen sind Männer und Frauen unterschiedlich. Das bedeutet: Sie denken, empfinden, reagieren und handeln manchmal so, daß das jeweils andere Geschlecht nur verständnislos den Kopf schütteln kann.

WACHSEN

»Stellen Sie sich vor«, schreibt die amerikanische Psychotherapeutin Barbara de Angelis in ihrem Bestseller »Secrets about Men«, »Sie gehörten zu den Auserwählten, die an einer Expedition auf einen fremden Planeten teilnehmen dürften. Man weiß nur, daß er von Wesen bewohnt wird, die in ihrer körperlichen Erscheinung den Menschen ähnlich sind. Nach einer langen Reise durchs All landen Sie endlich in einer fernen Welt und verlassen voller Erwartung Ihr Raumschiff. Sie werden von freundlich aussehenden Kreaturen begrüßt, die tatsächlich menschenähnlich aussehen – und zu Ihrer Verwunderung auch noch die gleiche Sprache sprechen… Aber nach einiger Zeit gibt es Spannungen, die immer größer werden, Mißverständnisse am laufenden Band. Ihre Neugier wird als Kritik, Ihre Kooperationsbereitschaft als Schwäche angesehen. Mit der Zeit wächst Ihr Frust, und Ihr Forschungsteam beschließt, diesen fremdartigen und unwirtlichen Ort wieder zu verlassen…«

Manche Konflikte treten in fast allen Partnerschaften auf, weil Männer ganz einfach etwas anders sind als Frauen. Wie können Frauen damit umgehen? Welche Fehler sollten sie vermeiden?

MÄNNER UND FRAUEN – UNTERSCHIEDLICHE WESEN

Natürlich handelt es sich bei diesen merkwürdigen Wesen um Männer. Jede Frau hat sie mindestens einmal erlebt – diese frustrierende Ratlosigkeit in bezug auf die andere Hälfte der Menschheit. Was ist mit den Typen los? Warum sind z. B. oft die großartigsten, treuesten, verständnisvollsten Freunde als Partner die reinste Katastrophe an Unduldsamkeit? Warum sind selbst Prachtexemplare dieser Gattung absolut unfähig zuzugeben, daß auch sie nicht vor Irrtum gefeit sind? Warum muß man den meisten von ihnen jede liebevolle Äußerung geradezu mit Gewalt abzwingen? Warum machen sie lieber Überstunden als wenigstens ein halbes Jahr Erziehungsurlaub? Und so weiter, und so weiter.

Rollenverhalten über Jahrzehnte

Vielleicht sollten wir uns in diesem Zusammenhang wieder die Tatsache bewußt machen, daß typisch weibliches und typisch männliches Rollen-

Daß Männer schwierig sind, muß nicht mehr extra betont werden. Daß allerdings auch Frauen gar nicht so unkompliziert sind, ist noch zu beweisen.

verhalten erst seit einem guten Vierteljahrhundert im großen Stil hinterfragt wird. Noch in den fünfziger Jahren galten Frauen als unweiblich, sobald sie es wagten, auch nur verbal gegen alte Vorbilder anzukämpfen, um ihren eigenen Weg zu gehen. Und unzählige Frau-mit-Nudelrolle-Witze disqualifizierten Männer zu Pantoffelhelden, die nicht mit fester Hand dafür sorgten, daß die Gattin widerspruchslos spurte.

»DIE VOLLKOMMENE EVA« – BREVIER AUS DEM JAHR 1953

»Uns bleibt die ebenso liebenswürdige wie schwierige Aufgabe, stets zu erkennen, welchem Idealbild unser träumender Adam gerade nachhängt. Sucht er eine tüchtige, solide Frau oder ein schutzbedürftiges Geschöpfchen oder das leidenschaftliche Abenteuer mit einer kapriziösen Geliebten? Wenn wir es erkannt haben, werden wir, wenn wir ihn wirklich liebhaben, versuchen, seinem Wunschtraum möglichst nahe zu kommen, um ihn nicht zu enttäuschen… Eine Frau, die mit ihrem Manne gut auskommen will, beherzige den alten Spruch: ›Ein Mann sagt, was er weiß, eine Frau sagt, was gefällt…‹«

Erst ab den siebziger Jahren kann man von einer gewissen Breitenwirkung bis dahin bloß vereinzelter Emanzipationsanstrengungen sprechen. Beziehungstechnisch bewegen sich Frauen und Männer also nach wie vor auf Neuland und damit auf reichlich unsicherem Boden.
Frauen wissen zwar ziemlich genau, was sie nicht mehr wollen – beherrscht werden z. B. Doch alternative Beziehungskonzepte müssen erst entwickelt, sprich: nach dem Trial-and-error-System ausprobiert werden. Daß Fehler dabei nicht die Ausnahme, sondern die Regel sind, ist natürlich in Kauf zu nehmen. Und oft rutscht man doch wieder in alte, leider oft auch negative Verhaltensweisen.

»Wir möchten eine gleichberechtigte Partnerschaft« – so gut wie jedes Paar würde diesen Satz, ohne lange nachzudenken, unterschreiben. Doch wie führt man eigentlich eine »gleichberechtigte Partnerschaft«, in der keiner zu kurz kommt?

178

Zusammen leben lernen

Es geht hier um die Tücken und Fallstricke, mit denen sich moderne Paare auseinandersetzen müssen. Wiederum setzen wir uns vor allem mit dem weiblichen Verhalten auseinander – was nicht heißt, daß Männer alles richtig machen. Aber: Was sie unserer Meinung nach versäumen, wissen wir bereits. Jetzt geht es eher darum, wie wir ihre Handlungsweise beeinflussen können – zum Positiven, aber auch zum Negativen.

»Männer wollen sich öffnen, wollen lernen, tiefer zu empfinden, und diese Gefühle auch ausdrücken gegenüber den Frauen, die sie lieben. Aber dieser Prozeß ist langwierig«, so die Therapeutin Barbara de Angelis. Gleichzeitig müssen natürlich auch Frauen lernen, nicht das Unmögliche zu wollen. Gleichberechtigung verträgt sich z. B. schlecht mit finanzieller Abhängigkeit vom (Ehe-) Mann. Und wer Sicherheit über alles stellt, darf sich nicht wundern, wenn die Beziehung in Langeweile erstickt. Lesen Sie, was Frauen besser machen können.

Verliebt, verheiratet, verzettelt? Zusammen leben will gelernt sein!

KONFLIKT NR. 1: DER MUTTERKOMPLEX

Vielleicht sind Sie schon aufgrund des Partnerschaftstests (Seite 24 ff.) zu dem Ergebnis gekommen, daß Sie ein ausgesprochen mütterlicher Typ sind. Dann betrifft Sie dieser Punkt besonders. Abgesehen davon gilt, daß fast alle Frauen in Beziehungen mütterliche Komponenten zeigen. Das ist gut, weil es ganz natürlich ist – und schlecht zugleich. Sie erfahren gleich, warum.

SIND SIE EIN MÜTTERLICHER TYP?

Zunächst ein kleiner Test: Welche der im folgenden geschilderten Verhaltensweisen kommen Ihnen aus Vergangenheit oder Gegenwart bekannt vor?

1. Wann immer Sie gemeinsam verreisen, kümmern Sie sich darum, daß alle Sachen gewaschen und gebügelt, die Pässe in Ordnung, die Hotels gebucht sind.

2. Sie haben schon einmal zu Ihrem Partner gesagt: »Vergiß nicht wieder deinen Regenschirm, sonst erkältest du dich.«

3. Wenn Sie das Gefühl haben, Ihr Partner verhält sich Ihnen gegenüber kühl, sorgen Sie für Ausgleich, indem Sie ihm z. B. etwas ganz besonders Gutes kochen. Sie sind dann sehr enttäuscht, wenn die erhoffte Reaktion ausbleibt und sich Ihr Partner weiterhin gleichgültig verhält.

4. Der Begriff »Undankbarkeit« nimmt in Ihrem Wortschatz einen großen Raum ein. Sie beschweren sich häufig über undankbare Menschen – unter anderem auch über Ihren Partner.

5. Oft fragen Sie Ihren Partner aus und sind völlig enttäuscht, wenn er nicht reagiert: »Hast du Hunger? Wie wär's mit einer Gulaschsuppe? Oder einem Sandwich? Hör mal, ich hab' dich was gefragt! Was ist denn los mit dir, warum sagst du denn nichts? Ist irgendwas passiert? Hm?«

6. Sie erledigen unangenehme Dinge selbst, von denen Sie annehmen, daß er sie nicht gut kann – den Haushalt z. B.: »Er sieht einfach den Dreck nicht und stellt sich dermaßen dumm an, daß ich es lieber selbst mache, das geht schneller.«

7. Sie handeln hinter seinem Rücken »zu seinem Besten«. Hat Ihr Partner Schwierigkeiten im Beruf, rufen Sie z. B. einen guten Freund von ihm an, um ihn zu bitten, er möge Ihrem Partner helfen – »aber sag ihm bloß nicht, daß ich angerufen habe!«

Fühlen Sie sich ertappt? Wenn ja – das macht nichts. Ihr mütterlicher Zug gehört zu Ihnen. Es geht nicht darum, sich ein elementares Bedürfnis – für Ihre Lieben zu sorgen – abzutrainieren; im Gegenteil, dieses Bedürfnis macht Sie liebenswert. Aber manchmal – und das wissen Sie auch selbst –

gehen Sie Männern damit auf die Nerven. Und das, obwohl Sie es wirklich gut meinen. Nur kommt das bei Männern häufig nicht entsprechend an. Deshalb sollten Sie lernen, Ihre Versorgermentalität etwas zu drosseln.

Gefahren für Ihre Partnerschaft

● Ihr Partner wälzt jede Verantwortung für Beziehung und/oder Familienleben auf Sie ab. Sie werden Organisatorin und emotionale Motor des gesamten Privatbereichs – und dürfen sich in diesem Fall auf einen Mann gefaßt machen, der sich, sobald er das gemeinsame Heim betritt, wie eine Mischung aus ungezogenem Halbwüchsigen und Pascha alter Schule aufführt: Er drapiert den Mantel über irgendeinen Stuhl, anstatt ihn in den Schrank zu hängen – das erledigen Sie ja später, wenn auch vielleicht unter Protest. Er fläzt sich in den Fernsehsessel, anstatt Ihnen in der Küche zu helfen. Er schimpft herum, wenn Sie Freizeitaktivitäten organisieren, hat aber nie eine alternative Idee. Sobald Ihnen das auffällt, werden Sie anfangen, sich über seinen Mangel an Initiative zu beklagen. Und es wird Ihnen nicht auffallen, daß Sie diesen Mangel zum Teil mitverschuldet haben.

Wenn Sie sich wie eine Mutter benehmen, provozieren Sie unter Umständen Verhaltensweisen Ihres Partners, die Sie verletzen und die auch der Beziehung nicht guttun.

● Irgendwann nimmt er Ihnen Ihre Machtposition übel und lehnt sich gegen Sie auf – wie sich Kinder gegen Eltern auflehnen. Das kann sich z.B. so äußern, daß er in eine Art späte Trotzphase verfällt, immer im Vertrauen darauf, daß Sie ihn schon wieder aufbauen, wenn er morgens nach ausgiebigem Kneipenbummel mit Kopfschmerzen erwacht, oder für ihn da sind, wenn ihn nach einer oder sogar mehreren Liebesaffären der Katzenjammer packt – schimpfend zwar, aber weiterhin bleiben Sie an seiner Seite. Selbst der Mutigste springt selten ohne Netz…

● Ihr Partner wird sich irgendwann unzulänglich vorkommen. Da Sie ihm viel zuviel abnehmen, entwickelt er ein gestörtes emotionales Selbstwertgefühl. Und das wirkt sich negativ auf sein Verhalten Ihnen gegenüber aus. Er wird einerseits immer unverantwortlicher handeln – die Erwachsene sind Sie, nicht mehr er! –, andererseits sich dabei extrem unwohl fühlen.

● Ihre erotische Anziehungskraft wird verlorengehen. Ihr Partner kann nicht eine Frau sexuell begehren, die ihm ständig die Fusseln vom Sakko zupft, seinen Schlips geraderückt, sich nach dem Zustand seiner Schuhe erkundigt... Und Ihnen wird ebenfalls die Lust auf einen Mann vergehen, den Sie behandeln wie einen Dreijährigen!

Die traditionelle Rollenverteilung prägt

Setzen Sie sich mit Ihren unbewußten Ängsten auseinander. Vermutlich befürchten Sie, verlassen zu werden, und meinen, sich durch extreme Fürsorglichkeit bei Ihrem Partner unentbehrlich machen zu müssen.

Erinnern wir uns: Bis vor gar nicht langer Zeit war Mutterschaft der einzig akzeptable »Job« für eine Frau. Gleich danach kamen – sozusagen als Ersatz – Helferberufe wie Krankenschwester, Kinderpflegerin, Erzieherin, Lehrerin. Es ist also gar nicht so einfach, diesem übermächtigen Rollenvorbild, das vielen von uns in der Kindheit von der eigenen Mutter vorgelebt wurde, nicht zu entsprechen. Dazu gehört oft ein bewußter Willensakt – getragen von dem Wunsch, eine erwachsene Beziehung zwischen zwei Menschen zu führen, die beide selbstverantwortlich handeln.

MERKE

1. *Liebe ist ein Geschenk. Lernen Sie, es anzunehmen, ohne den Zwang, ständig Gegenleistungen erbringen zu müssen. Sie sind als Person liebenswert genug, verlassen Sie sich darauf!*

2. *Gehen Sie als zweites Ihr Problem direkt an. Hören Sie also auf, Dinge für einen Mann zu tun, die er selbst erledigen kann. Ein Mann wird Sie bestimmt nicht verlassen, bloß weil Sie in Zukunft davon absehen, seine Socken zu stopfen.*

3. *Behandeln Sie drittens Ihren Partner wie einen kompetenten, zuverlässigen Menschen. Nörgeln Sie – auch so eine Muttermarotte! – nicht an ihm herum. Vor allem dann nicht, wenn er einen Fehler macht, der Sie überhaupt nicht betrifft. Und wenn er 100 Strafzettel monatlich nach Hause bringt und auch die Mahnungen jedesmal verliert – solange Sie die Gebühren nicht bezahlen müssen, kann Ihnen das vollkommen egal sein. Sie sind schließlich nicht seine Mama!*

Eingefahrenes Verhalten ändern

Angenommen, Sie sind wieder einmal in einer derartigen Partnerschaft: Ändern Sie die Situation rechtzeitig. Machen Sie dabei aber nicht den Fehler, Ihre Verhaltensänderung mit großen Worten anzukündigen. Sagen Sie also nicht: »Ich habe mir jetzt etwas überlegt. In Zukunft wird alles ganz anders. Du machst nämlich von nun an deinen Mist allein!«
Wie Sie ihn statt dessen vorbereiten? Gar nicht! Wenn er sich über den Zustand seiner Socken aufregt, informieren Sie ihn freundlich, wo in Ihrem Haushalt Nadel und Faden zu finden sind. Wenn Sie keine Lust haben zu kochen, bleibt die Küche kalt. Und Sie haben die gute Idee, daß er Sie zum Essen einlädt. Wenn das Wochenende naht, ohne daß Sie etwas vorhaben, bleiben Sie zu Hause oder unternehmen etwas mit einer Freundin. Protestiert er, tut Ihnen alles furchtbar leid: »Oh, warum hast du mir nicht gesagt, daß du dir etwas ausgedacht hast!«

Gerade Sie müssen wieder lernen, sich hofieren zu lassen. Vielen kleinen Mädchen wurde schon von ihren Eltern erklärt, daß sie nur dann liebenswert sind, wenn sie sich für andere aufopfern. Das aber ist ein Trugschluß. Sie sind liebenswert, weil Sie so sind, wie Sie sind – und nicht, weil Sie eine Funktion erfüllen oder eine Rolle spielen.

KONFLIKT NR. 2: DER EMANZENKOMPLEX

Was ist eine gleichberechtigte Beziehung? Schon in der Theorie ist diese Frage ziemlich schwierig zu beantworten. Es gibt sicherlich diese modellhaften Partnerschaften, wo er für die Küchenreinigung und sie für das Badputzen zuständig ist. Wo er morgens die Kinder in den Kindergarten bringt und sie sie dafür abends wieder abholt. Wo ein Haushaltsplan existiert, an den sich wechselweise beide halten. Wo Entscheidungen weitreichender Natur stets in Ruhe diskutiert werden und schließlich die jeweils besten Argumente siegen.

Tatsächlich gleichberechtigte Beziehungen existieren bestimmt irgendwo, wenn auch nicht auf diesem Planeten.

Theorie und Praxis

In den normalen, alltäglichen Beziehungen sieht es leider anders aus. Da gibt es zwar auch einen Haushaltsplan, doch außer ihr hält sich keiner daran. Da »vergißt« er mit konsequenter Bosheit jeden Tag aufs neue, den überfüllten Mülleimer herunterzubringen. Da übernimmt sie nur noch das Steuer, wenn er nicht mit im Auto sitzt, weil er es nicht lassen kann, ihren Fahrstil zu kritisieren. Und manchmal lacht er sogar heimlich über frauenfeindliche Blondinenwitze! Manchmal ertappt sie sich dabei, wie sie ihre Freundin beneidet, die mit einem bestens situierten, doppelt so alten Zahnarzt verheiratet ist, obwohl der Typ ein Chauvi der ältesten Schule ist. Dafür gibt es eine Haushälterin, eine Putzfrau, ein Kindermädchen und reichlich Freizeit für die Nur-Hausfrau.

Theorie und Praxis, Anspruch und Wirklichkeit klaffen nicht selten weit auseinander. Die Folge davon ist logisch: Streit um Lappalien. Ärger und Verbitterung, weil der Partner nicht so funktioniert, wie es im Lehrbuch über emanzipierte Beziehungen steht. Klagen im Beisein der ebenso verständnisvollen wie – als Außenstehende – empörten Freundinnen, die großzügig Ratschläge geben: »Das darfst du dir nicht länger gefallen lassen. Jetzt hau doch endlich auf den Tisch und zeig ihm, daß er das mit dir nicht machen kann.« Aber es klappt trotz bester Vorsätze nicht.

Der tägliche Nahkampf

Sind Ihre vergangenen Beziehungen unter anderem deshalb gescheitert, weil Sie Ihre Vorstellungen nicht durchsetzen konnten und sich deshalb schlecht fühlten?

Haben Sie in Ihren früheren Partnerschaften immer wieder versucht, mit guten Argumenten Ihre gerechte Sache zu vertreten, und sind Sie entweder auf eine Mauer gleichgültigen Schweigens oder offene Ablehnung gestoßen – und befanden Sie sich im zweiten Fall ziemlich rasch mitten in einem heftigen Streit, den Sie doch vermeiden wollten? Dann zunächst einmal herzliches Beileid, zweitens die beruhigende Information, daß es zahlreichen Frauen genau wie Ihnen geht, und drittens eine kleine Rüge. Angenommen, Sie waren nicht mit einem cholerischen Macho zusammen, der Sie an Bett und Herd gefesselt hat und Widerworte mit Prügeln quittierte – in diesem Fall vergessen Sie bitte all diese Ratschläge, und suchen Sie professionelle Hilfe! –, sondern mit einem ganz normalen, fehlerhaften Exemplar der Gattung Mann – dann können Sie mit ziemlicher Sicherheit davon ausgehen, daß Sie bislang Ihr Ziel auf dem falschen Weg angesteuert haben. Dazu müssen Sie eins wissen: Sobald Sie Forderungen welcher Art auch immer laut werden lassen, begeben Sie sich in Männeraugen auf die Machtkampfschiene. In der Folge wird jede Bitte, und sei sie noch so normal, nachvollziehbar und berechtigt, als Angriff auf seine Person gewertet. Absurd? Vielleicht. Aber viele Männer sind so.

Vielleicht kommt Ihnen der folgende Dialog in seiner Verlaufsform bekannt vor.

Sie: Warum fahren wir nicht raus zu meinen Eltern? Es ist so ein schöner Tag, wir könnten im Garten sein, anstatt auf unserem Minibalkon.

Er: Nein, dazu habe ich keine Lust.

Sie (weiß, daß er nie Lust hat, zu ihren Eltern zu fahren, und versteht das nicht): Wieso denn nicht?

Er: Weil ich eben keine Lust habe.

Sie: Die beiden letzten Samstagnachmittage haben wir mit deiner Mutter verbracht, weil du das so wolltest. Glaubst du, dazu hatte ich besondere Lust?

Er: Also weil wir die letzten Samstage meine Mutter besucht haben, müssen wir jetzt zu deinen Eltern fahren, oder wie? So eine bescheuerte Idee!

Sie: Nein, wir müssen nicht. Aber ich hätte große Lust dazu. Können wir nicht einfach zu meinen Eltern fahren, weil ich Lust dazu habe?

Er: Du vielleicht. Ich nicht, tut mir leid.

Sie: Das ist wirklich die Höhe! Immer muß es nach deiner Nase gehen. Ich hab' das wirklich satt!

Er: Quatsch! Mir reicht jetzt diese blödsinnige Unterhaltung!

Jeder kann sich ausmalen, wie »diese blödsinnige Unterhaltung« endet: vermutlich mit einem verdorbenen Samstag, bestimmt nicht mit einem Besuch bei ihren Eltern. Warum? In diesem Fall ist das unwahrscheinlich, weil er sich bei ihren Eltern nicht wohl fühlt, sie ihn vielleicht sogar verunsichern. Leider können Sie von den meisten Männern nicht erwarten, daß sie eine derartige Schwäche zugeben. Eher werden Sie verspottet, mit verstocktem Schweigen bestraft, mit einem verständnislosen »Was hast du bloß? Stimmt irgendwas nicht mit dir?« ins Unrecht gesetzt. Warum sind Männer so? Das weiß niemand. Vielleicht liegt es an der Erziehung, vielleicht an

Die meisten Männer würden nur im äußersten Notfall eingestehen, daß sie nicht perfekt sind, daß sie einen Fehler gemacht, sich schlecht benommen oder sich geirrt haben.

Predigen Sie nie vor tauben Ohren. Wenn er auf stur schaltet, braucht er Zeit. Überlegen Sie sich inzwischen objektiv Ihre Argumente.

den Genen. Unter Umständen war dieses Verhalten unter Neandertalern einmal eine sinnvolle Überlebensstrategie.

So setzen Sie sich durch

Sie möchten verschiedene Vorstellungen in Ihren Beziehungen verwirklichen, sind dabei aber bei Ihren Partnern regelmäßig gescheitert. In Zukunft können Sie das ändern – mit der richtigen Strategie. Bislang haben Sie auf die Kraft des Wortes vertraut – um festzustellen, daß Männer auf Argumente wie auf eine Kampfansage reagieren, nämlich mit einem Gegenangriff. Das Mittel der Diskussion ist also für die Durchsetzung Ihrer Ziele ungeeignet. Keine Sorge, es gibt bessere Methoden. Unschlagbar ist die Kombination aus Diplomatie und Konsequenz.

186

1. Schritt

Lassen Sie sich auf keine verbale Meinungsverschiedenheit mehr ein. Sagen Sie also nicht mehr: »Du weißt doch genau, daß das gar nicht stimmt! In Wirklichkeit verhält sich die Sache doch…«
Sagen Sie vielmehr: »Tut mir leid, da bin ich völlig anderer Auffassung, wie du ja weißt.« Ende der Diskussion.

Wenn Sie beim Thema bleiben, also keine allgemeinen Behauptungen formulieren, kann Sie niemand angreifen.

2. Schritt

Tun Sie das, was Sie tun möchten oder müssen, ohne seinen Widerspruch verärgert zu kommentieren – womit Sie nur die Fronten verhärten. Angenommen, er wirft Ihnen vor, daß Sie sonntags ins Büro gehen, obwohl er selbst ständig Überstunden macht, sagen Sie nicht: »Das ist doch die Höhe! Du warst doch letzte Woche selber nie vor zehn zu Hause.« Sagen Sie vielmehr liebevoll: »Ich finde es auch sehr schade, daß ich heute arbeiten muß, aber es läßt sich leider nicht ändern. Bis nachher, mein Schatz!« Ende der Diskussion. Sie verlassen die Wohnung.

3. Schritt

Wenn Sie erreichen wollen, daß er einige Verhaltensweisen ändert, schaffen Sie das ebenfalls nicht nur über das Gespräch. Lassen Sie ihn Konsequenzen spüren. Angenommen, Ihr Partner flirtet auf Parties leidenschaftlich gern mit anderen Frauen. Sie ärgern sich darüber und haben keine Lust mehr, gute Miene zu machen. Das brauchen Sie auch nicht. Sie verschwinden von der Party und übernachten im Hotel. Früh um sieben Uhr tauchen Sie todmüde in Ihrer gemeinsamen Wohnung auf und schwören, daß nichts passiert sei. Aber da war dieser nette Gast, und mit dem sind Sie noch in einer Kneipe versackt, und es tue Ihnen so leid, und es werde nie wieder vorkommen… Das nächste Mal wird er ein Auge auf Sie werfen, nicht auf attraktive Konkurrentinnen.

4. Schritt

Manchmal lassen sich Diskussionen nicht umgehen, besonders wenn es sich um grundsätzliche Probleme handelt. Dann bereiten Sie sich bitte sorgfältig darauf vor. Sie müssen nicht alle Ihre Argumente auswendig lernen, sondern einfach nur stark und überzeugend wirken. Es geht auch nicht darum, ob Sie in einem abstrakten Sinn recht oder unrecht haben.

Sondern es geht um das, was Sie fühlen, wünschen, brauchen. Auf dieser Ebene müssen Sie die Diskussion führen.

Wenn Ihr Partner versucht, die Diskussion von der Gefühlsebene wieder auf die Sachebene zu bringen – ein beliebter Trick, um Sie matt zu setzen, denn oft kann man Gefühle nicht rational erklären –, lassen Sie sich nicht darauf ein. Sagen Sie: »Ich bin nicht interessiert an einem intellektuellen Disput über das Wesen der Eifersucht im Wandel der Jahrhunderte. Tatsache ist, ich mag nicht, wenn du in meinem Beisein extrem mit anderen Frauen flirtest. Bitte hör auf damit, sonst kann ich mit dir nicht mehr ausgehen.« Beenden Sie die Diskussion, sobald Sie merken, daß sie wieder in einen Machtkampf ausartet. Sagen Sie: »Du kennst jetzt meine Gefühle. Wenn du sie dauernd verletzt, werden wir nicht mehr lange zusammen sein können.« Ende der Diskussion.

> **Sie stehen auf und verlassen das Zimmer, am besten gleich die Wohnung. Erst daran merkt er, daß Sie jedes Wort ernst meinen.**

5. Schritt

Das ist der schwierigste Moment, besonders wenn der Streit eskalierte: Sie relativieren nichts von dem, was Sie gesagt oder getan haben – und das gilt auch dann, wenn Sie plötzlich kleinmütig daran zweifeln, im Recht zu sein. Sie wiegeln nicht nachträglich ab und entschuldigen sich nicht, nur damit er wieder lieb zu Ihnen ist. Sie geben ihm keinen Kuß, um sich versöhnungsbereit zu zeigen. Sie halten im Gegenteil die Disharmonie, die sein Mißfallen verursacht, aus. Sie warten ab, bis er auf Sie zukommt, sich entschuldigt oder auf andere Weise zeigt, daß er begriffen hat. Vorher sind Sie zu nichts bereit. Merke: Ohne diesen fünften Schritt können Sie sich alle anderen Schritte sparen. Auch der netteste Mann nimmt Sie nicht ernst, wenn Sie sich ständig über ihn beschweren, aber nie die Konsequenzen ziehen.

SELBST IST DIE FRAU!

1. Glauben Sie an sich selbst!

2. Glauben Sie an Ihre eigene Kraft!

3. Erlauben Sie nicht, daß irgendein Mann oder die Sehnsucht nach einer Beziehung Ihnen Ihre Kraft nimmt!

KONFLIKT NR. 3: DER ASCHENPUTTELKOMPLEX

Hinter jedem erfolgreichen Mann steht eine Frau – das galt noch bis weit in die sechziger Jahre hinein. Heute können sich Frauen damit nicht mehr identifizieren. Heute wollen wir nicht mehr hinter, sondern neben dem Mann stehen. Zumindest theoretisch.

In der Praxis sieht die Sache häufig anders aus. Da investieren Frauen häufig ihre ganze Kraft in die Beziehung, in der Hoffnung, daraufhin mehr geliebt zu werden. Und das ist leider ein Trugschluß.

WIE VERHALTEN SIE SICH?

1. Wenn Ihr Partner schlecht gelaunt ist, fragen Sie sich dann automatisch, was Sie falsch gemacht haben könnten?

2. Fühlen Sie sich häufig unter anderen Menschen, beispielsweise Ihren Freunden, gelöster als in Gegenwart Ihres Partners?

3. Handeln Sie ungeschickter als normal, wenn Ihnen Ihr Partner bei einer Tätigkeit zusieht?

4. Haben Sie manchmal das Gefühl, Ihrem Partner nicht ebenbürtig zu sein?

5. Fällt es Ihnen sehr schwer, Bedürfnisse zu formulieren, von denen Sie wissen, daß Ihr Partner sie nicht versteht oder teilt?

6. Drohen Sie oft mit Konsequenzen, ohne Ihre Drohungen tatsächlich wahrzumachen?

7. Hatten Sie in einer Beziehung schon einmal das Gefühl zu ersticken? Und haben Sie trotzdem keine Konsequenzen gezogen?

8. Baden Sie manchmal regelrecht in Verzweiflung?

Wenn Sie auch nur eine Frage mit einem entschiedenen »Trifft zu!« beantwortet haben, dann sind Sie in jeder Partnerschaft aufs neue in

Gefahr, Ihre Persönlichkeit zugunsten eines anderen zu vernachlässigen. Das gilt auch dann, wenn Sie normalerweise ein selbstbewußtes, bestimmtes Auftreten haben – zum Hascherl werden Sie oft erst in Gegenwart des Mannes, den Sie lieben. Sie setzen sich nicht genügend für Ihre eigenen Interessen ein. Die beinahe zwangsläufige Folge, sofern Sie nicht mit einem wahren Engel zusammenleben: Ihr Partner behandelt Sie nicht so, wie er Sie behandeln sollte, selbst wenn er im Grunde ein netter Mensch ist.

CHECKLISTE

WIE VERHÄLT SICH IHR PARTNER?

Symptom Nr. 1
Er reagiert völlig irrational, oft wie ein trotziges Kind, wenn Sie eine Bitte von ihm ablehnen. Beispiel: Sie versuchen, ihm freundlich klarzumachen, daß Sie ausnahmsweise zu müde und zu gestreßt sind, um mit ihm und seinen Freunden auszugehen. Seine Antwort: »Stell dich nicht so an, was hast du denn heute schon groß geleistet!«

Symptom Nr. 2
Er reagiert völlig irrational auf minimale Kritik. Sie sagen: »Bitte fahr etwas langsamer.« Er würdigt Sie entweder keiner Antwort und fährt auch nicht langsamer oder schreit Sie unvermittelt an: »Hör mit dem Gemecker auf, ich kann mich nicht konzentrieren!«

Symptom Nr. 3
Bei einer Auseinandersetzung schafft er es jedesmal, Sie ins Unrecht zu setzen.

Symptom Nr. 4
Er behandelt Sie vor anderen gönnerhaft bis unverschämt.

Wenn Ihnen die hier aufgelisteten Verhaltensweisen bei Ihren bisherigen Partnern bekannt vorkommen, dann machen Sie etwas Grundsätzliches falsch.

Lehnen Sie sich auf!
Wenn Sie derzeit allein leben, werden Sie sich vielleicht schwören, daß Sie nie wieder in eine derart selbstzerstörerische Beziehung hereingera-

ten. Und trotzdem sind Sie nach wie vor in Gefahr, sich unterdrücken zu lassen, sobald Ihnen ein Mann mehr als gut gefällt. Warum? Weil wir nach wie vor ein zähes, langlebiges Ideal im Kopf haben: den Märchenprinzen, der alle Mühe lohnt.

Frage: Warum bekommt Aschenputtel den Märchenprinzen?

Antwort: Nicht weil sie clever und stark ist, sondern weil sie lieb und uneigennützig handelt.

Betrachten wir dieses uralte Märchen einmal genauer. Aschenputtel läßt sich, wie wir alle wissen, Tag für Tag von ihrer Stiefmutter und ihren Stiefschwestern mißhandeln. Auf den Gedanken, sich entweder zu wehren oder die Arbeit abzulehnen und das Weite zu suchen, kommt Aschenputtel nicht. Dabei würde es ihr wahrscheinlich überall bessergehen als in ihrem Zuhause, wo man sie lediglich als bessere Putzfrau mißbraucht. Man kann also sagen, daß Aschenputtel an ihrem beklagenswerten Schicksal eine gewisse Mitschuld trägt. Sie ist keineswegs ein Vorbild, sondern vielmehr ein abschreckendes Beispiel dafür, was passiert, wenn man sich nicht wehrt.

Glauben Sie nicht, daß es nur Ihnen so geht. Fast jede Frau hat sich irgendwann schon einmal kleinmachen lassen und nichts dagegen unternommen.

Doch Märchen funktionieren nach anderen Gesetzen als denen der Wahrscheinlichkeit. Im Märchen wird Aschenputtel zur Ikone einer mehr als fragwürdigen Verzichtsmoral – und wird für ihre Geduld mit Prinz und Schloß belohnt. Das ist absurd und unglaubwürdig. Trotzdem gibt es erstaunlich viele Frauen, die offenbar immer noch daran glauben.

Sind Sie ein Aschenputtel?

Seien Sie einmal ehrlich: Sind Sie manchmal ein Aschenputtel? Genießen Sie ab und zu die Vorstellung, sich im Namen der Liebe aufzuopfern? Dann hören Sie ab heute auf damit. Werden Sie wütend, wenn man Sie schlecht behandelt! Bleiben Sie wütend, wenn er sich nicht entschuldigt! Verlassen Sie ihn, wenn er sich nicht ändert! Sie haben keine Belohnung zu erwarten, wenn Sie sich nicht wehren. Belohnt werden Sie – mit einem besseren Job, mehr Gehalt, vielen Freunden, einem lieben Partner oder was immer Sie sich wünschen – nur dann, wenn Sie dafür kämpfen. Unter anderem für Ihre Würde als unverwechselbare Persönlichkeit, jeden Tag aufs neue, aber nicht an der Märtyrerfront.

DIE DYNAM

Wir wissen selbst nicht genau, was schiefgegangen ist – diesen stereotypen Satz kennen Therapeuten nur zu gut. In diesem Kapitel werden die Probleme von sechs Menschen aufgeschlüsselt, deren Beziehungen zerbrochen sind. Obwohl sie, hätten sich die Partner richtig verhalten, zu retten gewesen wären. Die typischen Fehler zeigen Ihnen, was Frauen beim nächsten Mann besser machen können.

K DES SCHEITERNS

INGE UND JENS

Als Inge und Jens sich kennenlernen, ist die 25jährige Inge noch Studentin der Politologie; Jens, 33 Jahre alt, steht hingegen schon voll im Berufsleben. Er hat sich als Kameramann selbständig gemacht und kann sich vor den Aufträgen diverser Privatsender nicht retten. Er verdient sehr gut und lebt in einer geräumigen Altbauwohnung.

Bald zieht Inge bei ihm ein. Inges berufliche Pläne sind eher vage. Sie arbeitet zwar fleißig und zielstrebig auf ihren Magister hin, hat aber noch keine rechte Vorstellung, was sie mit diesem Titel eigentlich anfangen will.

Der Alltag

Da Inge über wesentlich mehr Freizeit verfügt als Jens, der beruflich sehr viel unterwegs ist, sind die Rollen in ihrer Beziehung bald festgelegt: Inge, die auch in der Wohnung lernen kann, übernimmt den häuslichen Part. Sie kocht nicht nur gern und gut, sondern ist auch ein ungewöhnlich geselliger Mensch.

Jedes Paar entwickelt im Lauf der Zeit bestimmte Regeln des Zusammenlebens, die später oft schwer zu ändern sind.

Bald haben Jens und sie einen großen Freundeskreis. Der eher zurückhaltende Jens weiß das zu schätzen: Immer wenn er heimkommt, ist etwas los. Sein Privatleben ist vielseitig geworden. Inge und er verstehen sich blendend. Sie haben ähnliche Interessen und Hobbys, mögen dieselbe Art Menschen, können viel miteinander anfangen.

Die Probleme beginnen

Inges Magisterprüfung rückt näher. Sie bekommt Thema und Abgabetermin ihrer Magisterarbeit und jobbt nebenbei als Aushilfskraft in einem Computergeschäft.
Die ersten Probleme tauchen auf, zunächst nur sichtbar für Inge: Sie hat im Laufe der Jahre so viele häusliche Verpflichtungen übernommen, daß sie nicht genügend Zeit für ihr Studium hat. Es ist Inge, die sich um die Wäsche kümmert, die gemeinsame Urlaube organisiert, das Auto in die

Reparatur bringt, die Putzfrau einweist. Es ist Inge, die sich allmählich überfordert fühlt. Mit ihrer Magisterarbeit geht es nicht voran. Oft sitzt sie bis spät in der Nacht vor ihrem Computer.

Es passiert immer häufiger, daß Jens nach Hause kommt und Inge kaum ansprechbar ist. Das ist er nicht gewöhnt, so kennt er sie nicht, so gefällt sie ihm auch nicht. Andere Ärgernisse kommen hinzu: Inge kocht nun nicht mehr täglich, kauft nicht mehr regelmäßig ein und reagiert gereizt, wenn Jens sie darauf anspricht: »Wo steht eigentlich geschrieben, daß ich mich um alles kümmern muß? Du kannst ja auch mal einkaufen!« Mit dieser Argumentation, so schlüssig sie ist, kann Jens nichts anfangen – im Gegenteil. Der Vorwurf macht ihn wütend. Er hat sich nichts vorzuwerfen! Er hat Inge nicht an den Herd gezwungen! Das war ihre Entscheidung!

Der Konflikt nimmt zu

Jens fühlt sich beiseite geschoben. Die lustigen Treffen mit vielen Freunden sind Vergangenheit. Die Atmosphäre bei Jens und Inge kühlt spürbar ab. Jens wirft Inge mangelhafte Organisation vor. Inge ist ihrerseits tief enttäuscht von Jens. Hat sie sich jemals beklagt, wenn er tagelang bei Dreharbeiten war? Er hingegen wird wütend, wenn sie an seinen freien Abenden mit ihrer Arbeitsgruppe lernen muß.

Inge steht nun unter doppeltem Druck. Die Universität verlangt ihr Recht, und der Haushalt muß nebenbei erledigt werden; jeder Versuch, Jens zur Mithilfe zu bewegen, endet im Streit.

Warum hilft er ihr jetzt nicht? Warum stellt er sich nicht selbst an den Herd, lädt Freunde ein? Warum beschwert er sich darüber, daß auch sie Erfolg haben will – ausgerechnet er, der Ehrgeizige? Statt dessen läßt er keine Gelegenheit aus, über die Universität zu lästern.

Inge schafft ihren Magister mit Auszeichnung. Jens sagt: »Ich habe nichts anderes erwartet« und erzählt ihr anschließend, welche Defekte seine neuerworbene Kamera hat und daß er sich bei der Firma beschweren wird. Der folgende Schlagabtausch »Du interessierst dich überhaupt nicht für meinen Erfolg!« – »Jetzt geht die Leier schon wieder los!« markiert den Anfang vom Ende. Einen Monat später wird Inge eine Assistentenstelle an einer anderen Universität angeboten. Sie nimmt an. Jens und sie beenden die Beziehung noch vor ihrem Umzug. »Es hat sich totgelaufen«, sagen beide.

Übernehmen Sie nicht selbstverständlich Wäscheberge und Küchen-arbeit – es könnte Ihnen schon bald leid tun.

195

Was ist passiert?

Eine ganze Reihe Männer können schlecht mit der Tatsache umgehen, daß ihre Partnerin beruflich stark engagiert ist. Das gilt auch für Männer, die keine unbelehrbaren Chauvinisten sind: Die Tradition verlangt den männlichen Versorger.

Unterschiedliche soziale Rollenerwartungen an den Partner bzw. die Partnerin – sowohl von außen als auch von den Partnern selbst – erschweren Veränderungsprozesse in der Partnerschaft zusätzlich.

Im Fall von Jens kommt erschwerend hinzu, daß er nicht der klassische Macho sein will, der seiner Freundin den Erfolg nicht gönnt; diese antiquierte Haltung ist in seinen Kreisen nicht mehr gesellschaftsfähig. Er kann also seine Schwierigkeiten mit einer plötzlich starken, erfolgsorientierten Frau nicht zugeben – und sie bequemerweise auf Inge schieben. Doch das ist nur ein Teil des Problems.

Jedes Paar entwickelt im Lauf der Zeit bestimmte Regeln des Zusammenlebens. Hier funktionierte die Beziehung auf der Basis klassischer Arbeitsteilung:

- Inge kümmerte sich um den Haushalt und die sozialen Kontakte.

- Jens übernahm die finanziellen Belange.

Inge zerstört diese Balance, die beide eine Zeitlang völlig zufriedenstellt: Sie fängt an, sich stärker auf ihr Studium zu konzentrieren und den Haushalt zu vernachlässigen. Damit erfüllt sie – nach Jens – ihren Teil der zwar stillschweigend geschlossenen, aber nichtsdestoweniger verbindlichen Vereinbarung nicht mehr.

Inge sieht das zunächst unbewußt ganz ähnlich und versucht anfangs – ihr erster großer Fehler –, alle Anforderungen zu erfüllen. Das gelingt ihr nicht lange. Das Studium, der Haushalt oder Jens – eines kommt immer zu kurz. Eine frustrierende, aber ganz normale Erfahrung.

Inges Fehler

Inge hätte sich mit Jens zusammensetzen müssen, um die Regeln ihrer Partnerschaft neu zu definieren: »Ich kann in Zukunft nicht mehr so oft kochen und werde abends manchmal nicht zu Hause sein. Wie können wir unsere Beziehung in Zukunft neu regeln?« Jens wäre auf diese Weise nicht von den Ereignissen überrollt worden, hätte ein Mitspracherecht an den neuen Entwicklungen gehabt und hätte schon deshalb wahrscheinlich sehr viel toleranter reagiert. Inges zweiter Fehler: Sie hat von sich auf andere geschlossen. Die Tatsache, daß es ihr nichts ausmacht, wenn Jens ein paar Tage nicht da ist, bedeutet nicht, daß ihn ihre Abwesenheit genausowenig stört. Natürlich ist es nicht gerecht von ihm, ihre permanente Anwesenheit zu verlangen, wenn er selbst viel unterwegs ist. Aber auch darüber hätten die beiden sich verständigen können. Sie hätten Vereinbarungen treffen können, um die Situation zu erleichtern.

Wenn sich die Rahmenbedingungen grundlegend ändern, muß die Arbeitsverteilung in der Partnerschaft neu geregelt werden, und zwar frühzeitig und gemeinsam.

Sie haben beides nicht versucht, sondern sich statt dessen in einen Machtkampf verstrickt, den beide nur verlieren konnten. Inge pochte auf Gerechtigkeit und vermittelte Jens das Gefühl, sie immer ausgenutzt zu haben. Diesen Vorwurf konnte Jens nicht akzeptieren. Deshalb endete jede Diskussion um seine Mithilfe im Haushalt im Streit.

Schließlich passiert, was Inge hätte vermeiden können, wenn sie Jens von Anfang an mehr in ihre Probleme mit einbezogen hätte. Jens betrachtet die Universität als Konkurrenten und fühlt sich ausgeschlossen. Das ist der Anfang vom Ende.

Was kann Inge beim nächsten Mann besser machen?

Als Universitätsassistentin ist Inge in einer Position, die keine Zweifel offenläßt, daß ihr Beruf wichtig für sie ist. Mißverständnisse und damit verbundene Konflikte – Jens nahm ihr Studium nicht besonders ernst – können also beim nächsten Mann gar nicht erst entstehen.

Inge muß aber darauf achten, sich nicht wieder in die Rolle der patenten Hausfrau drängen zu lassen, die sich überdies um sämtliche sozialen Belange kümmert. Denn diese Rolle allein – das zumindest ist ihr klargeworden – stellt sie nicht zufrieden.

Frauen wie Inge sind immer in Gefahr, von ihren Partnern nach der Devise »Das kannst du viel besser als ich« eingesetzt zu werden. Das liegt nicht nur an ihrem ausgeprägten Organisationstalent, von dem ihre Mitmenschen profitieren, sondern auch an einem grundsätzlichen Irrtum, dem viele Frauen unterliegen: Vorleistungen werden nicht automatisch vom Partner als solche erkannt und später – im Bedarfsfall – belohnt. Etwas ganz anderes passiert: Der Partner gewöhnt sich an bestimmte Annehmlichkeiten und betrachtet sie schließlich als selbstverständlich.

Das heißt nicht, daß Inge ihre hausfraulichen Begabungen in Zukunft verstecken sollte. Sie muß nur von Anfang an klarstellen, daß der Beruf ihr mindestens genausoviel bedeutet und daß sie einen Partner braucht, der ebenfalls zum Kochlöffel greift.

MARTIN UND SABRINA

Was lange währt, wird endlich gut: Sabrina, 34 Jahre alt, hat lange um Martin gekämpft. Er hatte sich nicht aus seiner vorherigen Beziehung lösen können. Martins Exfreundin verschwand leider nicht still und taktvoll aus seinem Leben, sondern zog alle Register der schmachvoll Verlassenen. Martin, ohnehin nicht sehr entscheidungsstark, schwankte monatelang zwischen beiden Frauen, bis Sabrinas Hartnäckigkeit den Sieg davontrug.

Martin, der sensible Melancholiker, fühlt sich angeregt durch Sabrinas Lebensfreude, ihre dynamische Art. Sabrina schätzt Martins trockenen Humor, seine Lässigkeit, seine Ruhe.

Leben in Harmonie

Die jetzt folgenden Monate sind sehr entspannt. Beide sind sehr verliebt. Sie planen zusammenzuziehen.

Eines Tages wird Sabrina über eine Arbeitskollegin eine Wohnung angeboten – ein echtes Schnäppchen: groß, schön, sehr preiswert, ideal für zwei Personen. Sabrina ruft Martin sofort an, doch zu ihrer Überraschung hält sich seine Begeisterung in Grenzen. Er möchte die Wohnung »erst mal sehen«. Sabrina macht sofort einen Besichtigungstermin für den selben Abend aus; Martin verspätet sich um 20 Minuten, was sonst nicht seine Art ist. Die Wohnung gefällt ihm nicht. Sie sei zwar hübsch, aber zu dunkel, sie habe keinen Balkon, und überhaupt gehe ihm alles zu schnell. Die Vermieterin erwartet eine rasche Entscheidung, es gebe noch eine Reihe anderer Interessenten.

Das Problem beginnt

Martin bedauert: Er braucht mehr Zeit. Sabrina ist enttäuscht, aber nicht entmutigt. In den nächsten Wochen wälzt sie Zeitungen, telefoniert mit Maklern und Vermietern, schleppt Martin in immer neue Domizile und kann ihn doch für keines begeistern. Schließlich wird ihr klar, daß seine Pläne, mit ihr zusammenzuleben, nur auf einer vagen Sehnsucht, weniger auf einem echten Wunsch beruhen. In Wirklichkeit will er sich noch nicht binden.

Sabrinas Selbstbewußtsein ist verletzt. Darüber hinaus muß sie nun mit diversen Peinlichkeiten fertig werden. Unvorsichtigerweise hat sie all ihren Freunden erzählt, »daß Martin und ich eine Wohnung suchen. Wenn ihr irgendwas hört...« Und die Freunde erkundigen sich nun penetrant. Es ist schwer für sie zu erklären, daß sie das Zusammenziehen bis auf weiteres zurückgestellt haben.

Die späte Erkenntnis, daß Martin sich eigentlich gar nicht fest binden möchte, ist für Sabrina ausgesprochen kränkend.

Die Enttäuschung macht sich Luft: Mehrmals wirft Sabrina Martin vor, sie nicht nur belogen, sondern auch Hoffnungen geweckt zu haben, die er nie erfüllen wollte. Martin fühlt sich in die Enge getrieben und reagiert entsprechend: Wie ein hakenschlagendes Tier argumentiert er, sie selbst habe ihm den Spaß an der Sache verdorben, weil sie ihn unter Druck gesetzt habe.

Sabrina kann ihm lückenlos beweisen, daß diese Behauptung lächerlich ist: Er hat den Vorschlag gemacht zusammenzuziehen, und zwar am Soundsovielten abends bei einem Glas Wein. Sabrinas unbestechliches Gedächtnis bezwingt Martin. Er sagt überhaupt nichts mehr, was Sabrina noch mehr in Wut bringt: »Ich habe keine Lust mehr, meine Zeit mit einem bindungsscheuen Schlaffi zu verplempern.« Türen knallend verläßt sie seine Wohnung und erwartet selbstverständlich, daß er sich entschuldigt und sich fortan mehr Mühe mit ihrer Beziehung gibt.

Der Konflikt spitzt sich zu

Martin meldet sich überhaupt nicht mehr. Er weiß nicht, was er Sabrina sagen soll, außer: »Du hast recht, ich habe tatsächlich Angst, mich festzulegen.« Leider ist ihm klar, daß Sabrina diese harte Wahrheit am allerwenigsten hören will.

Tage später steht Sabrina wutschnaubend vor der Tür. Martin sieht sie und läßt sie nicht herein. Er weiß, was ihm bevorsteht: eine Auseinandersetzung und Anschuldigungen. Darauf hat er nicht die geringste Lust. Außerdem versteht er nicht, was Sabrina überhaupt noch an ihm findet. Er hat sich wie ein Idiot benommen, das ist ihm klar. Warum handelt sie nicht entsprechend und zeigt ihm die kalte Schulter? Ihr Erscheinen wirkt auf ihn, als wollte sie die Rolle der Unterlegenen annehmen und ihn gleichzeitig angreifen – für ihn eine unerträgliche Vorstellung.

Schließlich versöhnen sich Sabrina und Martin wieder. Aber die Spontaneität fehlt ihrer Liebe. Martin fühlt sich in Sabrinas Gegenwart nun tatsächlich unter Druck gesetzt. Ihre aktive Art bedrängt ihn, da er lieber die Dinge an sich herankommen läßt. Und: Er mag nicht für Sabrinas Wohlergehen verantwortlich sein. Sabrina, empfindlich geworden, nimmt ihrerseits von nun an jedes Nein persönlich. Die Trennung wird unausweichlich: Beide fühlen sich nicht mehr wohl miteinander.

Der bindungsscheue Mann ist ein bekanntes psychologisches Phänomen. Es gibt eine Reihe von Männern, die sich von Affäre zu Affäre lieben und schon beim Gedanken an eine längerfristige Beziehung schaudernd Reißaus nehmen.

Was ist passiert?

Frauen haben nicht die geringste Möglichkeit, bindungsscheue Männer zu bekehren. Sie ändern sich nur, wenn sie es müssen. Notorisch Bindungsscheue haben aber sehr viel Erfolg mit ihrer Strategie des fliegenden Wechsels. Martin gehört, auch wenn es auf den ersten Blick so aussehen mag, nicht zu diesem Typ. Er ist lediglich ein Mensch, der Schwierigkeiten hat, sich schnell zu entscheiden. Veränderungen jeder Art bereiten ihm Unbehagen. Trotzdem hatte die Beziehung mit Sabrina durchaus Chancen. Sie hätte funktionieren können – nach dem klassischen Muster »Gegensätze ziehen sich an«.

Leider hat Sabrina den Fehler gemacht, Martin ihre Lebensweise aufdrängen zu wollen. Dabei ist ihr natürlich nicht vorzuwerfen, daß sie Martins vage Pläne, mit ihr zusammenzuziehen, ernst genommen hat. Ein Mensch wie sie – zupackend und geradlinig – kann gar nicht anders reagieren als mit sofortiger Aktivität.

Martins Zögern war allerdings unmißverständlich und hätte ihr zu denken geben müssen. In dieser Phase hätte ein einziges klärendes Gespräch die Beziehung retten können. Vermutlich sehnte sich Martin selbst danach, Sabrina klarzumachen, daß sein Verhalten nicht auf mangelnder Zuneigung beruhte. Und nur darauf kam es an. Sabrina hingegen war nicht nur blind gegenüber allen Signalen, die er aussandte; sie wäre wahrscheinlich gar nicht in der Lage gewesen, seine Sicht der Dinge zu akzeptieren.

Schließlich brachte sich Sabrina, ihrem überschießenden Temperament gemäß, selbst in eine Lage, überstürzte Entscheidungen treffen zu müssen.

200

Sie hatte aus ihrer Sicht viel für die Beziehung getan – und das vergeblich. Darüber hinaus stand sie unter gesellschaftlichem Druck, den Martin noch verstärkt hatte. Folgerichtig fühlte sie sich betrogen und zog die Konsequenzen.

Leider leitete sie auf diese Weise einen Teufelskreis ein. Martin traute sich nicht mehr, ihr zu erklären, was seiner Meinung nach passiert war. Gleichzeitig irritierte ihn ihre Inkonsequenz. Und dann störte ihn Sabrinas direkte Art, während sich Sabrina von seiner scheinbaren Trägheit abgestoßen fühlte. Schade. Beide hätten sich wunderbar ergänzen und voneinander lernen können.

Was kann Sabrina beim nächsten Mann besser machen?

Sabrina muß lernen, geduldiger zu werden. Konkret heißt das, auch wenn es noch so schwer fällt, sich in Passivität zu üben. Sabrina sollte also in Zukunft nicht als erste zum Telefonhörer greifen, sondern abwarten, bis der neue Mann anruft. Sie sollte auch nicht gleich Theaterkarten organisieren, sondern dies ihm überlassen. Und sie sollte nicht enttäuscht sein, wenn von seiner Seite ihrer Ansicht nach zuwenig passiert.

Eine menschliche Beziehung braucht in der Regel eine gewisse Zeit, um sich zu entwickeln. Frauen neigen oft dazu, ihre Freunde und Partner zu überrollen.

Sabrina muß die ihr fehlende Fähigkeit entwickeln, sich auf den Rhythmus eines anderen einzustellen. Sie muß erkennen: Wir haben jede Menge Zeit und müssen nichts übereilen.

Außerdem neigt Sabrina dazu, ihre Partner zu mißbrauchen. Daß sie allen Freunden vom geplanten Umzug erzählt hat, deutet darauf hin, daß ihre Beziehung ihren gesellschaftlichen Status heben soll. Solche Erwartungen setzen den anderen unter Druck. Merke: Es ist keine Schande, Single zu sein!

SASKIA UND HELMUT

Diese beiden sind füreinander geschaffen – bei kaum einem anderen Paar drängt sich dieser abgedroschene Spruch dermaßen auf. Lange Zeit sehen das Saskia und Helmut genauso. Sie sind seit zehn Jahren befreundet, seit drei Jahren verheiratet. Als sie sich an der Universität kennenlernten, waren sie Anfang 20.

**Selbst äußerlich harmo-
nieren die beiden in einer
Weise, daß sie bereits
mehrmals von Fotografen
angesprochen wurden.
Beide sind blond, blauäu-
gig und sehr anziehend.**

● Saskia erinnert sich, daß es bei ihr Liebe auf den ersten Blick war.

● Helmut weiß noch, daß er von Saskia in beschwipstem Zustand »abgeschleppt« wurde und am nächsten Morgen erstaunt feststellte, »daß ich mit meiner Traumfrau im Bett lag«.

Beide stürzen sich in ihre Leidenschaft, isolieren sich im ersten halben Jahr abrupt von allen Freunden, sind sich selbst genug.

Erste Probleme

Helmut ist derjenige, den das hermetische Element in ihrer Beziehung zu stören beginnt und der auf mehr Außenkontakte drängt. Saskia reagiert in seinen Augen mit völlig ungerechtfertigter Panik. Es dauert lange, bis Helmut ihr klarmachen kann, daß er sie nicht weniger liebt, bloß weil er ab und zu ein paar Freunde sehen will.

Seine Argumente sind so vernünftig, daß Saskia sich ihnen auf die Dauer nicht verschließen kann. Dennoch geht die Initiative, neue Freunde kennenzulernen, fast nie von ihr aus. Das hat zur Folge, daß die meisten Freunde, mit denen das Paar regelmäßig etwas unternimmt, Helmuts Freunde sind. Saskia ist charmant, liebenswürdig, amüsant, bemüht – und vermittelt ihnen trotzdem die unterschwellige Botschaft: »Ich brauche euch nicht. Eigentlich seid ihr mir egal.« Jeder mag sie, jeder empfindet sie aber insgeheim als unnahbar.

Die Krise

Kleine Probleme tauchten schon länger auf, manchmal sind sie Anlaß für Streitigkeiten, wenn Helmut ihr vorwirft, daß sie sich »zuwenig einbringt«. Doch das ist nichts, was ihre Liebe gefährdet.

Der Schock könnte also nicht größer sein, als Saskia eines Tages einen handgeschriebenen Brief auf Helmuts ansonsten penibel aufgeräumtem Schreibtisch entdeckt. Zunächst völlig arglos, beginnt Saskia ihn zu lesen; es ist ein in Englisch verfaßter Liebesbrief. Kein Irrtum ist möglich, der Brief ist an Helmut gerichtet und nimmt unmißverständlich auf stattgefundene Vertraulichkeiten Bezug. Saskia kennt die Frau. Sie ist dunkelhaarig, vital, sinnlich – das Gegenteil von ihr. Saskia ruft Helmut im

Alte Fotos gefunden, einen Brief aufgemacht? Und jetzt nagt die Eifersucht, und Sie stellen sich die heißesten Szenen vor. Sprechen Sie darüber.

203

Als Saskia auf Helmuts Schreibtisch einen Liebesbrief entdeckt, fällt sie aus allen Wolken. Büro an. Sie ist ganz ruhig. Noch immer glaubt sie insgeheim, die Sache werde sich erklären lassen. Doch Helmut gibt schon am Telefon alles zu.

Er nimmt sich den Rest des Tages frei und kommt nach Hause. Eine lange, dramatische Aussprache findet statt. Helmut bereut alles zutiefst, weiß nicht, was in ihn gefahren ist, schwört, daß es die erste Affäre sei. Er liebe Saskia nach wie vor, wolle sie auf keinen Fall verlieren, aber die andere Frau könne er im Moment nicht aufgeben.

Helmuts klassische Bitte »Laß mir etwas Zeit« löst bei Saskia einen Weinkrampf aus. Nein, darauf werde sie sich auf keinen Fall einlassen. Er müsse sofort Schluß machen! Aber Helmut bleibt fest. Seine Gefühle für die andere seien im Moment sehr stark. Er könne nichts dagegen unternehmen und wolle keine unhaltbaren Versprechen abgeben.

Eine ausweglose Situation

In den nächsten Wochen versinkt Saskia in einer Depression – und merkt erst jetzt, wie allein sie ist. Die gemeinsamen Bekannten zeigen sich erschüttert: »Wir haben euch immer für das Traumpaar gehalten.« Aber im Grunde stehen sie zu Helmut. So jedenfalls sieht das Saskia.

Doch das schlimmste ist Helmuts Unnahbarkeit. Ihr Kummer läßt ihn nicht kalt, aber er kann ihr nicht helfen. Jeder Vorschlag – auch sein möglicher Auszug und das Angebot, ihr die Wohnung zu überlassen – löst eine Flut von Tränen aus. »Warum liebst du mich nicht mehr, was hab' ich falsch gemacht?« lautet Saskias monotone Klage, auf die Helmut nichts zu antworten weiß. Sie war die perfekte Frau für ihn, die Zeit mit ihr war phantastisch, und trotzdem hat er sich schließlich mit ihr gelangweilt. Er ist jetzt in eine andere Frau verliebt und will Saskia verlassen. Doch das traut er sich nicht, ihr zu sagen, er will Saskia nicht noch mehr verletzen.

Das Ende

Ganz automatisch beginnt Helmut, Saskia wie eine Kranke, nicht mehr ganz Zurechnungsfähige zu behandeln. Er sagt, daß er sich für sie verantwortlich fühle, versucht unbeholfen, ihr wieder Lebensmut einzuflößen.

204

Saskia geht darauf ein, weil sie seine Anstrengungen als Umkehrversuch mißversteht. Helmut möchte nur noch die Beziehung beenden – so schnell, doch so fair wie möglich. Mit Fairneß aber kann Saskia nichts anfangen. Sie will Helmuts Liebe. Während dieses Buch entsteht, kämpft Saskia noch immer darum, Helmut endlich zu vergessen. Ein Jahr liegt ihre endgültige Trennung zurück; zur Scheidung kann sich auch Helmut, der jetzt mit einer anderen Frau und nicht mit der, mit der er Saskia »betrog«, zusammenlebt, noch nicht durchringen. Denn er weiß: Noch immer hofft Saskia wider besseres Wissen auf seine Rückkehr.

Was ist passiert?
Harmonie im Übermaß erstickt die Leidenschaft; das ist keine neue, aber eine immer wieder bittere Erkenntnis. Sie haben sich gut verstanden, aber der Thrill ist plötzlich weg – gerade junge Paare trennen sich häufig genau aus diesem Grund.

Auslöser ist dann in der Regel ein neuer Mann, eine neue Frau. Denn da kein Leidensdruck besteht, gibt es keinen Grund, die Beziehung ohne äußeren Anlaß zu beenden.

Auf Warnzeichen achten
Bei Saskia und Helmut gab es allerdings Warnzeichen, die Saskia nicht genügend beachtet hat. Ganz offensichtlich hatte Helmut schon früh das Bedürfnis, die Beziehung offener und freier zu gestalten. Darauf deuten seine Bestrebungen hin, ihre relativ isolierte Zweisamkeit durch Freunde zu bereichern.

Saskia empfand jeden Besucher als Eindringling. Kein Wunder, daß sich niemand in ihrer Gegenwart richtig wohl fühlte und Helmut ständig das Gefühl hatte, sich entscheiden zu müssen – zwischen seiner Frau und seinen Freunden, die niemals Saskias Freunde wurden.

Wahrscheinlich hatte Saskia Helmuts Aktivitäten hin zu mehr Geselligkeit von Anfang an mißverstanden. Bei ihr kam nur die Botschaft an, daß sie ihm als Person nicht mehr genügte. Helmut ist anzulasten, daß er nie offen mit Saskia über diese Probleme gesprochen hat. Andererseits vermittelte ihm Saskia den Eindruck, überempfindlich und sehr zerbrechlich zu sein. Er hat sich nicht getraut, ihr die Wahrheit zu sagen. Seine wenigen Versuche wurden von Saskia nicht bemerkt. Auf Kritik reagierte sie nur verletzt oder beleidigt.

So konnte es passieren, daß Konflikte jahrelang unter der perfekten Oberfläche brodelten, aber nie besprochen wurden. Die Tatsache, daß sich Helmut in eine andere Frau verliebte, hätte trotzdem nicht das Ende der Beziehung bedeuten müssen. In diesem Fall war der Signalcharakter – die Nebenbuhlerin war optisch und charakterlich Saskias Gegentyp – überdeutlich: Helmut wollte ausbrechen, einmal etwas völlig anderes, Konträres erleben. Hätte Saskia mit größerem Selbstbewußtsein reagiert, wäre er vielleicht bei ihr geblieben. Denn die Tatsache, daß er Saskias Nachfolgerin ziemlich bald nach der Trennung von Saskia ebenfalls verlassen hat, zeigt: Die Affäre mit ihr war nicht das Problem, nur ein Symptom.

Erst in Krisensituationen lernen Menschen sich wirklich kennen. Saskia benahm sich trotzig wie ein kleines Mädchen, dem man sein Lieblingsspielzeug weggenommen hat. Ihr Kummer war verständlich. Trotzdem hatte sie kein Recht, Helmut die gesamte Verantwortung für ihr Wohlergehen aufzubürden. Ihr Verhalten war darüber hinaus kontraproduktiv. Zwar stöhnte Helmut tatsächlich unter der Last seiner Schuldgefühle. Gleichzeitig konnte er aber seine Ehefrau Saskia als Partnerin nicht mehr ernst nehmen. Das war der Anfang vom Ende seiner Liebe.

Was kann Saskia beim nächsten Mann besser machen?

Saskia neigt dazu, bei Schwierigkeiten in die Rolle eines kleinen Kindes zu schlüpfen, anstatt ihr Leben wie eine Erwachsene selbst in die Hand zu nehmen. Auf diesem Charakterzug basiert ein großer Teil ihres Charmes; in Krisensituationen wirkt sich ihre Unselbständigkeit jedoch verhängnisvoll aus. Saskias Flucht in die Depression verschlimmert dann jedes Problem.

Die beste Therapie für Saskia wäre in nächster Zeit strikte Enthaltsamkeit. Sie muß sich, geschwächt wie sie ist, zunächst selbst beweisen, daß sie auch ohne einen Mann ihr Leben sinnvoll und gut gestalten kann. Sie sollte sich beruflich stärker als bisher engagieren und sich Freunde suchen, um ihr Privatleben zu aktivieren. Für sie ist es besonders wichtig, Freiheit als einen Wert an sich schätzenzulernen.

Bislang hat sich Saskia als Teil eines Doppels betrachtet, nun muß sie begreifen, daß sie auch den Solopart beherrscht, daß sie als Individuum existieren und ihr Dasein ohne festen Partner genießen kann.

Doch selbst wenn Saskia es schafft, ihr Alleinsein in den Griff zu bekommen und ihre neuen Freiheiten zu genießen, birgt die nächste große Liebe ein Risiko. Möglicherweise wirft sie dann all ihre neugewonnenen Erkenntnisse fort, um Jahre später wieder in das gleiche Dilemma zu geraten. Das aber darf ihr nie wieder passieren.

VON ANDEREN LERNEN

Die drei geschilderten Beziehungen existierten tatsächlich. Ich habe sie ausgesucht, weil sie über das Individuelle hinaus exemplarischen Charakter haben. Ihre Dynamik des Scheiterns ist ganz typisch.

Mit Blick auf die Frau

Wie Ihnen wahrscheinlich aufgefallen ist, habe ich mich bewußt auf den Frauenpart konzentriert. Dies geschah nicht, weil ich annehme, daß hauptsächlich Frauen schuld an einer Trennung sind. Wenn überhaupt von »Schuld« gesprochen werden kann, dann tragen sie Frauen und Männer gemeinsam. Kaum untersucht habe ich, was die Männer in den Beziehungen hätten besser machen können. Dies nützt den betroffenen Frauen nicht viel, vor allem nicht im Rückblick. Vielmehr wollte ich herausarbeiten, inwieweit Frauen durch ihr Verhalten unerwünschte männliche Reaktionen zwar nicht direkt provozieren, aber doch begünstigen.

Die Frage, wer Schuld an einer Trennung ist, hilft den Betroffenen nicht weiter.

- Inge hat Jens an Dienstleistungen gewöhnt, die Jens schließlich als selbstverständlich empfand – und einforderte.

- Sabrina hat Martin mit ihrer Aktivität überrumpelt; ihr indirekter Druck ließ Martin immer bockiger und ablehnender reagieren.

- Saskia hat Helmut zu verstehen gegeben, daß sie sich ohne ihn wie ein Nichts fühlt; daraufhin hörte Helmut auf, sich für sie zu interessieren.

Typisch weiblich

Frauen von heute wollen einerseits selbständig sein, andererseits sich geborgen fühlen. Sie wollen eine feste, verbindliche Partnerschaft, und

Lernen Sie aus Ihren Erfahrungen, nehmen Sie sich positive Partnerschaften in Ihrer Umgebung als Vorbild, und schauen Sie dem Leben lachend ins Gesicht.

gleichzeitig möchten sie frei in all ihren Entscheidungen sein. Solche widersprüchlichen Bedürfnisse verwirren jeden Partner und veranlassen ihn, seinerseits widersprüchlich zu handeln.

Keine dieser relativ typisch weiblichen Verhaltensweisen ist verwerflich oder moralisch anfechtbar. Sie verdeutlichen aber den Zwiespalt, in dem moderne Frauen stecken.

● Inge verwöhnt Jens, sie scheint dies zu genießen – und wirft Jens unerwartet vor, daß er ihr nicht im Haushalt hilft. Was hat sie erwartet? Daß er urplötzlich aus eigenem Antrieb zum Schrubber greift, den sie ihm immer abgenommen hat? Daß er sich von einem Tag auf den anderen daran gewöhnt, daß Inges Prioritäten sich radikal geändert haben?

● So versteht z. B. Martin nicht, warum die erfolgreiche und selbständige Sabrina darauf drängt, mit ihm zusammenzuleben. Es ist gar nicht verwunderlich, daß er Angst bekommt, zu früh, zu schnell auf eine Richtung festgelegt zu werden, die sie sich ausgedacht hat. Als konfliktscheuer Mensch verläßt er sich auf die perfide, aber wirksame Taktik des passiven Widerstands.

FRAUEN KÖNNEN LENKEN

Frauen nehmen – wahrscheinlich aufgrund ihrer Stellung in der Gesellschaft – Beziehungen wichtiger als Männer und leiden deshalb in einer belastenden Beziehung stärker.

Die meisten Männer verlassen ihre Partnerin nicht, nur weil »es nicht mehr so richtig stimmt«. Männer trennen sich von ihren Partnerinnen meist erst dann, wenn sie sich in eine andere Frau verliebt haben. Sie brauchen einen externen Auslöser, um zu handeln, weil ihr Leidensdruck in einer unbefriedigenden Beziehung geringer ist.

Das heißt auch: Frauen haben es in der Hand, ihre Beziehungen in ihrem Sinn zu gestalten. Etwas mehr diplomatisches Geschick hierbei wäre ihnen manchmal zu wünschen.

GESCHICHTEN

I n diesem Kapitel erzählen
drei Frauen, die den richtigen Partner nach etlichen
emotionalen Irrwegen gefunden
haben, ihre Lebensgeschichte.
Diese Frauen haben natürlich
Fehler gemacht, aber sie haben
im Unterschied zu vielen anderen daraus gelernt.
Partnerschaftstherapeutin
Brigitte Lämmle kommentiert
alle drei Geschichten und
beantwortet dabei die entscheidende Frage: Was haben diese
drei Gewinnerinnen richtig
gemacht? Zur Nachahmung
empfohlen!

DIE MUT MACHEN

IRENE, 32 JAHRE

Meinen vorletzten Partner habe ich vor vier Jahren verlassen. Auslöser:
Er hat mich sehr oft betrogen, doch der wahre Grund lag viel tiefer – in
der totalen Unvereinbarkeit unserer Charaktere und Lebensstile. Thomas
wollte unbedingt Kinder, ich zwar auch, aber unter völlig anderen Voraussetzungen. Für mich war klar, daß ich auch als Mutter weiter berufstätig
sein würde.
Für Thomas war das undenkbar, er empfand das als herzlos, tat so, als ob
ich unsere zukünftigen Kinder abschieben wollte. Daß er zu Hause blieb,
stand nie zur Debatte.

Thomas hat lange versucht, mich von seiner Sicht der Dinge zu überzeugen. Irgendwann muß er gespürt haben, daß ich mich keinen Millimeter
in seine Richtung bewegte. Unter anderem deshalb suchte er wahrscheinlich Trost bei anderen Frauen. Vielen anderen Frauen.

Die erste Folge: Einsamkeit

Es dauerte lange, bis ich diese Zusammenhänge erkannte.
Nachdem wir uns getrennt hatten, stürzte ich in ein tiefes
Loch der Einsamkeit. Ich vermißte Thomas trotz allem. Ich
fühlte mich unattraktiv, unsicher, langweilig, kurz: als
Verliererin im Roulette der Liebe. Dazu kam die typische
Torschlußpanik mit Anfang 30. Zwei meiner Freundinnen, beide ein paar
Jahre älter, waren schon jahrelang solo. Attraktive Frauen, witzig und
charmant. Was, wenn es mir nicht besserginge? Was, wenn ich mich
künftig von Affäre zu Affäre hangeln müßte, aus Angst vor dem Alleinsein, und dabei immer frustrierter werden würde?

Schließlich warf Irene Thomas aus ihrer Wohnung – es waren zu viele böse Worte gefallen.

»Welcome to the Club«, sagte die eine der eben erwähnten Freundinnen
ironisch, als ich ihr von meiner üblen Trennung erzählte. Die andere
schenkte mir eines dieser jüngst erschienenen Bücher, die sich sarkastisch
mit der Mann-Frau-Kiste auseinandersetzen. Der Idiot war natürlich der
Mann. Sehr ermutigend war das nicht.

Freundinnen im Leid vereint

Meine Freundinnen Ulrike und Marion waren da für mich, das werde ich ihnen nie vergessen. Sie trösteten mich, wenn ich heulend zusammenbrach und ihnen zum zigsten Mal erzählte, was für ein Schwein Thomas sei und wie sehr er mich verletzt habe. Sie kamen und lenkten mich ab, wenn ich mich daheim langweilte. Es ist zum großen Teil ihnen zu verdanken, daß es mir relativ schnell wieder besserging. Ich habe anfangs sehr viel mit beiden unternommen. Ich gewöhnte mir ihre Terminologie an, ihre Art, über Männer zu flachsen. Und doch hatte ich ein äußerst unbehagliches Gefühl dabei. Ständig redeten sie ihre Emotionen tot. Diese Art, sich bitter anzugrinsen und den Kopf zu schütteln, wenn sich gerade wieder ein neuer Kandidat in ihren Augen danebenbenommen hatte! Sie hatten sich ein scheußliches Spiel ausgedacht, über das sie sich immer amüsierten. Es ging um die Vorstellung, Voodoo-Puppen herzustellen mit den Gesichtern aller ihrer männlichen Interessenten, die sich als ungenügend erwiesen hatten…

Marion hatte inzwischen ihre zweite Therapie hinter sich und beurteilte Männer danach, ob sie »offen« oder »total zu« waren. Die meisten waren »total zu« – jedenfalls für Marions Versuche, sie in ihrem Sinn zu beeinflussen. Die meisten Männer, so sah ich das, wollten nicht bekehrt werden, sondern sich mit einer netten, gutaussehenden Frau amüsieren und erst einmal abwarten, was sich aus dieser Bekanntschaft ergab. Mit ihrer Ungeduld machte Marion sich immer wieder alles kaputt. Wenn ich versuchte, ihr das zu sagen, reagierte sie gekränkt und beleidigt, was mich wiederum störte.

Marion und Ulrike machten mit ihren negativen Erfahrungen mutlos. Sie waren im Grunde wundervolle Frauen, aber ihr Einfluß auf Irene war auf Dauer schlecht.

Irene öffnet sich

Nach einigen Monaten fühlte ich mich wieder recht gut und war fit für neue Taten. Ich wollte mich von Marion und Ulrike etwas zurückziehen, um nicht von ihrem Pessimismus mitgezogen zu werden. Es fiel mir schwer, mich aus dieser trauten, im Frust vereinten Schwesternschaft zu lösen – aber ich habe schließlich angefangen, mich anderen Leuten zuzuwenden. Das war gar nicht so einfach, mein Bekanntenkreis war nicht sehr groß. Notgedrungen griff ich zum Telefonhörer und rief ein paar alte Freunde an – bevorzugt männliche Freunde, von Frauen hatte ich erst einmal genug. Zum Teil waren es Leute, die ich seit Jahren nicht mehr gesehen hatte. Manche erreichte ich gar nicht, weil sie längst in anderen Städten lebten. Andere waren inzwischen verheiratet und voll im Babystreß: »Nett, daß du anrufst, sobald der kleine Schreihals mich mal wegläßt, müssen wir uns unbedingt treffen, versprochen.« Drei oder vier waren fest liiert, freuten sich aber trotzdem über meine Initiative, den Kontakt wieder aufzufrischen. Mit zweien ging ich ein paarmal aus, ohne mir besonders viel zu erwarten. Die Gespräche plätscherten nett dahin. Bald lernte ich die dazugehörigen Freundinnen kennen.

Heute weiß ich, daß diese unverbindlichen Verabredungen eine gute Übung für den Ernstfall waren. Ich habe mir viel Mühe mit diesen Treffen gegeben. Ich wollte unbewußt meine Wirkung auf Männer testen. Das Ergebnis war ermutigend. Ich bekam ein paar Komplimente, auch für meine neue Frisur. Zwar hatte ich keineswegs plötzlich einen Schwarm Verehrer um mich, aber immerhin einige gute Freunde wiedergewonnen. Das große Los war das natürlich noch nicht. Häufig fand ich mich in der Gesellschaft eines oder mehrerer Pärchen wieder – als einziger Single, zu Auflockerungszwecken sozusagen. Aber ich wollte für den Anfang nicht unbescheiden sein.

Erste neue Bekannte

In meinem nunmehr vergrößerten und gepflegten Bekanntenkreis wurden häufig Parties gefeiert, wo auch der ein oder andere männliche Single ein Gastspiel gab. Aber so richtig begeistern konnte mich keiner.

Inzwischen war ein gutes Jahr vergangen. Es waren einige Bewerber aufgetaucht.

Fast wäre ich auf einen notorischen Frauenhelden reingefallen. Nur die Tatsache, daß er ohne Punkt und Komma von sich redete und ich nie dazu kam, auch ein wenig aus meinem fesselnden Alltag zu erzählen, ließ mich ziemlich rasch wieder abkühlen.

Die Aufarbeitung der früheren Beziehung

In dieser Zeit haben Thomas und ich uns einander wieder angenähert. Rein freundschaftlich, er war längst mit einer anderen Frau zusammen, die viel eher seine Vorstellungen erfüllte. Wir führten intensive Gespräche, suchten gemeinsam nach dem Grund des Scheiterns unserer Beziehung. Ich wußte danach zumindest, was ich nicht mehr wollte: einen Mann wie Thomas, der sich ein Familienleben nach traditionellem

Muster wünschte. Ich haßte Thomas aber nicht mehr für das, was er mir angetan hatte. Ich verstand seine Motive besser und sah auch meine Fehler, unter anderem, daß ich nie klar gesagt hatte, was ich wollte, sondern ihn immer vertröstet hatte: Ich hatte Angst gehabt, ihn zu verlieren. So ließ ich alles weiterlaufen, bis die Gemeinsamkeiten auf ein Minimum geschrumpft und die Unterschiede ins Riesenhafte gewachsen waren.

Ein unpassender Kandidat

Irenes Versuche, ein Gespräch in Gang zu bringen, versickerten ziemlich schnell im beharrlichen Schweigen ihres offensichtlich gelangweilten Gegenübers.

Ein in meinen Augen vielversprechendes Rendezvous scheiterte – im Grunde schon, als wir uns im Restaurant gegenübersaßen. Der Mann sah mir kein einziges Mal in die Augen, was mich so verunsicherte, daß ich sogar in den Waschraum lief, um zu prüfen, ob irgend etwas an Frisur oder Make-up nicht stimmte. Zu sagen hatten wir uns auch nicht viel. Schon gegen elf Uhr verabschiedete ich mich – ohne wenigstens höflichen Widerspruch zu ernten. Wir verabredeten vage, bei Gelegenheit zu telefonieren. Dieser Abend lähmte mich für eine gute Woche.

BILANZ NACH EINEM JAHR ALS SINGLE

Nun war ich schon über ein Jahr ohne Partner. Lag das noch im Rahmen, oder konnte ich mich allmählich zu den hoffnungslosen Fällen zählen? Einige Anläufe hatte es gegeben, viel war nicht dabei herausgekommen. Lag es an mir? Waren die meisten Männer doch allesamt kleine Dr. Seltsams auf der Suche nach der imaginären Superfrau mit scharfen Kurven und Doktortitel plus abgeschlossenem Hausfrauendiplom? Oder war ich zu kritisch und gab den echten Interessenten keine Chance?
Mir jedenfalls reichte es für den Moment! »Ich will keine halben Sachen mehr«, sagte ich laut in meiner Wohnung. »Entweder es läuft jetzt etwas, oder ich orientiere mich um. Wechsle meinen Job, mache Karriere, ziehe in eine andere Stadt…«

Der neue Partner

Armin traf ich eine Woche später, als es mir schon wieder ganz gut ging. Ich hatte mich auf eine Parkbank gesetzt, um die letzten Sonnenstrahlen des goldenen Oktobernachmittags zu genießen. Ich hielt die Augen geschlossen, fühlte mich herrlich entspannt und merkte gar nicht, daß sich jemand neben mich setzte.

Plötzlich weckte mich eine Stimme aus meinem Halbschlaf. »...nett aus, wie Sie da so sitzen«, verstand ich noch und fuhr hoch. Ziemlich verärgert. Ich hasse es, überrumpelt zu werden. Aber Armin blieb gelassen. Er lächelte in die Sonne und überließ es mir, den Kontakt im Keim zu ersticken oder auszubauen.

»Sie haben mich erschreckt«, sagte ich.

»Sitzen Sie hier öfter?« fragte er zurück.

»Eigentlich nicht. Aber heute ist so ein schöner Tag...«

Am unkompliziertesten ist ein Kennenlernen, das wie aus heiterem Himmel kommt. Hier handeln Sie völlig spontan!

In dem Stil ging die Unterhaltung wenig geistvoll weiter. Aber das war egal. Ich war immer noch sehr entspannt und dachte eigentlich an gar nichts. Armin gefiel mir nicht spontan. Ich suchte in ihm gar keinen Liebhaber, sondern nur einen Freund – dieser Gedanke schoß mir plötzlich durch den Kopf. Und ehe ich nachdachte, hatte ich Armin schon gefragt, ob er Lust habe, abends mit mir essen zu gehen. Das ist sonst überhaupt nicht meine Art. Ich bin ein Typ, der abwartet und bloß nichts überstürzen will.

Armin überlegte ein paar Sekunden, sichtlich verblüfft. Dann sagte er: »Tut mir leid, heute geht es nicht. Aber morgen hätte ich Zeit.«

»Alles klar«, meinte ich und dachte: »Oje! In was habe ich mich reingeritten. Vermutlich hat er keine Lust.«

Aber wir verabredeten uns formvollendet in einem Thai-Restaurant. Ich überlegte noch kurz, ob ich ihm meine Telefonnummer geben sollte, damit er, falls er es sich anders überlegen würde, mir Bescheid geben könnte. Aber dann wurde mir klar: Sollte er morgen keine Lust mehr haben, würde er mich garantiert nicht anrufen. Das Risiko, allein vor der Speisekarte sitzenzubleiben, mußte ich eingehen.

Das erste Rendezvous

Am nächsten Tag war meine Stimmung schon am frühen Nachmittag auf einem Tiefpunkt angelangt. Was, wenn er nicht kam? Was, wenn er kam und wir uns furchtbar miteinander langweilten? Ich hatte keine Lust auf einen zweiten mißglückten Abend in so kurzer Zeit!

Aber meine Ängste waren völlig verfehlt – das wußte ich schon, als ich das Restaurant betrat – ihn dort sitzen sah und mich diese Welle von Zuneigung erfaßte. Er sah so lieb und gesammelt aus, er wirkte überhaupt nicht nervös. »Ein wirklich guter Freund«, dachte ich, als ich mich ihm gegenübersetzte. Zehn Minuten später lachte ich bereits Tränen. Was nicht heißt, daß an diesem Abend schon alles offensichtlich war. Keineswegs. Wir wußten wohl beide nicht genau, was wir eigentlich empfanden. Freundschaft? Verliebtheit? Oder vielleicht beides zusammen? Lauter Fragezeichen.

Ich war enttäuscht, als er mich nach Hause brachte und sich an der Tür verabschiedete – mit einem höflichen Bussi auf die Wange. Gleichzeitig hätte ich nein gesagt, wenn er mehr gewollt hätte.

Vorsichtige Annäherung

In den nächsten Wochen sahen wir uns oft. Es war nicht nur die Tatsache, daß wir einige ähnliche Interessen hatten oder viele Dinge gleich beurteilten. Das bildet man sich am Anfang immer ein. Ich war bald sehr verliebt. Und Armin? Er tat immer noch so, als seien wir lediglich die besten Freunde. Es kam nichts voran. Und ich wollte nicht aufdringlich wirken. Ich wollte nichts zerstören. Aber irgendwann ertrug ich es nicht mehr.

Es war etwas, was tiefer ging. Eine Übereinstimmung im Lebensgefühl. Wir fühlten uns wohl miteinander. Zwischen uns gab es keinen falschen Ton, keine Verkrampfung.

Eine Freundin sagte zu mir: »Ihr kennt euch jetzt sechs Wochen. Wenn du dich nicht bald traust, ist die Chance verpaßt. Dann seid ihr prima Kumpel – für den Rest eures Lebens!«

Bloß das nicht! »Ich werde mit ihm reden«, sagte ich. »Reden, reden, ihr tut doch nichts anderes! Schlepp ihn endlich ab!« forderte sie mich auf.

»Du bist gut«, meinte ich verzagt. »Und was ist, wenn er mir erzählt, daß er mich wahnsinnig nett findet, aber leider nicht sexy?«

»Selbst schuld. Wenn du so weitermachst, wirst du es nie rausfinden.« Ich solle klein anfangen, riet sie mir. »Ein Kuß auf den Mund zum Abschied reicht völlig aus. Wenn er darauf nicht reagiert, weißt du Bescheid und hast dir nichts vergeben.«

Leicht gesagt. Ich wollte das Risiko eingehen, wußte aber gleichzeitig, daß eine Abfuhr von Armin alles beenden würde, was jemals zwischen uns

216

war. Das klingt extrem und unvernünftig, ich weiß. Aber Armin als Kumpel – das reichte mir nicht mehr.

Die Entscheidung

Ich werde mich immer an diesen Tag erinnern, genauer gesagt: an diese Minuten im Wald. Armin und ich machten eine Radtour in die Umgebung. Es war wieder einer dieser herrlichen, warmen Spätherbsttage. Auf den Wegen lag das bräunliche Laub, an den Bäumen zu kleinen Hügeln zusammengeharkt. Wir stiegen vom Rad, faßten uns an den

Wenn sich die richtigen Partner gefunden haben, dann gibt es keinen Grund mehr zu zögern. Mit einem Kind wird das Glück perfekt.

217

Händen und sprangen kichernd und prustend in die Laubberge hinein. Ich stolperte, klammerte mich halb absichtlich, halb aus Versehen an Armin fest und zog ihn mit mir auf den Boden. »Warte«, sagte ich, als er lachend gleich wieder aufspringen wollte.

Ich nahm sein Gesicht in beide Hände und küßte ihn auf den Mund, so wie ich es mir vorgenommen hatte. Und er erwiderte meinen Kuß. Ich konnte es gar nicht glauben.

»Das wollte ich schon so lange«, sagte er später.

»Warum hast du es dann nicht getan?«

»Ach, irgendwie war es immer der falsche Moment.«

Leben zu zweit

Wir sind jetzt seit drei Jahren zusammen und haben eine zweijährige Tochter. Wir teilen uns Hausarbeit und Kinderbetreuung. Ich muß neidlos anerkennen, daß Armin ein phantastischer Vater ist, der meine Mängel als Mutter mehr als ausgleicht. Ich bin sehr glücklich mit Armin. Wir haben uns nicht gesucht und doch gefunden.

DIPLOMPSYCHOLOGIN BRIGITTE LÄMMLE ZU IRENE

Frauen, die ihre Beziehung objektiv durchleuchten können und sich nicht in aufreibende emotionale Streitereien verstricken, kommen mit Problemen besser klar.

Irene ist offensichtlich ein relativ kopflastiger Mensch. Ihr Verstand ist scharf und analytisch, sie gebraucht ihn auch, wenn es um Gefühlsfragen geht. Das befähigt sie schon zu einem relativ frühen Zeitpunkt – wenn andere Frauen noch voller Wut und Haß unfähig zu objektiver Beurteilung des Geschehenen sind –, die Trennung von ihrem Partner Thomas kritisch zu durchleuchten und auch ihren eigenen Anteil am Scheitern der Beziehung zu registrieren.

Irenes Vorteile

Irene ist also selten in Gefahr, sich von jenen negativen Emotionen überschwemmen zu lassen, die meist in tiefe Verbitterung münden: Mit weiblichem Zynismus angesichts männlicher Unzulänglichkeiten kann sie z. B. gar nichts anfangen. Irene ist kein Typ, der pauschal verurteilt, dafür denkt sie viel zu logisch. Konsequent emanzipiert sie sich von ihren schlechten Ratgeberinnen.

EINE EXPERTIN KOMMENTIERT

Darauf folgt allerdings eine lange Durststrecke. Irene beschreibt sie zwar nicht als solche. Sie ist zu Recht stolz darauf, aus eigener Kraft einen Freundeskreis aufgebaut zu haben: Als zupackender, aktiver Typ hat sie es wieder einmal geschafft, ihr Leben in die Hand zu nehmen. Nur auf dem Gefühlssektor spielt sich weiterhin nichts ab – oder doch? Ihre Schilderungen über diese Zeit der vielen Parties und Unternehmungen mit guten Freunden sind ein wenig ungenau. Einige negative Erfahrungen, die sie nicht wahrhaben wollte, hat sie wahrscheinlich verdrängt. Dazu kommt: Sie glaubt zwar zu wissen, was sie nicht will – eine Beziehung mit einem Mann wie Thomas –, doch sie hat Monate nach der Trennung noch keine Ahnung, was sie sich wünscht, wovon sie träumt. Höchstens hat sie sich einmal ganz rational gefragt, nach welchen objektiven Kriterien ihre künftige Beziehung zu funktionieren habe.

Irenes Probleme

Vermutlich diente Irenes extrem sachliche Haltung dazu, erlittene Verletzungen auch vor sich selbst zu überspielen. Es ist gut möglich, daß in ihrem Elternhaus Gefühle keine große Rolle gespielt haben oder sogar abgelehnt wurden. Erst nach ihrer letzten Enttäuschung – der Verabredung mit jenem desinteressierten Mann – ist bei Irene ein eindeutiger Umschwung festzustellen. Zum ersten Mal hat sie keine wohlfeile Erklärung parat: Nach gut einem Jahr als Single fängt sie an, ihren Zustand konkret zu hinterfragen. Plötzlich läßt sie Gefühle zu wie Angst, Ärger, Frust. Das war überfällig.

Nach dieser Erfahrung wagt Irene es endlich, sich selbst mit ihrer Traurigkeit und Ratlosigkeit zu konfrontieren.

Und die Belohnung folgt auf dem Fuß. Irene hört auf, wie besessen zu handeln. Sie faßt zwar den vagen Plan, ihr Leben zu ändern, formuliert aber keine konkreten Ziele. Das muß eher als Signal an sich selbst verstanden werden, eingefahrene emotionale Gleise zu verlassen. Denn Irene ist in der Folge endlich entspannt genug, die Dinge auf sich zukommen zu lassen.

Armin kam zum richtigen Zeitpunkt

Hätte sie Armin früher kennengelernt, wären die beiden wahrscheinlich noch nicht einmal miteinander ausgegangen. Schon die Tatsache, daß sie sich Armin erst als guten Freund vorstellt, zeigt, wieviel Angst sie davor hat, sich zu verlieben. Gleichzeitig ist das ein erlaubter geistiger Trick, überzogene Erwartungen, die zu Verkrampfungen führen könnten, auf ein erträgliches Minimum zu reduzieren. Als Freund kann ihr Armin nicht viel anhaben, als anvisierter Liebhaber birgt er ein Verletzungsrisiko, das Irene jetzt nicht eingehen will. Gut, daß sie schließlich doch noch den Mut aufbrachte, sich zu offenbaren, obwohl sie sich über die Konsequenzen im klaren war. Denn es hätte tatsächlich passieren können, wovor sie die Freundin warnte: daß aus einer Freundschaft keine Liebe wird, weil beide zuviel Angst haben, verletzt zu werden.

Daß Irene Armin gefunden hat, ist kein Zufall. Sie war reif genug, den richtigen Partner zu erkennen.

Armin hat Irene mit Sicherheit einiges beigebracht, wovon sie gar nichts weiß. Er scheint ein eher weicher Typ mit femininem Empfindungsreichtum zu sein. Irene kommt also gar nicht erst in Versuchung, sich in Machtkämpfe verstricken zu lassen. Sie hat – obwohl sie das nicht will – immer noch sehr traditionelle Vorstellungen von einer perfekten Beziehung und Familie; das zeigt der Satz: »Armin macht meine Mängel als Mutter wett.« Mit Thomas mußte sie gegen das Bewußtsein ankämpfen, hier bestimmten Normen nicht zu genügen. Armin liebt sie dagegen so, wie sie ist.

MARTINA, 29 JAHRE

Nach der Trennung von Gabor habe ich es krachen lassen, wie man so schön sagt. Gabor hatte alles getan, um mir den Lebensnerv abzuschneiden. Er war ein fanatischer Kontrolleur. Am liebsten wäre es ihm gewesen, wenn ich über jede Minute des Tages Rechenschaft abgelegt hätte. Das war nicht Liebe, das war Eifersucht, die ans Paranoide grenzte.

Mein Fehler war, mich jahrelang darauf einzulassen – aus Bequemlichkeit, aber auch aus Feigheit. Gabor war immer da, wenn ich ihn brauchte. Gabor tat alles für mich, außer mir ein Minimum an Freiheit zuzugestehen. Es ist also kein Wunder, daß sich die Trennung mindestens ein halbes Jahr hinzog. Ich war zum Schluß so geschwächt und genervt, daß ich richtige Haß- und Rachegefühle hegte. »Du hast mir meine Jugend geklaut, ich will dich nie wiedersehen«, schrie ich ihn einmal an.
Seit damals habe ich nicht mehr mit ihm gesprochen. Wir konnten keine Freunde werden. Gabor litt zu sehr, und ich war unfähig, ihm zu helfen.

220

Endlich frei

Nachdem ich endlich eine Wohnung gefunden hatte – ein winziges Appartement –, tat ich wirklich alles, um meine Freiheit auszukosten. Ich kaufte mir Kleider, die ich mir nicht leisten konnte. Ich machte die Nächte durch, lernte alle möglichen und unmöglichen Menschen kennen, holte alles nach, was ich meiner Meinung nach versäumt hatte. Etwa ein halbes Jahr lang stellte mich dieses turbulente Leben völlig zufrieden. Dann war es manchmal nicht so witzig, neben je-

Mir war schon klar, daß ich nicht ewig so weiterleben konnte. Das Semester mußte ich abschreiben – ich, die ehemalige Musterstudentin.

AUS FREMDEN SCHICKSALEN FÜR DIE ZUKUNFT LERNEN?

Sicher denken jetzt einige Leserinnen: Was kann ich aus diesen Geschichten schon groß lernen? Diese Frauen haben eben Glück gehabt, indem zur richtigen Zeit der richtige Mann aufgetaucht ist! Mir passiert das nie! Dieser Standpunkt ist falsch. In Wirklichkeit schildern alle drei Frauen in diesem Kapitel eine mehr oder weniger lange Reise ins Ich oder einen – wenn auch oft unbewußt durchlaufenen – Lernprozeß. Die Erkenntnisse, die sie dabei gewannen, befähigten die Frauen erst, den richtigen Mann – nämlich denjenigen, der ihre Bedürfnisse erfüllen kann – als solchen wahrzunehmen. Irene, Martina und Nadine haben nach ihren Trennungen zwar entsprechend ihren unterschiedlichen Charakteren sehr unterschiedliche Erfahrungen gemacht. Ihnen allen gemeinsam ist jedoch, daß sie sich nicht im Kreis gedreht, nicht ständig dieselben Fehler aufs neue begangen haben und nicht immer wieder in die gleichen Fallen gestolpert sind, die ja überreichlich ausgelegt waren. Bei allen drei Frauen ist eine persönliche Entwicklung festzustellen – hin zum Positiven.

Irene, Martina und Nadine sind im besten Sinne des Wortes vorangekommen. Sie haben sich, wenn auch unter Schmerzen, mit ihrer Vergangenheit ausgesöhnt; eingeschränkt gilt das auch für Nadine, obwohl sie keinen Kontakt mehr zu ihrem Exmann hat, sonst wäre sie jetzt nicht so glücklich und weitgehend angstfrei. Ihr allerdings steht die Konfrontation mit vergangenen Kränkungen noch bevor, sie sollte sich nicht davor drücken. Und alle haben zu sich selbst, also auch zu ihren eigentlichen Wünschen und Möglichkeiten gefunden.

mandem aufzuwachen, den ich kaum kannte, mit dem mich nichts verband. Häufig ist das nicht passiert, aber es ist passiert. Ich bereue nichts, es war richtig in dieser Zeit. Und ich war in diesem Wahn gefangen: Sobald du wieder einen Typen für eine Beziehung brauchst, werden sich zehn um dich reißen.

Ein neuer Mann

Ich fühlte mich cool und unverwundbar – bis ich Rainer traf. Rainer war anders als die anderen. Nicht so lässig, eher still. Ein Freund hatte ihn in unser Stammcafé mitgebracht, von wo aus wir unsere nächtlichen Touren durch die In-Lokale planten. Mir gefiel Rainer, und wir kamen ins Gespräch. Er war verheiratet und gerade dabei, sich von seiner Frau zu trennen. Und was er erzählte, kam mir nur zu gut bekannt vor. Wie seine Frau ihn von allem abhielt, was Spaß machte. Wie sie ständig an sein schlechtes Gewissen appellierte. Ihm das Gefühl vermittelte, gemein zu sein, wenn er versuchte, sich zu distanzieren, um seinen Interessen nachzugehen.

Äußerlich angezogen entwickeln sich schnell lange, vertrauliche Gespräche. Doch tatsächliche Verliebtheit oder gar den Beginn einer neuen Beziehung garantieren sie noch nicht.

Wir unterhielten uns stundenlang. Verabredeten uns für den nächsten Tag und für den übernächsten. Ich war sehr glücklich. Ich glaube heute, ich hatte Rainer von Anfang an als so eine Art Retter im Visier. Einen, der mich rausholen sollte aus dieser witzigen Clique. Eigentlich war ich auf dem Absprung, weil mir das alles viel zu anstrengend wurde. Um so besser, wenn da jemand war, der mich auffing.

Die Enttäuschung

Doch ich dachte gründlich in die falsche Richtung. Rainer und ich trafen uns zwar ständig. Ich lernte sogar seine Freunde kennen, die mich ziemlich argwöhnisch beäugten und nur allmählich akzeptierten – schließlich kannten sie Rainer mit einer anderen Frau an seiner Seite. Rein äußerlich wurden wir also relativ schnell ein Paar.

Nur auf der emotionalen und sexuellen Ebene passierte fast gar nichts. Körperlicher Kontakt fand nahezu nicht statt. Nach drei Monaten hatten wir etwa viermal miteinander geschlafen. Und keines dieser Ereignisse war es wert, daß ich mich daran erinnerte. Das lag eindeutig an Rainer. Es machte ihm offenbar wenig Spaß, mich anzufassen. Dafür telefonierten wir stundenlang. Das klappte immer gut, war aber auf die Dauer ein schwacher Ersatz.

Warum ich Rainer nicht den Laufpaß gab? Eine Frage, die ich mir oft stellte. Ich glaube, ich hatte Angst, wieder allein zu sein. Den Kontakt zu der Clique hatte ich stark eingeschränkt, weil sie Rainer nicht mochten. Er war ihnen zu fad. Und Rainer hatte mich, bestimmt ohne es zu wollen, verunsichert. Ich fühlte mich allmählich immer unattraktiver, unbegehrter, unweiblicher. Also faßte ich mich in Geduld. Er hatte ja auch immer tolle Argumente, weshalb er nicht konnte, nicht wollte: Da war seine Frau, der es sehr schlecht ging. Sprach es nicht geradezu für ihn, daß er sich nicht von heute auf morgen in eine andere verlieben konnte?

Schließlich stellte sich heraus, daß ich lediglich das Sprungbrett war für Rainers Ausstieg aus der Ehe. Oder die Brücke in die Freiheit. Nachdem seine Frau endlich eine eigene Wohnung gefunden hatte und sich abnabelte, verliebte sich Rainer in eine Arbeitskollegin. Er hatte mich ausgenützt. Ich versuchte, mit dieser Enttäuschung, dieser narzißtischen Kränkung fertig zu werden.

Über das Selbstbewußtsein, mit dieser Enttäuschung fertig zu werden, verfügte ich nicht. Es ging mir miserabel. Ich hatte jetzt niemanden mehr. Rainer wollte ich auf keinen Fall wiedersehen, obwohl er mir pathetisch seine Freundschaft angeboten hatte. Jeder Gedanke an ihn erinnerte mich schmerzlich an meine Naivität, an meine Dummheit.

Wieder ein Neuanfang

Es begann, was ich mein drittes Leben nach der Trennung nenne: Ich kam zurück auf den Boden der Tatsachen. Als ich mich einigermaßen erholt hatte, ging ich zwar wieder viel aus. Ich flirtete wild, ließ mich allerdings auf nichts mehr ein. Keine Affären, keine Versuche. Statt dessen konzentrierte ich mich auf mein Studium und hatte dort Erfolge. Langsam erholte ich mich von dem emotionalen Schlag, den mir Rainer versetzt hatte.

Ich erkannte, was ich selbst wert war. Ich wollte wieder eine Beziehung, das gestand ich mir ein. Aber ich konnte auch ohne leben. Ein Mann mußte nicht unbedingt sein. Ich konnte auch mit mir allein glücklich sein – eine Er-

Immer wieder bietet sich die Chance zu einem Neuanfang. Gleichgültig, wie alt Sie sind, wie viele Erfahrungen, Pleiten und schöne Erinnerungen hinter Ihnen liegen – geben Sie Ihr Privatleben nie auf! Es kann morgen wieder traumhaft sein.

kenntnis, die mich sehr zufrieden machte. Während dieser Zeit habe ich einen enormen Entwicklungsschritt nach vorn getan.

Der inszenierte Zusammenstoß

Stefan sah ich zum ersten Mal in einer Politikvorlesung, die ich bloß aus Interesse besuchte. In der überfüllten Aula saß ich zufälligerweise schräg hinter ihm. Ich konnte ihn also in aller Ruhe beobachten, ohne daß er etwas merkte. Da war etwas an seinem Profil, was mir gefiel. Als die Vorlesung zu Ende war, griff ich zu einem uralten Trick: Im richtigen Moment, als alle aufstanden, machte ich eine ungeschickte Bewegung mit der Hand genau in seine Richtung, mein Bücherstapel kippte, und die Bände polterten ihm vor die Füße. Stefan bückte sich ganz höflich, ich entschuldigte mich tausendmal – und packte die Gelegenheit beim Schopf, ihn zum Kaffee einzuladen.

Dem Zufall ein bißchen nachhelfen, selbst Schicksal spielen – dazu hat jede Frau das Recht. Lassen Sie eine Gelegenheit nicht ungenutzt; vielleicht wartet er ja auch nur darauf.

»Okay, danke«, sagte Stefan sofort.

Ich hatte den Eindruck, daß er sich das Lachen verbiß – später erzählte er, daß er mein Manöver sofort durchschaut hatte.

Wir haben uns auf Anhieb verstanden. In der Cafeteria saßen wir uns gegenüber, und ich konnte meine Augen nicht von ihm wenden: dieses schmale, klassisch schöne Gesicht, dieser weiche Mund, der immer leicht zu lächeln schien. Wir diskutierten über Sinn und Unsinn politischer Philosophie, über den neuen Bestseller von Stephen King, über Beziehungen im allgemeinen und meine und seine im besonderen. Die Stunden verflogen, und ich fühlte mich wie unter einer Glasglocke, völlig abgetrennt von der Umwelt.

Eine Kommilitonin, die ich ganz gern mochte, kam mit ihrem Tablett auf unseren Tisch zu – und drehte taktvoll ab, weil ich durch sie hindurchsah. Offenbar mit einem Gesichtsausdruck, der signalisierte: Bitte nicht stören!

Meine Wahl hätte nicht besser sein können. Stefan war ein munterer, lebendiger, temperamentvoller Typ, nicht so still wie Rainer, vor allem aber nicht voll mit Beziehungsproblemen. Stefan machte viel Sport wie ich, kannte viele Leute wie ich, amüsierte sich einfach gern wie ich und war trotzdem alles andere als oberflächlich – so mein erster Eindruck, der sich bestätigt hat. Wir sind noch am selben Abend zusammen ins Kino gegangen und dann noch hierhin und dorthin…

Überlegen Sie sich genau, wen Sie verführen. Manche Männer lieben es eher langsam und reagieren auf »Überrumpelung« mit Rückzug.

Die voreilige Verführung

Es war wunderschön mit ihm. Und doch hätte ich Stefan fast wieder verloren – schon in der ersten Nacht, die leider viel zu schnell stattfand. Wir waren beide noch nicht bereit dazu. Aber als gebranntes Kind wollte ich es unbedingt wissen, ob er mich wirklich attraktiv fand, auch körperlich. Auf noch eine pseudoplatonische Affäre wie mit Rainer hätte ich mich nicht wieder eingelassen!

Ich verführte Stefan also schon bei unserer zweiten Verabredung – beinahe mit Gewalt. Ich fühlte mich schrecklich danach. Es war eine Enttäuschung. Meine – unsere – Rettung war, daß ich anfing zu weinen. Mitten in der Nacht, bis Stefan aufwachte. Das brach den Bann. Er nahm mich in die Arme, und ich konnte ehrlich sein, ohne mir etwas zu vergeben. Ich sagte, daß ich Angst hätte, ihn wieder zu verlieren. Daß ich einen riesigen Fehler gemacht hätte, daß ich an einem One-night-Stand nicht interessiert sei und daß er, sollte es bei ihm anders sein, bitte sofort meine Wohnung verlassen müsse. »Immer mit der Ruhe«, sagte Stefan. »Bitte versteh mich, aber das überfordert mich jetzt etwas. Laß uns einfach noch mal von vorne anfangen.« Und er küßte mich, und wir ließen es diesmal ganz langsam angehen.

Das Glück

Wir sind jetzt seit drei Jahren zusammen, und es wird immer besser. Wir haben wirklich Glück gehabt. Stefan hat mir später erzählt, daß er anfangs einen falschen Eindruck von mir hatte: den eines lockeren Party-girls, das Bettgeschichten nicht besonders ernst nimmt. Wäre ich in dieser Nacht nicht zusammengebrochen und hätte mich ihm offenbart, hätte er mich im Morgengrauen verlassen. Das jedenfalls hatte er sich nach der mißglückten Nummer vorgenommen. »Ich wollte nicht sentimental sein und Gefühle investieren in dem Wissen, daß ich einer unter vielen bin«, erklärte er.

DIPLOMPSYCHOLOGIN BRIGITTE LÄMMLE ZU MARTINA

Martina war mit einem Mann zusammen, dessen beschützerische Qualitäten sie anfangs sicherlich geschätzt hat. Bestimmt hat ihr Gabor vieles, auch unbequeme Verpflichtungen, abgenommen. Vielleicht war er so etwas wie eine Vaterfigur für die noch junge, unselbständige Martina. Dann war ihre Trennung ein notwendiger Schritt zum Erwachsenwerden.

Martina muß erwachsen werden

Trifft eine unerfahrene Frau auf einen älteren, sie beschützenden Mann, kann sie einige Zeit in sorgloser Liebe dahin-leben. Doch dann muß sie erwachsen werden.

Die folgende von Martina beschriebene Phase stützt diese Interpretation: Sie »läßt es krachen« – die typische Trotz-reaktion eines Teenagers, der sich von seinen Eltern abna-beln will. Möglich ist aber auch, daß Martina den ganz normalen Prozeß des Sichverliebens, Liebens und Sichentlie-bens zum ersten Mal durchmacht – ein notwendiger Lern-prozeß, der sie mit ihrer eigenen Liebesfähigkeit konfron-tiert. Das Gute daran: Martina stürzt sich zwar mit Vehe-menz und einer Portion Unvernunft in ihr neues Leben, wird aber nicht

226

süchtig nach der ewigen Abwechslung. Da steckt etwas in ihr, eine seelische Kraft, die sie befähigt, sich nicht im Strudel neuer, spannender Gefühle zu verlieren.

Martina sammelt Erfahrungen

Natürlich verliebt sich Martina als erstes in einen Mann, der scheinbar das Gegenteil von Gabor ist. Ein Aussteiger, der sie nicht bedrängt, nicht kontrolliert, sondern ihr die Freiheit läßt. Erst aus Erfahrung wird sie klug. Kein Wunder, daß Martina zunächst nicht durchschaut, daß sie Rainer nicht wirklich etwas bedeutet – umgekehrt ist das gleiche der Fall. Rainer soll für sie das tun, was sie aus eigener Kraft nicht zu schaffen glaubt: sie aus einer Clique lösen, die ihr auf die Dauer nicht guttut, zu anstrengend ist. Er soll sie auffangen.

Martina ist also erneut auf der Suche – nicht nach einem Vater, aber nach einem großen Bruder, der sie an der Hand nimmt. Es ist wenig erstaunlich, daß Rainers körperliches Interesse an Martina nicht ausgeprägt ist. Umgekehrt gilt mit Sicherheit das gleiche.

Da Martina diesen psychischen Mechanismus nicht durchschaut, führt die Erkenntnis, nicht begehrt zu werden, zu einer tiefen Verunsicherung. Gut, daß sie vorher mit dem fürsorglichen Gabor zusammen war, der sie offensichtlich sehr geliebt hat: So konnte Martina diesen Anschlag auf ihr Selbstbewußtsein als attraktive Frau doch relativ gut verkraften.

Erst wenn Frauen von sich aus aktiv werden, können sie ihre ganze Persönlichkeit voll entfalten und frei den Partner wählen, der wirklich zu ihnen paßt.

Martina übernimmt Verantwortung

Sie machte nicht den Fehler, sich entmutigt treiben zu lassen. Sie gab nicht auf. Vielmehr benutzte sie die Enttäuschung als Sprungbrett »zurück auf den Boden der Tatsachen«: Martina wird erwachsen. Sie hört auf, Männer zu funktionalisieren, sie übernimmt Verantwortung – auch für ihre Gefühle. Das zeigt die letzte Szene, zugleich die erste, in der Martina selbst aktiv wird. Vielleicht war es ungeschickt, Stefan gleich am ersten Abend zu verführen. Andererseits zeigt es auch, daß Stefan offensichtlich der erste Mann nach Gabor war, an dem ihr wirklich etwas lag. So viel, daß sie später ihren Gefühlen freien Lauf ließ und offenen Auges das Risiko einging, abgelehnt zu werden. Erst jetzt hat sie sich wirklich von ihrem Beschützer Gabor abgenabelt.

NADINE, 38 JAHRE

Mein Mann hat mich wegen einer anderen Frau verlassen. Ich habe lange üben müssen, um das fehlerfrei, ohne zu stocken sagen zu können. Passiert jedem einmal, daß er sitzengelassen wird – von einer Person, der er blind vertraut. Das ist nichts Besonderes, das hat nichts mit mir selbst zu tun, das ist Schicksal. Mein Mann sitzt in einem Flugzeug, er hat diese nette Nachbarin, was für ein Zufall: Sie hat den gleichen Rückflug gebucht. Wäre doch nett, wenn man wieder nebeneinander sitzen könnte. Das wird arrangiert, und so fängt alles an. Heimliche Treffen, denn auch sie ist nicht frei. Und so weiter.

Der Kampf um den eigenen Mann

Irgendwann erfuhr ich alles. Ich denke, mein Mann wollte letztlich, daß ich Bescheid wußte. Nicht aus lauter Fairneß, sondern damit ich die Konsequenzen zog. Dazu war er zu feige.

Ich habe mich gedemütigt vor ihm, ich, die ehemals selbstbewußte Nadine, die nichts aus der Fassung bringen konnte. Ich habe gebettelt und gefleht.

Natürlich habe ich nichts dergleichen getan, sondern gekämpft, mit allen Mitteln, mit Tricks und Finessen. Ich setzte sogar von einem Tag auf den anderen die Pille ab und versuchte, schwanger zu werden. Heute bin ich froh, daß aus meinem ziemlich absurden Plan nichts wurde. Damals war ich verzweifelt.

Er flehte auch. Er bettelte, ich möge ihn freigeben für die andere. »Ich dachte nie, daß es so schlimm für dich ist«, sagte er mehr als einmal verstört, wenn ich schon morgens mit Tränen in den Augen aufwachte.

Ein Traum zerplatzt

Ich war damals 33 und fühlte mich uralt: schwach, häßlich, als erotische Versagerin. Wir hatten es so schön in unserem perfekten Yuppiehaushalt. Uns ging es so gut. Warum nur mußte er alles zerstören?

»Vielleicht war alles zu perfekt«, sagte er. Wir trennten uns halbwegs anständig. Ich hatte irgendwann aufgegeben, ihn halten zu wollen. Heute weiß ich: Es wäre besser gewesen, ich hätte den Schlußstrich gezogen, anstatt ihm die Initiative zu überlassen. So wurde über meinen Kopf hinweg gehandelt. Ich degradierte mich selbst zum Opfer. Entsprechend lange dauerte die Krise danach.

Arbeit statt Leben

Mein Job stärkte mich psychisch einigermaßen. Ich arbeitete extrem viel, nicht etwa um Selbstbewußtsein zu tanken, sondern um nicht denken zu müssen. Abends ging ich nicht vor zehn, elf Uhr nach Hause. Ich tat das in dem Bewußtsein, daß die anderen schon anfingen, über mich zu reden. Denn meine Schufterei brachte mich beruflich nicht einen Schritt weiter. Was ich Abend für Abend erledigte, war Fleißarbeit, die keinerlei Prestigegewinn barg. Zu Hause schaltete ich sofort den Fernseher ein. Manchmal schlief ich halb angezogen auf der Couch ein. Es war mir egal. Sehen konnte mich ohnehin keiner.

Freunde hatte ich damals kaum noch. Das war meine Schuld. Freunde, die mich mochten, hatte ich mit meinen Launen regelrecht vertrieben. Sie konnten meine weinerlichen Tiraden gegen meinen Mann und seine neue Lebensgefährtin nicht mehr hören. Das ist verständlich, aber ich war unfähig, an etwas anderes zu denken.

Erste neue Kontakte

Die Berliner Mauer fiel in diesem Jahr, ich habe es kaum mitbekommen. Es dauerte anderthalb Jahre, bis ich langsam wieder aus meinem Loch der Schande auftauchte. Ausgerechnet eine verheiratete Kollegin half mir, wieder Fuß zu fassen. Kaum hatten wir ein paarmal in der Kantine zusammen gegessen und ein paar nette Floskeln gewechselt, lud sie mich mit der größten Selbstverständlichkeit zu einer Grillparty am Wochenende ein. Sie war ein Goldstück. Mein Ach-ich-weiß-Nicht fegte sie resolut vom Tisch. »Willst du den Rest deines Lebens in Sack und Asche gehen, wie eine Witwe in Hinterindien?« spottete sie. »Dabei ist dein Mann nicht mal tot, sondern bloß bei einer anderen. Wie lange hast du vor, dich dafür zu bestrafen, daß er ein Schwein ist?« Ich ärgerte mich kein bißchen, daß sie sich so weit vorgewagt hatte. Ihre fast mütterliche Strenge, ihr etwas derber Humor taten mir sogar gut.

Am Tag X stand ich ungefähr zwei Stunden vor meinem Kleiderschrank. Jeans? Die schlotterten inzwischen, ich hatte stark abgenommen. Meine übrigen Kleider waren indiskutabel. Ich hatte mir seit zwei Jahren kaum etwas Neues gekauft. Fast fiel ich wieder in eine meiner Depres-

Die ersten Verabredungen nach der großen Trennung stellen für viele Frauen eine Herausforderung dar. Doch vergraben Sie sich nicht in die Arbeit! Leisten Sie sich ein neues Outfit, wagen Sie den Neuanfang!

sionen. Ich spielte minutenlang mit dem Gedanken, nicht hinzugehen – was, wenn ich mich blamierte? Was, wenn keiner mit mir redete? –, und verwarf die Idee wieder. Es war meine erste Chance, seit vielen Monaten. Ich mußte sie wenigstens wahrnehmen.

Schließlich fuhr ich in die Stadt, kaufte mir passende Jeans, ein Holzfällerhemd, wie sie gerade in Mode waren, Cowboystiefel. Ich war schlank genug, mir so ein Outfit leisten zu können. Das war wenigstens etwas.

Ich hätte mir nicht soviel Mühe zu geben brauchen. Die Gäste waren ein buntes Sammelsurium aus völlig normalen, eher biederen Paaren und mehreren schrägen Vögeln: ein Möchtegernschriftsteller, noch ungedruckt, ein Maler ohne Mäzen, eine Bildhauerin, die angeblich schon einmal fürs Kino gearbeitet hatte, ein paar Kollegen, eine Menge Kinder und mittendrin freudestrahlend die Gastgeberin Sonja mit ihrem stillen, freundlichen Mann Josef. Wie liebenswert die beiden waren! Wie sehr ich sie an diesem schönen Tag bewunderte, auch beneidete. Keiner auf dieser Party fühlte sich unwohl. Nachts, gegen elf, als die meisten schon im Aufbruch begriffen waren, kam dann noch ein Zigeunergeiger, den Sonja vor Wochen engagiert und völlig vergessen hatte. Der Mann spielte wie ein Gott. Bis weit nach ein Uhr saßen wir zusammen, redeten und tranken. Ich war fröhlich wie selten zuvor, als ich nach Hause fuhr.

Ein neuer Freundeskreis oder eine lustige Clique ist für die erste Zeit als frischgebackener Single gerade recht. Gehen Sie auf andere zu!

Ich habe in den folgenden Monaten viel Zeit bei Sonja und Josef verbracht. Sie haben ein offenes Haus. Beide mochten es, Menschen um sich zu haben. Also war ständig jemand da. Jemand kaufte beispielsweise Wein und Zutaten für Lachs mit Sahnesauce, brachte alles zu Josef, und Josef kochte als perfekter Hausmann. Wenn Sonja und ich kamen, war der Tisch gedeckt und alles fertig. Wir waren wie eine große, chaotische Familie. Am liebsten wäre ich in dieses riesige Haus mit Garten eingezogen.

Aber das wäre nicht richtig gewesen, das spürte ich. Es war eine Art Zuflucht, aber kein wirkliches Zuhause. Mein wirkliches Zuhause mußte ich mir selbst schaffen. Es hatte keinen Sinn, sich ins gemachte Nest zu setzen.

Eine kleine Affäre

Problematisch wurde es, als ein 20jähriger Student nur noch meinetwegen bei Sonja und Josef auftauchte. Er war sehr nett, sehr lieb. Ja, ich habe mich mit ihm eingelassen, obwohl ich wußte, daß es nichts von Dauer war. Ich dachte, Marco sehe das genauso. Ich wußte nicht, daß er sich wirklich in mich verliebt hatte. Doch als ich es feststellte, schmeichelte es meiner Eitelkeit. Ich war noch lange nicht in der Lage, zu geben. Ich nahm und nahm, ich sog alles in gierigen Zügen in mich auf: Sonjas und Josefs Großzügigkeit und Freundlichkeit, Marcos Liebe. Heute schäme ich mich dafür. Ich wünschte, ich könnte wiedergutmachen, was ich Marco angetan habe, als ich ihm unverblümt sagte: »Du glaubst doch nicht im Ernst, daß ich den Rest meines Lebens mit einem unfertigen Typen wie dir verbringen will!«

Ich hatte es spontan gesagt, als Marco mich drängte, über meine Gefühle ihm gegenüber zu sprechen. Er wollte hören, daß ich ihn liebte, und ich begriff noch immer nicht, wie ernst es ihm war. Sonja hat es mir am nächsten Tag gesagt. Nachdem ich ihm mehr oder weniger unsensibel den Laufpaß gegeben hatte, war er zu ihr gefahren, und sie mußte ihn trösten. Das hat unser Verhältnis empfindlich abkühlen lassen.

Tatsächliche Selbstkritik beginnt

Schon wieder fühlte ich mich ganz allein gelassen, schon wieder stand ich kurz vor einer Krise. Doch diesmal tauchte ich nicht unter. Diesmal setzte ich mich wirklich mit mir auseinander: mit meinem Egoismus, meiner Arroganz, meinem Selbstmitleid.

Noch immer fühlte und benahm ich mich wie eine Kranke, die für ihre teilweise rücksichtslosen Anwandlungen nicht verantwortlich zu machen sei. Ich habe um die Freundschaft Sonjas gekämpft. Ich habe angefangen zu geben, wo ich bisher nur genommen hatte. Ich lud Sonja und Josef in meine Wohnung ein und kochte für sie. Es war mir unendlich wichtig, diese beiden ganz besonderen Menschen nicht zu verlieren. Ihnen war es zu verdanken, daß ich wieder Mut und Kraft fand. Gerade sie durfte ich auf keinen Fall enttäuschen. Ich habe von ihnen gelernt, wurde allmählich großzügiger, lockerer.

Von Freunden kann man zwar einiges verlangen, aber man sollte auch immer bereit sein, selbst zu geben.

Im Bann eines neuen Mannes

Ich fühlte mich lebendiger. Und ausgerechnet in dieser Phase der langsamen Festigung, als ich anfing, mir ein schönes Leben ohne Mann vorzu-

Zu zweit das Leben genießen – da stört selbst ein plötzlicher Regenschauer nicht.

stellen, lernte ich Robert kennen. Robert war ein Freund von Josef aus der gemeinsamen Studienzeit, der nur selten in die Stadt kam. Er bewirtschaftete einen Ökobauernhof. Er strahlte eine Ruhe und Lebensfreude aus, die mich völlig in den Bann zogen.

Bald besuchte ich ihn das erste Mal am Wochenende, zusammen mit Josef und Sonja. Die nächsten Wochenenden kam ich allein. Alles hätte sehr schön sein können, wenn nicht anfangs diese Angst gewesen wäre. Wahnsinnige, paranoide Angst, wieder verletzt zu werden, die mir aus heiterem Himmel die Tränen in die Augen trieb und mich in schwarze Löcher der Verzweiflung stieß. Robert spürte diese Angst, und er zog sich nicht zurück. Er machte mir allerdings auch keine oberflächlichen Versprechungen, mit dem Ziel, mich möglichst schnell zu beruhigen. Er sagte nicht das, was ich hören wollte: »Ich liebe dich für den Rest meines

Lebens«, sondern er sagte: »Ich bin da für dich, aber ich gehöre dir nicht. Nur unter diesen Voraussetzungen können wir miteinander leben. Ich bin nicht die Antwort auf deine Fragen und nicht die Lösung deiner Probleme. Ich bin ich.«

Das neue Glück

Irgendwann konnte ich Roberts Einstellung akzeptieren. Als die Angst nachließ, war die Liebe noch da. Und da habe ich meine Stelle gekündigt und bin zu Robert gezogen. Natürlich bin ich keine Bäuerin geworden. Das mußte ich auch nicht. In meinem Beruf – ich bin Journalistin – kann ich überall arbeiten, solange die Themen nicht tagesaktuell sind.

Ich bin heute so entspannt, wie ich mit meinem Exmann nie sein konnte: Wir waren beide leistungs- und erfolgsorientiert. Ich verstehe das heute gar nicht mehr. Robert hat mich die einfachsten Dinge des Lebens neu schätzen gelehrt: Essen, Lachen, Sex… Mit den Stiefeln durch knietiefen Matsch waten. Vom Kreischen der Hühner aufwachen. Jeden Kinobesuch mit anschließendem Dinner in der Stadt zelebrieren. Mehr brauche ich nicht mehr zum Glücklichsein.

Eine neue Partnerschaft bietet die Chance, eingefahrene Verhaltensweisen und Lebensentwürfe abzulegen und damit erwachsener zu werden.

Diplompsychologin Brigitte Lämmle zu Nadine

Nadine hat von allen drei Frauen sicher am meisten durchgemacht. Ihre Trennung gestaltete sich nicht nur deshalb so dramatisch, weil sie sie völlig unvorbereitet traf. Nadines Flucht in die totale Verzweiflung deutet auf eine übertrieben behütete Kindheit. Wahrscheinlich haben Nadines Eltern ihre Tochter mit Zuneigung überschüttet und alle Probleme von ihr ferngehalten. Wer aber nie eine heiße Herdplatte angefaßt hat, weiß nur theoretisch, daß Hitze weh tut – und das reicht nicht. Wer seinem Kind alles erspart, gibt ihm zu verstehen, daß es nichts verkraftet.

Nadines Problem

Sie hat nie dieses gesunde Gespür für den Ernst der Lage entwickeln können, und deshalb hat sie sicher sämtliche Frühwarnsignale übersehen.

Es ist nur eine Frage der Zeit, bis dieser von Nadine als paradiesisch empfundene Zustand der Verantwortungslosigkeit endet: Sonja gibt ihr zu verstehen, daß die Zeit der Rücksicht vorbei ist.

Und sie hat keine Strategien gegen derartige Niederlagen entwickeln können. Kein Wunder also, daß sie sich in die Depression zurückzog, nichts mehr hören, sehen oder fühlen wollte. Ein klassischer Totstellreflex in Momenten der totalen Ratlosigkeit.

Ihre Freundin Sonja und deren Mann Josef helfen Nadine aus ihrem Loch der Verzweiflung heraus und werden auf diese Weise zu Ersatzeltern, nach denen Nadine wahrscheinlich unbewußt gesucht hat – um selbst nicht aktiv werden zu müssen, denn das hat Nadine nie gelernt. Nadine geht es in der Folge zwar besser, doch verändert hat sich bei ihr im Grunde noch nichts. Sie profitiert zwar von der Kraft Sonjas, verhält sich aber immer noch unselbständig wie ein kleines Kind: egoistisch, rücksichtslos, unsensibel für die Bedürfnisse anderer.

Nadine wird selbständig

Nadine stand am Scheideweg. Die bequemste Möglichkeit, nämlich in die Depression zurückzufallen, schien verführerisch. Daß sie ihr nicht nachgab, markierte den ersten Schritt der Besserung. Erst zu diesem Zeitpunkt war Nadine aus eigener Kraft in der Lage, ihre schlimmsten Probleme anzugehen: die Angst, verlassen zu werden, die Angst, allein dazustehen – ohne emotionalen Versorger und Beschützer. Auch für Nadine gilt: Hätte sie Robert früher kennengelernt, wäre er als Partner für sie bestimmt nicht in Frage gekommen. Denn Robert ist zwar da für sie, läßt aber keinen Zweifel daran, daß er nicht die Verantwortung für Nadines Leben auf sich nehmen will. Doch Nadine ist jetzt stark genug, für sich selbst zu sorgen – und damit reif für eine erwachsene Beziehung.

Bildnachweis
Umschlag und
Kapitelanfangsseiten:
Hans Seidenabel,
München
Bilderberg, Hamburg: 60
(Nomi Baumgartl);
Fotex, Hamburg: 35 (Steve
Lyne), 50 (Todd Burris),
71 (A. Stetter), 90 (M.
Luft), 113 (F. Reinhold),
136 (Fabio Correa),
203 (I. Wandmacher),
179 (Jenny Acheson);
IFA-Bilderteam,
Taufkirchen: 5, 120 (TPL),
186 (J. Heron),
217 (Weststock);
Kraxenberger, München:
4o.,u., 5l.;
Mauritius, Mittenwald:
40 (Superstock),
65 (Mahrholz);
Premium, Düsseldorf:
46 (J. Houck);
Tony Stone, München:
4m. (Charles Thatcher),
9 (Dan Bosler), 12, 109
(Christopher Bissell),
5u., 16, 129, 208 (Peter
Correz), 21 (David Hono-
ver), 33, 38, 101, 149
(Bruce Ayres), 44, 55, 118
(James Darell), 93 (Ken
Whitmore), 96 (Walter
Hodges), 141, 225 (David
Stuart), 156 (Carol Ford),
171 (Jürgen Reisch), 195
(John Millar), 232 (Dale
Durfee);
Transglobe, Hamburg: 52
(Peter Kähler), 75 (credit:
Popperfoto), 82 (Tourneé).

Hinweis
Das vorliegende Buch
ist sorgfältig erarbeitet
worden. Dennoch erfol-
gen alle Angaben ohne
Gewähr. Weder Auto-
rin noch Verlag können
für eventuelle Nachtei-
le oder Schäden, die aus
den im Buch gemachten
praktischen Hinweisen
resultieren, eine Haf-
tung übernehmen.

Impressum
© 1995 Südwest Verlag
GmbH & Co. KG,
München
Alle Rechte vorbehalten

Redaktion:
Dr. Elisabeth Veit,
Dr. Elfriede Ledig
Redaktionsleitung:
Josef K. Pöllath
Bildredaktion:
Bettina Huber
Korrektur:
Thomas May
Produktion:
Manfred Metzger
*Umschlag, Design, Layout
und Satz:*
Kraxenberger
KommunikationsHaus
GmbH, München
Druck und Bindung:
Legoprint, Trento

Printed in Italy

Gedruckt auf chlorfrei
gebleichtem Papier

ISBN 3-517-01623-3